政治科学研究丛书

中国产权改革
从权利到权力

邓大才 著

中国社会科学出版社

图书在版编目（CIP）数据

中国产权改革：从权利到权力／邓大才著 . —北京：中国社会科学出版社，2023.1（2024.1 重印）

（政治科学研究丛书）

ISBN 978 – 7 – 5227 – 1060 – 0

Ⅰ. ①中⋯　Ⅱ. ①邓⋯　Ⅲ. ①产权制度改革—研究—中国　Ⅳ. ①F121

中国版本图书馆 CIP 数据核字（2022）第 224565 号

出 版 人	赵剑英
责任编辑	冯春凤
责任校对	张爱华
责任印制	张雪娇

出　　版	中国社会科学出版社
社　　址	北京鼓楼西大街甲 158 号
邮　　编	100720
网　　址	http://www.csspw.cn
发 行 部	010 – 84083685
门 市 部	010 – 84029450
经　　销	新华书店及其他书店

印　　刷	北京君升印刷有限公司
装　　订	廊坊市广阳区广增装订厂
版　　次	2023 年 1 月第 1 版
印　　次	2024 年 1 月第 2 次印刷

开　　本	710×1000　1/16
印　　张	17.5
插　　页	2
字　　数	257 千字
定　　价	99.00 元

凡购买中国社会科学出版社图书，如有质量问题请与本社营销中心联系调换
电话：010 – 84083683
版权所有　侵权必究

前　　言

产权是认识中国农村的一把钥匙，更是认识中国政治的关键钥匙。产权是我终身研究的重要领域，已经研究了20多年，第一篇发表的文章就是研究产权。我的研究分为两个阶段，第一个阶段，应用性政策研究，主要是2008年以前；第二个阶段，学术性理论研究，主要是2008年以后，这个阶段又分为两个阶段，2008年到2011年是对产权与政治的文献和历史研究，2012年以后是以现实为基础的实证研究。本书主要是2008年以来，我对产权与政治研究的部分成果。对于产权政治学的研究，主要分为三个层面。

一　产权与国家治理

产权与国家治理的关系是产权政治学最重要的研究内容，因为村庄调查和国家理论学习、讲授，我集中研究了产权与国家的关系。为此在《中国社会科学》发表了产权政治学"三部曲"。

首先，研究产权单元与治理单元的关系。1949年以来中国农村产权发生了深刻的变化，形成了不同类型、不同层次、不同权利的产权类型，而且这些产权及其权利分割在不同的单元之中。这种产权格局给国家治理带来重大的挑战，文章探讨产权单元与治理单元之间的关系及其国家治理的有效性。

其次，研究农村产权变迁的属性。主要利用历史文献进行制度主义分析，考察农村产权的属性与国家治理的关系。产权有多种属性且与国家治理相关联。在西方，产权主要有追求效率最大化的经济属性及保障权利的政治属性，但是在中国，产权同时还具有很强的社会属性。随着国家治理现代化，产权的属性会相互转化。当国家供给公共物品能力较弱时，产权将会承担更多的社会属性，为基层社会提供民生性公共需求；当国家供给公共物品能力较强时，产权的社会属性会逐渐减弱，经济属性会逐渐增强。

最后，研究产权过程与国家治理。本书同样在比较政治学视角下进行制度分析。产权过程是国家治理产权的过程、产权现代化的过程。产权过程分为横向清晰过程和纵向独立过程。国家的文明底色、权力结构及外部压力是产权过程的重要影响因素，也是启动产权纵向、横向过程的关键。在产权过程中，产权的横向清晰度、纵向独立性组合（纵横清晰度）及过程启动顺序（纵横顺序性）会影响和决定国家治理形态，国家治理形态反之也会影响产权过程及其清晰性、独立性，两者互为条件、互为因果。

二 产权与基层政治

产权与基层政治是最近几年我研究的重点，主要探讨三个方面的内容：产权结构与权力结构的关系；产权改革的政治逻辑；产权改革的政治效应。

首先，研究产权结构与权力结构的关系。主要是研究产权结构变动对基层社会和村庄带来的权力结构的改变。随着农村经济和社会的发展，农村村庄治理结构出现了一种分权趋势，即在原有的村支两委共治下出现了监事会、理事会、股份社、经济合作组织等新的组织。这些组织参与村庄治理，分享村庄治理的权力，形成了分权式治理结构。这种治理结构主要源于村庄的经济发展、农民参与以及政府引导。不同类型的分权与民主的关联程度有所不同，经济分权、社会分权有助于民主的成长，行政分权有助于制衡，但其对民主的作用暂时没有显现。

其次，研究产权改革的政治逻辑。中国农村集体资产股份权能改革遵循公平、平均、传统和政策逻辑，其中，公平逻辑和平均逻辑为最核心的改革逻辑。农村集体资产股份权能改革的基本逻辑受经济因素、政治因素、传统因素和政策因素的影响，其中，经济因素起决定性作用。随着村庄集体经营性资产、集体经济收入和人均福利、人均分红的增多，村庄依次采取平均、公平和"多元组合"股权配置的改革逻辑模式。在集体经济不发达的村庄实施"平均主义"改革逻辑，在集体经济较为发达的村庄实施"公平主义"改革逻辑，在集体经济很发达的村庄实施"多元组合主义"改革逻辑。产权改革逻辑的组合模式受村庄内部冲突程度和村干部对权力垄断程度的影响。

最后，研究产权改革的政治效应。这一研究包括两个方面，一方面，研究产权改革过程的政治效应。主要以农村集体资产股份权能改革过程为研究对象，考察改革过程中村民参与、协商和民主的程度，研究发现不同的村庄有很大的差异。这些差异主要源于利益、冲突和问责的不同。在产权改革中形成的协商民主、程序民主等民主类型是国家、村干部和村民理性选择的结果，其中利益与冲突是让民主运转起来的"触发因素"，问责是"推动因素"，程序与规则是"条件因素"。另一方面，研究产权改革过程及其政治结果。影响农村集体资产股份权能改革成效的主要因素包括：集体利益大小和冲突程度，村干部的立场和选择，透明、程序和协商程度。三个影响因素共同决定农村集体资产产权改革的成效。这些影响因素可以进一步归纳为两个方面：包容性和协商性。根据包容性和协商性可以形成四类经典的集体资产改革模式：包容协商型改革、包容非协商型改革、非包容协商型改革和非包容非协商型改革，其中包容协商型改革成效最好，实现了程序正义和分配正义，但是实现包容协商型改革条件比较严格。

三　产权与政治制度

第三部分的研究是我的基础性探索，产权政治学究竟是什么？我从两个方面进行了探索，一是从经典文献中研究产权与政治的关系，二是从产权变迁历史中发现利益、权利和权力的变化。

经典文献中的产权与政治。产权与政治的关系是经典作家非常关注的问题，从柏拉图、亚里士多德开始就研究产权与政治的关系，到霍布斯、洛克，特别是洛克对产权进行了定义，创建了洛克式的产权。产权与政治的关系是政治学、经济学、社会学等多学科关注的问题。经典作家都认同，产权是经济发展的基础，也是国家治理的基础，产权决定政权。最经典的话语就是"无代表,不纳税"、"风能进,雨能进,但是皇帝不能进"。经典作家的研究表明,产权是经济增长的基础,产权是权利,更是约束权力的工具和手段。

中国历史中的产权与政治。中国农村产权制度变动非常大,特别是1949年后产权经历剧烈的改革。文章既考察了历史上产权与政治的关系,也考察了1949年以来,特别是1978年以来产权与政治的关系。笔者认为,产权结构决定着中国传统的权力结构。1978年以来,中国农村产权从集体所有权转变为所有权与承包权"二元分离",进一步演变为所有权、承包权、经营权的"三权分置"。伴随着权利的变化,基层政治的权力结构也发生了深刻变化,从"政社合一"的公社体制转向双层经营的村庄治理体制,在家庭实施自主经营,在村庄实施村民自治。随着土地经营权的市场化,外来资本、新型经营主体进入村庄,打破了家庭与村庄之间的二元权力结构,形成多元化的权力格局。

总体而言,笔者的所有研究均以产权与政治关系为主轴,主要考察两个方面的内容:一是产权结构变化的政治过程;二是产权结构变化的政治结果。因此本书提出一个概念:产权政治学。笔者的研究还缺少一个方面,即政治、政策变化对产权及其结构的影响和塑造,其实很多地方产权结构是国家治理和地方政治的结果。这也许是我以后的研究中应该专注的问题,特别是如何将产权的政治研究置于主流政治学的研究之下,为产权与政治、产权政治学的研究提供更多的增量贡献。

目　录

上篇　产权与国家治理

第一章　产权单位与治理单位的关联性研究
　　　　——基于中国农村治理的逻辑 …………………… （3）
　一　理论预设与分析维度 ………………………………… （4）
　二　产权单位与治理单位关联性的历史类型 …………… （11）
　三　当代中国产权单位与治理单位的变迁与特点 ……… （21）
　四　产权单位与治理单位对称性理论建构 ……………… （29）

第二章　中国农村产权变迁与经验
　　　　——来自国家治理视角下的启示 ………………… （33）
　一　概念界定与"两大问题" …………………………… （34）
　二　农村产权变迁的中国实践 …………………………… （39）
　三　国家治理现代化与农村三权分置改革 ……………… （51）
　四　国家治理与产权属性的关系模式 …………………… （56）

第三章　通向权利的阶梯：产权过程与国家治理
　　　　——中西方比较视角下的中国经验 ……………… （61）
　一　文献梳理和分析框架 ………………………………… （62）
　二　产权过程：英国和俄罗斯道路 ……………………… （68）
　三　第三条路：传统中国的产权过程 …………………… （71）
　四　产权过程与国家治理形态 …………………………… （87）

中篇　产权与基层政治

第四章　如何让民主运转起来：农村产权改革中的参与和协商
——以山东省和湖北省4村为研究对象 …………… (97)
- 一　文献梳理和问题意识 ……………………………… (97)
- 二　改革中的村民参与和协商：案例分析 …………… (101)
- 三　民主运转起来的因素：利益、冲突与问责 ……… (107)
- 四　基本结论 …………………………………………… (112)

第五章　公平还是平均：中国农村集体产权改革的基本逻辑
——以村庄股权配置为研究对象 ………………… (114)
- 一　文献梳理与研究目标 ……………………………… (114)
- 二　农村集体产权改革的股权配置：实证描述 ……… (119)
- 三　股权配置的基本逻辑和决定因素 ………………… (123)
- 四　基本结论 …………………………………………… (128)

第六章　产权发展与乡村治理：决定因素与模式
——以粤、湘、鄂、鲁四村为考察对象 ………… (131)
- 一　文献与假设 ………………………………………… (131)
- 二　产权与治理关系：四个案例 ……………………… (134)
- 三　进一步分析和讨论 ………………………………… (137)
- 四　基本结论 …………………………………………… (140)

下篇　产权与政治制度

第七章　产权与政治研究：进路与整合
——建构产权政治学的新尝试 …………………… (145)
- 一　产权与阶级、革命研究进路 ……………………… (145)

二　产权与法律、国家研究进路 ……………………（150）
　　三　产权与市民社会、民主研究进路 ………………（154）
　　四　产权政治学：产权与政治研究的整合 …………（159）

第八章　土地政治：两种观点和两个视角
　　　　——农村土地与政治的相关性研究 ………（165）
　　一　两种对立的观点 …………………………………（165）
　　二　两种分析视角 ……………………………………（171）
　　三　小块土地与乡村治理的基础 ……………………（177）

第九章　产权的政治逻辑：产权怎样、如何影响政治
　　　　——从产权政治的功能视角考察 …………（183）
　　一　产权的政治保护功能 ……………………………（184）
　　二　产权的权力分配功能 ……………………………（189）
　　三　产权的国家形塑功能 ……………………………（192）
　　四　产权的政体定性功能 ……………………………（196）
　　五　产权的制度创制功能 ……………………………（200）
　　六　结论与进一步讨论 ………………………………（202）

第十章　产权与利益：集体经济有效实现形式的经济基础 ……（204）
　　一　产权、利益与集体经济 …………………………（204）
　　二　产权、利益决定集体经济的历史演变 …………（215）
　　三　探索集体经济有效实现的产权与利益组合 ……（225）

第十一章　农地改革的逻辑、路径与模式
　　　　——农村土地改革30年 ……………………（229）
　　一　为吃饭而"变法" …………………………………（229）
　　二　为效率而"修法" …………………………………（234）
　　三　为权利而"立法" …………………………………（240）

四　讨论与反思 …………………………………（245）
　　五　结论 …………………………………………（250）

结　语 ………………………………………………（254）

附录　产权治理：破解农村基层困境的一把钥匙 …（259）

参考文献 ……………………………………………（263）

上 篇
产权与国家治理

第一章 产权单位与治理单位的关联性研究

——基于中国农村治理的逻辑*

中国在悠久的农业文明影响下形成了相应的产权与治理相关联的农村家户制度。近代以来，这一制度正在经历巨大的历史变迁。中华人民共和国成立后，农村经多次改革形成的拥有集体土地所有权的村民小组是产权单位，而作为村民自治基本单元的村庄（俗称"行政村"）则是治理单位，两者有一定的错位。在产权单位与治理单位错位的情况下，农村治理绩效有时并不理想，从而引发了理论反思与实践探索：近年来，相当数量的地方政府不约而同地将村民自治的重心移至村民委员会以下，积极寻求合适的村民自治单位，探索村民自治的有效实现形式，以促进基层治理制度达到新稳态。在此背景下，2014年中共中央《关于全面深化农村改革加快推进农业现代化的若干意见》提出："探索不同情况下村民自治的有效实现形式，农村社区建设试点单位和集体土地所有权在村民小组的地方，可开展以社区、村民小组为基本单元的村民自治试点。"[1]

在全面深化改革时期，2014年中央一号文件的重要提法开辟了一个重大的学术研究论域，即产权单位与治理单位的关联性问题。开展这一问题的深入研究，可以帮助我们解开一些历史之谜：为什么世

---

* 本章内容曾刊载于《中国社会科学》2015年第7期，标题、内容均未做修改。

[1] 《中共中央国务院关于"三农"工作的一号文件汇编（1982—2014）》，人民出版社2014年版，第289页。

界历史上的农村村社制、庄园制、部落制和家户制得以长期存在和延续？为什么新中国成立后农村人民公社体制最后只得定型为"三级所有、队为基础"并长期延续？同时可以帮助我们理解当前实践中的探索创新：为什么在广东等地，集体土地所有权在村民小组，农民对于将村民自治基本单元下沉至村民小组有特殊的积极性，基于以上理论和实践诉求，本节就产权单位与治理单位的关联性及其背后的逻辑作出深入探讨。

一 理论预设与分析维度

（一）基本概念的界定和阐释

产权是一个较为宽泛的概念，不同的学科对产权有不同的定义，有人将产权等同于所有权，也有人将产权等同于财产权。总体来讲，学者们对产权的定义主要有以下两个维度。

从权利维度定义产权。德姆塞茨从外部性角度定义产权，他认为"产权包括一个人或其他人受益或受损的权利"①；诺思从保护的角度定义产权，提出"产权的本质是一种排他性权利"②；阿尔钦则从选择的角度定义产权，认为"产权是一个社会所强制实施的选择一种经济品的使用的权利"③。科斯用通俗易懂的语言定义产权："产权是一种权利。人们所享有的权利，包括处置这些桌椅的权利。"④ 总体来看，在权利维度的视域中，产权就是一组或一束可选择、可支配、可保护的权利。

从关系维度定义产权。富鲁普顿、佩杰威齐认为："产权不是指人与物之间的关系，而是指由于物的存在及关于它们的使用所引起的

---

① [美] R. 科斯等：《财产权利占制度变迁——产权学派专新制度学派译文集》，上海三联书店1991年版，第97页。
② [美] 道格拉斯·C. 诺思：《经济史中的结构与变迁》，上海三联书店1991年版，第21页。
③ [美] R. 科斯等：《财产权利与制度变迁——产权学派与新制度学派译文集》，上海三联书店1991年版，第166页。
④ 转引自刘凡、刘允斌：《产权经济学》，湖北人民出版社2002年版，第5页。

人们之间相互认可的行为关系。"① 马克思没有直接定义产权,但对"财产""所有制""所有权"进行过界定,提出所有制关系就是以物为基础的人与人之间的利益关系。笔者赞同马克思的观点,所谓产权就是围绕着物而形成的权利关系和利益关系。根据这一定义,财产权、所有权都是产权的重要组成部分或重要内容,均属于产权的范畴。

"治理"同"产权"一样,是一个意义广泛且很难定义的词。治理最早出现在1989年世界银行对非洲的描述中,即"治理危机"。治理理论的主要创始人之一罗西瑙认为,治理就是一系列活动领域的管理机制,它们虽未得到正式授权,却能有效发挥作用。最具权威的界定是全球治理委员会在《我们的全球伙伴关系》中的定义,即治理是各种公共的或私人的个人和机构管理其共同事务的诸多方式的总和。它是使相互冲突的或不同的利益得以调和并且采取联合行动的持续过程。它有四个特征:治理不是一整套规划,也不是一种活动,而是一个过程;治理过程的基础不是控制,而是协调;治理既涉及公共部门,也包括私人部门;治理不是一种正式的制度,而是持续的互动。② 概言之,治理就是为了共同目标,多元主体互动、协商解决公共事务的持续过程。治理主体不一定是政府,手段不一定是强制,方式可以多样。

产权与治理都依托一定组织存在和运行,由此构成产权单位与治理单位。所谓产权单位是指围绕某一物而形成的权利关系、利益关系的范围和空间,主要包括两个方面:一是围绕产权进行组织、协调、分配、核算的单位;二是产权所有、占有、经营、使用、收益、分配的单位,如分配承包地的村庄、分配份地的农村村社、分配草场的部落等。

治理单位是指对一定空间或范围的公共事务进行管理、协调和处

---

① [美] R. 科斯等:《财产权利与制度变迁——产权学派与新制度学派译文集》,上海三联书店1991年版,第204页。
② 参见俞可平主编《治理与善治》,社会科学文献出版社2000年版,第1—5页。

理的单位。治理单位可以分为国家治理单位、地方治理单位和社会治理单位。本文旨在研究农村最基层的社会治理单位，治理内容包括经济管理、收入核算、利益分配、社会协调、政治组织、公共服务和民众自治，因而其治理单位也可分为管理单位、核算单位、分配单位、协调单位、组织单位、服务单位和自治单位等。

（二）文献梳理和问题提出

产权与治理的关系是一个吸引人的大命题，许多学者都进行过专门研究。柏拉图、亚里士多德和西塞罗曾经研究过城邦民主的财产、政权的所有制基础。霍布斯认为："没有财产，没有统治权。"[①] 哈林顿则坚持"产权的均势或地产的比例是怎样的，国家的性质也就是怎样的"[②]；内维尔继承了哈林顿的理论，主张"财富孕育着统治权"[③]；洛克侧重于国家的产权保护功能，"政治权力就是为了规定和保护财产而制定法律的权力"[④]；马克思认为，亚细亚的产权制度是东方专制主义的牢固基础[⑤]；魏特夫则直接将产权与政体关联起来，提出产权的强度决定专制的程度，弱产权必然导致专制主义。[⑥]

许多学者对治理单位进行过研究。柏拉图认为，城邦规模是"不能超过的最佳限度"[⑦]；亚里士多德则从人口与国土两个方面分析了治理规模——适当的人口限度："足以达成自给生活所需要"和"观察所能遍及的最大数额"[⑧]；卢梭、孟德斯鸠也持类似观点，认为治

---

① [英] 霍布斯：《利维坦》，商务印书馆1985年版，第96页。
② [英] 哈林顿：《大洋国》，商务印书馆1963年版，第10页。
③ 转引自 [美] 理查德·派普斯：《财产论》，经济科学出版社2003年版，第39—40页。
④ [英] 洛克：《政府论——论政府的真正起源、范围和目的》下篇，商务印书馆1964年版，第2页。
⑤ 参见《马克思恩格斯选集》第1卷，人民出版社2012年版，第853页。
⑥ [美] 卡尔·A. 魏特夫：《东方专制主义——对于极权力量的比较研究》，中国社会科学出版社1989年版，第247—313页。
⑦ [古希腊] 柏拉图：《理想国》，商务印书馆1986年版，第137页。
⑧ [古希腊] 亚里士多德：《政治学》，商务印书馆1965年版，第356页。

理或自治还是以公民有效参与的小单位为好①，因而主张"小国寡民"。密尔则认为，代议制可以突破规模限制②；汉密尔顿、麦迪逊同样强调大规模的民族国家也可以通过代议制实施民主③；达尔、塔夫特以专著探讨"规模与民主"，坚信规模影响民主、治理。④ 可见，治理单位的研究者众、成果也多。

与治理单位的研究相反，鲜有人专门研究产权单位，只有少数学者在自己关注的研究领域中涉及了产权单位。恩格斯在研究国家的起源时认为，在产权单位从部落、村社、氏族走向家庭和个人的过程中，国家就产生了；魏特夫认为，不同治理单位有不同的产权强度，不同的产权强度决定不同的专制程度。恩格斯和魏特夫只是在研究国家起源、专制主义起源时涉及产权单位，并没有专门研究产权单位，更没有将产权单位与治理单位进行关联性研究。

从文献梳理可以发现，经典作家研究过产权与治理的关系，也研究过治理单位，少数学者在研究中还涉及了产权单位，但鲜有学者将产权单位与治理单位关联起来。这些都说明需要突破经典理论对产权与治理的简单因果论述，建立新的解释框架——产权单位与治理单位对称性解释框架。

（三）产权单位与治理单位的关联性

经典作家已经证明产权与治理有着很强的关联性。但产权要通过一定单位来运作和实现；治理更要以一定单位为依托。因而，单位就

---

① 卢梭认为，公民有效参与决策的机会总是与政体规模呈反比：公民数量越多，平均分配给公民的决策权就越少。平等、参与、对政府的有效控制、政治理性、友善和公民同质性都会随着国家人口数量和地域面积的增加而大打折扣。
② ［英］密尔：《代议制政府》，商务印书馆1982年版，第55页。
③ ［美］汉密尔顿等：《联邦党人文集》，商务印书馆1980年版，第39—51页。
④ ［美］达尔、塔夫特：《规模与民主》，上海人民出版社2013年版，第12—15页。

影响甚至决定着产权与治理的关系，决定产权与治理的绩效。① 通过引入单位因素，产权与治理的关联性研究就变成了产权单位与治理单位的关联性研究。

产权单位与治理单位的内在关联性主要体现为两者之间的对称性。所谓对称性是指产权单位与治理单位的同一性、一致性、吻合度。如果两者同一、一致、吻合，则产权与治理都能够获得相应成效，即治理有效、产权配置有效；否则两者就处于非对称状态。其对称性可以分解为结构性、层级性、完整性、规模性和历史性五个维度。

1. 产权单位的结构性

产权是一束权利，包括所有权、占有权、经营权和处置权。这些权利可以合为一体，形成广义的所有权（或产权）；也可以归属不同主体。前者形成单一产权单位，后者形成多元产权单位——所有权单位、占有权单位、经营权单位和处置权单位。单一产权单位的治理比较简单，只要与治理单位对等、一致、吻合，产权、治理绩效就会较好。多元化的产权单位则需要多元化的治理单位，或其内部多元职能与之对应，因为多元化的产权涉及多个主体，其利益诉求不同，不能采取强制、命令的方式"一刀切"，一元的治理单位势难应付多元化的产权需求，必须采取协商、民主方式予以解决。可见，产权单位的结构性要求结构化的治理单位与之对应和均衡：一是单位与单位的均衡，即产权诸单位与治理诸单位的均衡；二是职能与权利之间的均衡，即产权诸权利与治理诸职能之间的均衡。前者是"多对多"的均衡，后者是"多对一"的均衡。

2. 产权单位的层级性

产权单位的结构性是指产权各种权利在横向层面的配置，而产权单位的层级性则是指各种权利在纵向层面的配置，即产权为不同层级

---

① 产权绩效主要是经济发展，包括经济增长、结构优化、成本降低等经济指标；治理绩效在不同的阶段有所不同：在统治阶段主要是指治理能力较强，社会稳定；在管理阶段主要指组织健全，管理主体能够为经济发展提供良好的环境和秩序；在现代治理阶段，主要指人们广泛参与，互动共治，共同处理公共事务。

的单位所有、占有、经营和处置。产权单位的层级性包括两个方面：一是产权的各种权利归属不同的层级，如所有权在村庄，承包权在农户，经营权在合作社。二是不同层级单位拥有同一种权利，在农村人民公社时期，土地为生产队、生产大队、人民公社"三级所有"。产权单位的层级性要求治理单位也要考虑层级性，坚持对等、对应的治理原则，不能以治理一级产权单位的方式治理多级产权单位，也不能以治理高层级产权单位的方式治理低层级产权单位。高层级单位的治理侧重行政和协调；低层级单位的治理宜采用直接民主的方式。

3. 产权单位的完整性

单位以边界为区分①，边界越清晰，单位就越独立、越完整。清晰的边界又取决于权利和利益。如果权利和利益不清晰，边界就不会清晰，进而导致产权单位的不完整。如中国农村家户制，农地处置权利的家族、邻里约束致其产权单位边界模糊、不清晰。产权边界完整表明产权单位内外的权利清晰、利益统一，易于治理，否则将会出现治理困境。一方面治理边界难以把握，无法精准地实施"因边而治"、"以边而治"，要么出现"治理越界"，要么出现"治理缺位"的情况。另一方面产权不清晰，单位边界不完整，产权单位将很难与治理单位保持一致，从而导致产权单位与治理单位不对称，给治理带来困难。产权单位的完整性对治理及其单位的影响主要体现在两个方面：一是完整的产权单位易于治理且适合于自治；二是非完整的产权单位需要多元的治理方式，这既包括协调沟通、协商民主、互动共治等，也包括行政裁判，甚至需要新的制度安排。

4. 产权单位的规模性

产权单位以一定组织为载体，因而组织规模也会影响产权的配置效应及治理的有效性。产权单位的规模性影响主要包括两个方面：一是产权单位规模对产权、治理成效的影响。如果产权单位的规模比较

---

① 产权边界主要是权利相关主体行使权利的范围和最大空间，还包括权利行使的强度和力度，产权边界（清晰）的前提是权利归属明确、利益清晰。治理边界包括物理边界和权力边界，前者指各个单位的（地理）边界，后者指权力行使的范围和区域。

大就可以获得规模效应，但其治理特别是参与式治理成效会比较低；如果产权单位的规模比较小，则难以获得规模效应，但其直接参与式治理成效会较高。二是产权单位规模与治理单位规模的对称性对产权、治理成效的影响。如果产权单位规模与治理单位规模不一致，则两者之间的利益就会发生冲突，从而导致产权、治理的成效不理想。产权单位大于治理单位时，就会出现"小马拉大车"的现象，治理难以到位；产权单位小于治理单位，则会出现治权干预产权或者侵犯产权主体权益的现象。

5. *产权单位的历史性*

历史决定未来，产权单位形成的历史也会对产权与治理产生重要的影响。产权单位的形成有三种方式。一是自然形成的产权单位，如原始公社、印度的村社、中国的家户制。自然形成的产权单位，同时也是治理单位，两者经过多年的自然磨合，功能契合度较好，内生性特点突出。二是协商、谈判形成的产权单位，如一些农民将土地委托给庄园主，一些小部落愿意加入大部落，自愿性、契约性特点突出。三是强制建构的产权单位，如合作化时期的高级合作社、农村人民公社，强制性、外生性特点突出。单位内生性程度不同，其产权与治理成效不同。从内生性程度来看，从高到低分别为自然形成的单位、协商谈判形成的单位、强制建构的单位，产权和治理成效由高到低分别为自然形成的单位、协商谈判形成的单位、强制建构的单位。

通过上述理论分析，笔者提出几个基本的理论预设：一是产权单位与治理单位之间的关联主要是体现为两者之间的对称性。二是单位的对称性可分解为五个具体的维度：单位结构的均衡性与对应性、层级的对等性、边界的清晰性、规模的适宜性和单位形成的内生性。三是单位的对称性及衍生的五个维度（体现为六种因素）均影响产权与治理成效。四是在不同的条件下各个维度作用不同，各个维度既可单独影响又可组合影响产权与治理成效。

第一章 产权单位与治理单位的关联性研究

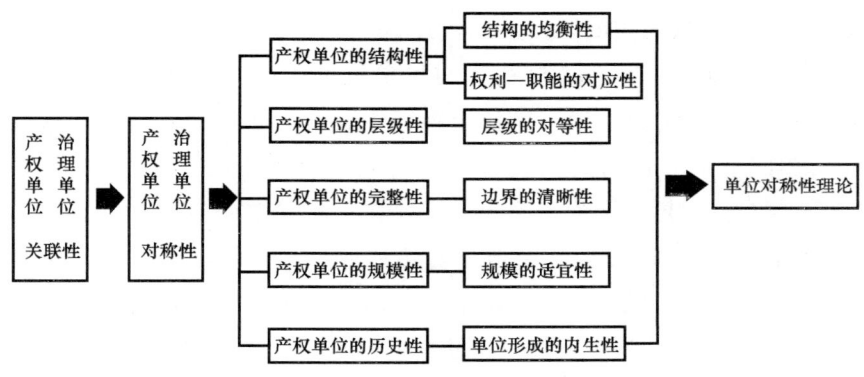

图 1-1 产权单位与治理单位的对称性逻辑

二 产权单位与治理单位关联性的历史类型

单位关联所导致的对称性决定着产权、治理绩效，这一观点能够在历史的长河中找到诸多的经验支撑，如印度和俄国的村社制、欧洲的庄园制、游牧民族的部落制和中国家户制的发展史。

（一）村社制

印度和俄国的基层治理制度是典型的村社制，村社制构成了两个国家的"底色"。村社制有五个主要的特点。一是土地为村社或者公社所有。马克思认为，在亚细亚生产方式中，不存在个人所有，只有个人占有；公社是真正的实际所有者。[1] 不过，在村社之上还有一个"**更高的所有者或唯一的所有者，因而实际的公社只不过表现为世袭的占有者**"。[2] 从村社范围来看，村社是土地所有者，个人是占有者；从国家范围来看，国家是终极所有者，村社是占有者。[3] 二是共同耕种或分户耕种土地，村社自给自足。在印度，农民共同耕种土地，共

---

[1] 参见《马克思恩格斯全集》第30卷，人民出版社1995年版，第475页。
[2] 《马克思恩格斯全集》第30卷，人民出版社1995年版，第467页。
[3] 参见《马克思恩格斯选集》第2卷，人民出版社2012年版，第734页。

同分配劳动产品。在俄国，土地按照家庭平均分配，家庭自我耕种，并定期重新调整。① 三是村社是纳税单位。在俄国实施税收"连环保"，富户代替贫户纳税，不仅土地平均分配，而且纳税也是"大锅饭"。② 四是采取自治的治理方式。马克思引用英国下院官方报告："从远古的时候起，这个国家的居民就在这种简单的自治制的管理形式下生活。"③ 村社"像一个地方自治体或市镇自治区"，④ "成为独立的组织，过着自己独特的生活"。⑤ 相对于国家，村社是一个自治体，其内部的管理是多元的。村社由一个首领代表，或是由各个家长彼此联结，相应的形成了专制的或者民主的治理形式。⑥ 这说明村社是一个基本的治理单位，内部治理既有民主方式，也有专制方式。五是个人依附于村社。土地为村社共同占有，个人必须依附于村社。分散的村社是专制国家的基础。"共同体是实体，而个人则只不过是实体的偶然因素"，⑦ 相互隔离、分散的村社是"东方专制制度的自然形成的基础"。⑧

从学者对村社制的描述可以发现，村社制是在自然、经济和社会等多种因素作用下自然形成的产物。在村社制中，产权结构比较简单，土地为村社所有、村社经营。在俄国有一些分户经营的方式，村社既是土地所有单位，也是土地占有单位，同时还是管理单位、分配单位。此外还存在以村社为单位定期重新分配土地的现象。可见，村社制下，产权单位与分配单位、管理单位是同一的，具有对称性。如果将村社放在专制国家背景下考察，国家是终极所有者，产权则具有一定的层级性。国家这个终极所有者对村社干预不多，一般只有税收

---

① 参见《马克思恩格斯全集》第45卷，人民出版社1985年版，第235—240页。
② 金雁、秦晖：《农村公社、改革革命——村社传统与俄国现代化之路》，东方出版社2013年版，第76页。
③ 《马克思恩格斯选集》第1卷，人民出版社2012年版，第853页。
④ 《马克思恩格斯选集》第1卷，人民出版社2012年版，第852页。
⑤ 《马克思恩格斯选集》第1卷，人民出版社2012年版，第852页。
⑥ 参见《马克思恩格斯选集》第2卷，人民出版社2012年版，第727页。
⑦ 《马克思恩格斯选集》第2卷，人民出版社2012年版，第728页。
⑧ 《马克思恩格斯选集》第3卷，人民出版社2012年版，第331页。

第一章 产权单位与治理单位的关联性研究

要求，其层级性对村社的产权配置和治理成效的影响不大。村社制是一个紧密型的共同体，产权共同占有，村社的边界很少变动，① 产权边界比较清晰。清晰的产权边界、对等的治理结构、简单的层级、较小的规模及单位建构的内生性为有效治理提供了良好的条件。②

村社制治理的有效性和产权配置的有效性可以从印度、俄国村社的长久延续和发展中得到检验。"从遥远的古代直到19世纪最初十年，无论印度过去在政治上变化多么大，它的社会状况却始终没有改变"③，不仅如此，即使遭受破坏，村社制也有很强的修复功能，"这些自给自足的公社不断地按照同一形式把自己再生产出来"。④ 马克思认为，村社制"保持得最顽强也最长久"主要源于公有制、手工业与农业的结合，⑤ 然而，村社制的长久性与再生产能力和产权单位与治理单位的对称性有着密切的联系。马克思、恩格斯认为，公社土地的"公私二重性"是"公社解体的根源"，⑥ 只要土地私有化，公社制就会被"炸毁"。因为土地私有导致产权所有、占有单位与治理单位不一致、不对称，共同体的治理难以维持，解体势所必然。马克思、恩格斯的研究表明，产权单位如果缩小为私人或家庭所有、经营，就会与治理单位不一致，村社制将难以维持。

对印度、俄国的村社制考察可以证实前文的假设，产权单位与治理单位的对称性，即结构的对应、层级的对等、边界的完整、规模的适度及单位形成的内生性既有利于提高产权的配置效率，也有利于村社的治理。村社制的长久性、自我修复机制及强大的再生产能力都从

---

① 马克思论述了同一个村社的名字、同一条边界、同一种利益甚至同一个家庭，却一个世纪又一个世纪地保持下来。(参见《马克思恩格斯选集》第1卷，人民出版社1995年版，第853页)
② 马克思认为村社规模比较小：从地理上看，一个村社就是一片占有几百英亩到几千英亩耕地和荒地的地方；从政治上看，它像一个地方自治体或市镇自治区。(参见《马克思恩格斯选集》第1卷，人民出版社1995年版，第852页)
③ 参加《马克思恩格斯选集》第1卷，人民出版社2012年版，第851页。
④ 参见《马克思恩格斯全集》第44卷，人民出版社2001年版，第414页。
⑤ 参见《马克思恩格斯选集》第2卷，人民出版社2012年版，第738页。
⑥ 参见《马克思恩格斯选集》第3卷，人民出版社2012年版，第824页。

侧面证实了产权单位与治理单位对称性的作用与功效。

(二) 庄园制

中世纪的欧洲,随着王权的衰落,封建主逐渐摆脱国家,获得了对自己领地的控制权,这些领地就形成了庄园。[①] 庄园不但是一块地产、一块有生产组织的地产,而且往往是一个政治权力单位。[②] 英国学者蒂托认为领地必须有四个基本要素:领主自营地、佃农份地、依附农民、领主司法权。[③] 汤普逊研究指出,庄园是一种政府形式,也是一种社会结构、一种经济制度。[④] 归纳起来,庄园有几个基本特点:一是庄园的领地为领主所"掌握"。领主从封君获得的封地,归领主"所有";自由农投奔领主后,继续保有耕种,对自由农来说,这块地变成了"保有地";对于领主来说,成了"掌握土地"。[⑤] 汤普逊由此得出一个结论:庄园是中世纪的"土地管理单位"、"构成一个所有权兼行政权的单位",它是社会的"组织细胞"。[⑥] 二是土地分类耕种经营。庄园的土地至少分成三个部分,一部分是领主自营地,由农奴耕种,一切收入归领主所有;另一部分是农民的份地(或保有地),要向领主交纳租金;还有一部分为农奴的份地,农奴除交租纳税外,还得负担劳役,为领主耕种自营地。庄园内的草地、牧场、森林、池塘等多属公用性质,领主、农奴、农民都可以使用。[⑦] 三是庄园是一个经济管理单位,也是一个单一的征税单位。份地一般不能被分割,为一个家庭或者几个家庭共同占有,税费负担在持有土地的各

[①] 有学者认为,庄园是以国家的衰落为代价成长起来的。参见 M. M. 波斯坦等主编《剑桥欧洲经济史》第1卷,经济科学出版社2002年版,第232页。

[②] 马克垚:《西欧封建经济形态研究》,中国大百科全书出版社2009年版,第153页。

[③] 马克垚:《西欧封建经济形态研究》,中国大百科全书出版社2009年版,第156页。

[④] 汤普逊:《中世纪经济社会史(300—1300年)》下册,商务印书馆1963年版,第358页。

[⑤] M. M. 波斯坦等主编:《剑桥欧洲经济史》第1卷,经济科学出版社2002年版,第208页。

[⑥] 汤普逊:《中世纪经济社会史(300—1300年)》下册,商务印书馆1963年版,第359—360页。

[⑦] 马克垚:《西欧封建经济形态研究》,中国大百科全书出版社2009年版,第155页。

第一章 产权单位与治理单位的关联性研究

个家庭之间按照人口进行分配,份地具有财政和管理单位职能。① 四是庄园不仅具有经济功能,而且具有司法、行政职能。庄园的权利"不仅是靠司法决定权,而且也许主要是借助于这个权利与发布命令和惩罚不服从命令者的权利的结合,用法兰克人术语来说就是禁令"。② 五是庄园与村社相互补充、共同治理。庄园没有扼杀村社,在中世纪的欧洲,村社体制与庄园体制并存,"无论一个乡下人怎样依赖他的领主,他都必须处于自己身为其组成部分的村社的权力之下"。③ 不管是庄园还是村社,在治理时都保留了一些古老民主传统和形式。

　　从产权与治理的视角来看,庄园的形成是一个历史的渐进过程。庄园既是一个产权单位,也是一个治理单位,两者具有同一性、对称性。首先,结构的均衡性。庄园产权分为所有权和经营权,所有权为领主所有,经营权为农民或农奴所有。其治理结构也是二元的,所有权代表——领主治理庄园,经营权代表——农民、农奴经营份地、管理份地,产权单位与治理单位对称。其次,层级的对等性。庄园不仅是一个生产单位、纳税单位,还是一个司法、行政治理单位,其内部可以分为两个层级——庄园、份地,两者分别对应着产权所有单位和产权占有使用单位,后者还是一个纳税单位和财政单位。无论是庄园层次,还是份地层次,产权单位与治理单位都是同一的。再次,边界的清晰性。领主对所掌握土地的边界是清晰的,佃农、农奴对份地的边界也是清晰的。庄园、份地边界清晰,庄园和份地产权单位边界完整,领主、佃农和农奴都拥有完整产权,因此以产权为基础的治理单位——庄园的边界也是清楚的。最后,规模的适应性。"一所庄园是

---

① M. M. 波斯坦等主编:《剑桥欧洲经济史》第1卷,经济科学出版社2002年版,第245页。

② M. M. 波斯坦等主编:《剑桥欧洲济史》第1卷,经济科学出版社2002年版,第231页。

③ M. M. 波斯坦等主编:《剑桥欧洲经济史》第1卷,经济科学出版社2002年版,第243页。

没有固定的或通常的规模的"①，有些庄园是一个村社，有的村社有几个庄园，当然也有的庄园在几个村社。② 总体而言，庄园规模不大，适合于自治，也有利于庄园内部的司法审判、重大事项的决策采用古老的民主形式。当然这种庄园"自治"与形式民主不能代替领主与农民之间的"保护—服从"、"被依附—依附"的关系。

庄园制是与当时生产力相适应的一种制度安排，它能遍及欧洲且延续千年之久说明了这一制度安排具有有效性。③ 这种有效性来源于产权单位与治理单位的对称性，即得益于产权单位与治理单位结构对应、层级对等、边界完整及规模适度。庄园制度的消失也从另一个侧面印证了这一观点。庄园解体的主要原因是：领地和份地的分割、买卖和私有化，产权单位不断缩小，农户成了主要的产权单位，以农户为单位的产权单位和以庄园为单位的治理单位呈现出不一致。产权单位与治理单位的结构不对应、层级不对等，对称性、同一性被打破，庄园制度难以维持，逐渐衰落和解体。④ 可见，产权单位与治理单位的对称性是庄园制度维持长久的重要原因，产权单位与治理单位的非对称性是庄园制衰落和解体的重要因素。

（三）部落制

游牧民族的部落制历史源远流长，是一种较为特殊的经济、社会和政治组织，与村社制、庄园制有较大的区别。部落制在产权单位与治理单位方面有着独特性：一是土地为部落所有，由部落首领或王公管理。"土地所有权是属于整个部落而不是仅仅属于该部落的首长或王公的。因此，个人没有土地，虽然在习惯上部落的土地是由王公管理，他有权把牧场分配给各家。"⑤ 因为游牧部落逐水草而居，要不

---

① 汤普逊：《中世纪经济社会史（300—1300年）》下册，商务印书馆1963年版，第374页。
② 马克垚：《西欧封建经济形态研究》，中国大百科全书出版社2009年版，第153页。
③ M. M. 波斯坦等：《剑桥欧洲经济史》第1卷，经济科学出版社2002年版，第208页。
④ 马克垚：《西欧封建经济形态研究》，中国大百科全书出版社2009年版，第198—201页。
⑤ 拉铁摩尔：《中国的亚洲内陆边疆》，江苏人民出版社2005年版，第44页。

第一章 产权单位与治理单位的关联性研究

断地转场,其所有权其实就是转场权、移动权。"移动权比居住权更加重要,而'所有权'实际上就是循环移动的权利。"① 这种移动权淡化了私人所有权,强化了部落所有权,进而强化了部落成员的共同体意识和共同利益观念。二是游牧部落的草场可以集体统一使用,也可以分家分户使用,即平均分配,人人有份。当然部落可以收回个别成员的使用权。② 草场可以由部落统一经营,也可以分户经营。三是部落是一个基本的经济、社会和政治组织,以部落为单位自给自足、自我管理。在"游牧封建主义"术语下,游牧共同体中存在的阶级是以对牧场的所有权为基础建立起来的。游牧民族基本的畜牧生产单位既是游牧生产单位,也是游牧政治的核心。③ 相较于定居社会,游牧部落更重于自给自足。④ 部落首领向部下征收劳役和各种实物税,可见部落也是一个征税单位和财政单位。⑤ 四是部落的移动性赋予部落首长及其王公专制的权力。部落首领提议部落迁移路线,分配牧场,与部下形成"保护—被保护"关系。⑥ 同时,部落迁徙、更换草场等重大决策由部落大会决定,这使部落保持了古老的民主传统。⑦ 五是部落的规模以草场的承受能力以及自给自足的生活为依据,西北藏族牧区的部落都是由几十个、数百个家庭分别组成的,一个部落若干个家庭是一个骨系('人'),有的部落是几个骨系结合成的共同体"。⑧

---

① 拉铁摩尔:《中国的亚洲内陆边疆》,江苏人民出版社2005年版,第44页。
② 何峰:《从〈格萨尔王传〉看古代藏族游牧部落》,《青海社会科学》1993年第2期。
③ 巴菲尔德:《危险的边疆:游牧帝国占中国》,江苏人民出版社2011年版,第6、8页。
④ 拉铁摩尔:《中国的亚洲内陆边疆》,江苏人民出版社2005年版,第45页。
⑤ 拉铁摩尔:《中国的亚洲内陆边疆》,江苏人民出版社2005年版,第44页。
⑥ 拉铁摩尔:《中国的亚洲内陆边疆》,江苏人民出版社2005年版,第44—47页。
⑦ 何峰:《从〈格萨尔王传〉看古代藏族游牧部落》,《青海社会科学》1993年第2期。
⑧ 杨明:《试论川西北藏族游牧部落次生牧区公社形态——纪念恩格斯〈家庭、私有制和国家的起源〉发表一百周年》,《西南民族学院学报(哲学社会科学版)》1984年第2期。

部落的产权和治理的对称性也与游牧特点比较一致。首先，产权结构与治理结构具有均衡性。草场和其他财产为部落所有、由部落经营，少数部落分户经营。治理主体是部落，部落以下的家庭既不是一个经济单位，也不是一个治理单位。由此可见，所有权单位、经营权单位与治理单位一致。其次，产权单位与治理单位层级对等。除少数部落的分户经营，产权单位与治理单位都只有一个层次，两者比较对等。再次，产权单位与治理单位的边界变动较大。虽然部落成员依附于部落，但成员不满时可以投奔其他部落，从而引起部落的分裂或再联合，进而导致部落产权边界的变化。[①] 产权边界的变化加上部落产权的"移动性"使得游牧部落的产权边界和产权单位并不完整，经常与治理单位错位、脱节。产权单位的变化会导致部落的分裂、解体，甚至战争。虽然单位边界变动较大，但是自然条件决定了草原民族只能采取共同生产、生活的方式，因此部落社会自然形成了发达的再生产机制和修复机制。尽管部落社会边界变化快、共同体分裂快，但其成员的重组、联合也相当迅速。最后，大部分部落的规模与农耕社会的村庄、村社大体相当，与权威主导的原始民主形式较为匹配，部落共同体相对于其他组织或者国家共同体，可视为"自治体""自治区"。

从部落制的特点及其产权与治理之间的关系来看，部落制处于一种"动态的稳定"状态。所谓"动态的稳定"，一方面是指产权单位与治理单位对称时期具有延续数千年的稳定性，另一方面是指流动性下部落不断分裂联合的"动态性"。从整体来看，部落处于一种"大稳定，小分裂"的动态稳定格局。此外，由于自然条件及产权、共同体的"动态稳定性"、"区域稳定性"，部落制还具有很强的再生能力、修复能力。可见，产权单位与治理单位的对称性是部落制长期稳定的重要因素，也是部落再生产的重要条件。

---

① 拉铁摩尔：《中国的亚洲内陆边疆》，江苏人民出版社2005年版，第57—58页。

（四）家户制

马克思、韦伯均将欧洲以东的国家称为"东方国家"，并认为"东方国家"有大致相同的制度。实际上，这种笼统的分类尚可进一步细化。不同于村社制、庄园制和部落制，中国形成了独特的家户制，即以家户作为基本的社会组织、管理单位的一种制度。中国的家户制是土地私有制的产物，是经济社会发展的结果。

中国农村的家户制主要有如下几个特点。一是家户是农村最基本的组织单位，是中国传统社会的"细胞"。[1] "家庭是最小的单位，家有家长，积若干家而成户，户有户长"，[2] "家是经济的单位，户是政治社交的单位，支是宗教祭祀单位，族房长即祠堂会，是乃政治、经济、社交、宗教的综合单位"。[3] 按照徐勇的观点，家户聚集向外扩展成为自然村。[4] 二是家户是产权的主体单位。传统中国，以一家一户的小私有制为基础，土地为家户所有，以家户为单位经营。正如毛泽东所说，"几千年来都是个体经济，一家一户就是一个生产单位。"[5] 家户可以自由支配自己的劳动产品，也可以自由配置自己的劳动力。而传统中国的地权又具有多层性：官田，为国家所有；公田，为祠堂或者家族所有；私田，为个人所有。由于私田在买卖过程中还受家族、亲邻等约束，家户制产权单位也具有不完整性。三是家户是基本的纳税单位。家是经济单位，由家组成的户是纳税单位。如果一户只有一家，则家是纳税单位；如果一户有若干家，则户是纳税单位。因此家户既是纳税单位，也是财政单位。"纳完粮，自在王"，这句俗话就说明了家户的财税性质。四是家户是基层的治理单位。徐勇认为，"一家一户"的"家"是社会单位，"户"则是政治单位，

---

[1] 徐勇：《中国家户制传统专农村发展道路——以俄国、印度的村社传统为参照》，《中国社会科学》2013年第8期。

[2] 林耀华：《义序的宗族研究》，三联书店2000年版，第73页。

[3] 林耀华：《义序的宗族研究》，三联书店2000年版，第73、74页。

[4] 徐勇：《中国家户制传统专农村发展道路——以俄国、印度的村社传统为参照》，《中国社会科学》2013年第8期。

[5] 《毛泽东选集》第3卷，人民出版社1991年版，第931页。

是国家组织民众的单位,为中国特有,具有政治社会意义。费孝通先生也认为家族、家户具有政治性质,"县里的命令不是下达到各家各户去的,而是送到地方自治单位(在云南叫作'公共家庭',或称为'公家')"。① 瞿同祖则提出"家族实为政治、法律的单位"。②

从以上分析可看出,长期以来,家户是中国农村最基本的产权单位与治理单位。在结构上,家户的产权结构和治理结构相对简单且对称;在层级上,其产权、治理层级单一、对等;在边界上,虽然家户制存在一些亲族邻里约束,但是在私有制下其产权边界还是比较清晰、完整;在规模上,家户的规模比较小,可以弥补一些外部因素对产权的干扰;在内生性上,家户制是中国经济社会长期发展的结果,是一种自然、内生型的制度。可见,在家户制下,产权单位与治理单位高度对称。单位的对称性的成效可以从家户制两千多年的延续中得到证明,同样也可以从家户制解体中得到反证。③

家户制与村社制、部落制、庄园制最大的差别在于产权。家户私有制和产权的独立性使家户与地主均成为独立的产权主体、经营主体和政治社会单位,④ 由此传统中国形成了"纵向专制、横向平等"的社会结构;与此配套的是"上层专制,底层自由"的权利体系和治理体系。家户制很好地体现了传统中国"大专制,小自由"的基本治理特征。这种治理特征源于产权结构及其强度。

从产权单位与治理单位的对称性考察,四种经典制度拥有很多相似之处:一是从结构来看,产权单位与治理单位的结构比较简单、相互均衡,对称性很强;二是从层级来看,单位层级比较单一、对等;三是从职能来看,不同的权利对应着不同的治理职能,或曰不同的权

---

① 费孝通:《中国绅士》,中国社会科学出版社2006年版,第50页。
② 瞿同祖:《中国法律和中国社会》,中华书局2003年版,第28页。
③ 1953年开始的合作化运动及随后实施的农村人民公社制改变了产权单位和治理单位,从而瓦解了二千多年的家户制度。同样1978年以后家庭承包经营制在一定程度上恢复家户制也是单位对称性的内生需求。这从一个侧面证明了产权单位专治理单位对称的重要性。
④ 徐勇:《中国家户制传统占农村发展道路——以俄国、印度的村社传统为参照》,《中国社会科学》2013年第8期。

利有不同的治理规则，权利—职能具有对应性；四是从完整性来看，若不考虑国家终极所有权，村社制、庄园制、家户制的产权边界较为完整，其中村社制、庄园制、家户制的产权清晰，边界完整，只有部落制边界因人口流动而具有一定的模糊性；五是从规模来看，产权单位、治理单位的规模都较小，其中家户制最小，而且两者规模和空间还具有同一性、一致性；六是四种经典制度都是历史发展结果，是在历史发展过程中渐进、自然形成的，大体上属于内生型单位，在庄园制、部落制中有部分谈判协商制的特点或者契约制特征。总体来看，四种经典制度的产权单位与治理单位对称性强。这种高对称性下的产权、治理成效都较好，高对称性使经典制度具有很强生命力、延续性和再生产能力、修复能力。上层变动时，下层可保持稳定；下层受到冲击时，仍可迅速修复再生。[①]

三　当代中国产权单位与治理单位的变迁与特点

当代中国产权单位变化复杂，产权调整次数多，幅度大，形成了多结构、多层次、内容复杂的产权体系。随着产权的变化，中国农村治理单位也日趋复杂：重叠、交叉、分层。截至当前，产权单位与治理单位的调适和磨合仍在进行。总体来看，当代中国产权单位和治理单位的变化主要经历了四个阶段。

（一）互助合作时期：增长的产权单位与扩张的治理单位

互助组时期，土地改革使农民拥有了土地，但是不少农民面临畜力、农具、人力不足的困境，因此国家鼓励农民按照自愿、互利的原则组织劳动互助。1951年12月中共中央发布的《关于农业生产互助合作的决议（草案）》要求：必须保护农民已得到的土地所有权，在

[①] 笔者是从产权与治理单位的角度得出的这个结论，其实，金观涛、徐勇等均得出过同样的结论。

土地私有的基础上，农民按照自愿和互利的原则，发展劳动互助或者生产，进行集体劳动。① 互助组只在生产各个环节实行互助，土地、产品仍归各家所有，只需根据田亩分摊共同生产费用。② 在互助组阶段，农户是土地所有、占有、经营、分配单位，也是政治参与单位和纳税单位。

初级合作社时期，土地为农民私有，农民以土地入股，合作社统一经营，劳动成果统一分配，农民按股分红。③ 高级合作社时期，生产资料从农民私有变为社员集体共有，集体统一经营，共同劳动，统一分配。④ 从治理单位来看，初级社、高级社都是基本的纳税单位、生产组织单位、成果分配单位，同时也是社会的协调单位、公共服务单位和政治组织单位。两者最大的差别在于，初级社的土地为农民个人所有，高级社为集体所有。

总体而言，互助组时期，土地的所有、占有、经营、分配单位以及纳税单位、政治参与单位均是农户，产权单位与治理单位规模较小，在结构性、层次性方面比较对称，产权边界完整，农民对产权有完整的支配权，治理成效比较好。⑤ 初级合作社时期，土地所有单位与占有、生产、经营单位不一致，与成果分配、社会管理单位不一致，但是产权占有、生产、经营单位与成果分配、社会管理单位一致，即产权单位与治理单位在结构对称、层次对等方面要比互助组时期差；单位的规模相当于自然村，大于互助组；产权边界容易受国家行政的干预，完整性也次于互助组。与互助组相比，初级合作社产权

---

① 农业部农村经济研究中心当代农业史研究室编：《中国共产党"三农"思想研究》，中国农业出版社2002年版，第107页。
② 陈锡文等：《中国农村制度变迁60年》，人民出版社2009年版，第12页。
③ 陈锡文等：《中国农村制度变迁60年》，人民出版社2009年版，第12—13页。
④ 陈锡文等：《中国农村制度变迁60年》，人民出版社2009年版，第14页。
⑤ 杜润生等人向毛泽东汇报："贫农对互助组是欢迎的，特别是互助组能解决牲口、农具的缺乏，那些富裕户缺劳力，贫农缺牲口，他们自己协议好，互相交换，所以受欢迎。"（《杜润生自述：中国农村体制变革重大决策纪实》，人民出版社2005年版，第47页。）

单位与治理单位的对称性要低,其成效也相对逊色。①

在高级合作社时期,土地为高级合作社所有、占有、经营、生产,产权诸权利单位及其成果分配单位、社会管理单位均高度一致,产权单位与治理单位的结构平衡性和层级对等'性很高。然而高级合作社以传统的村庄为单位,规模远大于自然村,而且产权单位、治理单位是行政强力推动的结果,农民被迫进入新的产权单位和治理单位。产权、治理边界超过了农民"习惯边界",影响了农民对边界的认同,破坏了边界的完整性。整体来看,从互助组、初级合作社到高级合作社,产权单位和治理单位的规模在不断扩大,单位形成的内生性、边界的完整性在下降,因此产权与治理的成效是逐渐下降的。

(二)农村人民公社时期:产权单位回归与治理单位收缩

1. 农村人民公社管理体制基本确立

1958年8月,中共中央《关于在农村建设人民公社问题的决议》提出:"社的组织规模,就目前说,一般以一乡一社、2000户左右较为合适","人民公社进一步发展,有可能以县为单位组成联社"。② 1958年11月党的八届六中全会通过了《关于人民公社若干问题的决议》,决议规定:"人民公社应当实现统一领导、分级管理的制度,一般可以分公社管理委员会、管理区(或生产大队)、生产三级",概括起来就是公社集体所有制,并具有若干全民所有制的成分;统一经营;工资制与供给制相结合。至此,以行政手段管理经济的"政社合一"体制基本确立。③ 人民公社的基本特征有两个:"一大二公"、"政社合一"。所谓"一大二公","大"是指规模大,一乡一社,整个乡就是一个经济核算单位;"公"是指所有的生产资料归公社集体

---

① 按照杜润生的回忆,初级社持续扩大,受到了农民的反对,连毛泽东本人都说出现了"生产力暴动",其成效之差是显而易见的。(《杜润生自述:中国农村体制变革重大决策纪实》,人民出版社2005年版,第47页)

② 陈锡文等:《中国农村制度变迁60年》,人民出版社2009年版,第16页。

③ 白钢、赵寿星:《选举与治理:中国村民自治研究》,中国社会科学出版社2001年版,第32页。

所有。所谓"政社合一",就是以乡为单位的农村集体经济组织与乡政府合一,公社行使所有的管理权力。①

从表面上看,人民公社初期,产权所有单位与分配单位、管理单位具有一致性,但实质上产权单位与治理单位的对称性仍然存在几个问题:一是同一产权被纵向分割成多个层次,分别为公社所有、大队占有、生产队经营;而责任单位、决策单位和分配单位却与之相反,仅有公社一个层级,导致生产单位与成果分配单位不一致,权责不对等,劳酬不一致,即生产队有责任,但没有权力,公社有权力,却没有责任。二是公社以行政强力治理,经常规划生产、平调物质、拉平收益、强征剩余等,这样就使产权的边界难以明晰,行政权经常干预生产大队的决策权、生产队的经营权、农民的个人财产权,导致四者之间存在巨大的冲突和矛盾。三是公社规模太大,远远超过了农民的"习惯边界",农民对公社有强大的排斥性;人数过多,难以采取适宜的民主形式,只能选择以强制为手段的他治制度。三个问题的核心是产权的多层级性导致内部诸单位的不一致,以及产权单位与治理单位之间层级的不契合性,即层级的协调性、对等性、一致性比较差。

2. 农村人民公社管理体制重大调整

"一平二调"资源管理体制、"一大二公"组织体制、产权体系以及"政社合一"的治理体制,加上"共产风""浮夸风"等"五风"泛滥及自然灾害,使得整个农村经济几乎走到濒临崩溃的边缘。1960年11月,中共中央发出了关于农村人民公社当前政策问题的紧急指示信,强调"三级所有,队为基础,是现阶段人民公社的根本制度"。"队为基础"即生产大队为基础,指示信将生产大队作为农村基本生产资料的所有者和核算单位,而小队只是向生产大队包产的作业单位。这样产权单位与治理单位开始缩小和调整。②

国家将所有单位、核算单位和分配单位下放到生产大队,从规模上看,所有单位、核算单位、成果分配单位有所缩小。作为产权单位

---

① 陈锡文等:《中国农村制度变迁60年》,人民出版社2009年版,第16—17页。
② 陈锡文等:《中国农村制度变迁60年》,人民出版社2009年版,第17—18页。

的所有单位与作为治理单位的核算单位、分配单位之间保持了一致，但仍然没有改变产权多层级性带来的问题。产权为生产大队所有、占有，但是仍然由生产队使用、经营。在产权被多级分割时，治理权同样被分割为人民公社、生产大队、生产队三级拥有。产权内部、治理内部以及两者的权属关系、利益关系仍然不清晰，公社初期所存在的问题仍然存在。

3. 农村人民公社管理体制再次重大调整

1961年5、6月，中共中央修改了《农村人民公社工作条例（草案）》，取消供给制和公共食堂，恢复家庭基本生活单位的地位。1962年2月，中共中央发布了《关于改变农村人民公社基本核算单位问题的指示》，将核算单位从生产大队下移到生产队。1962年9月，党的八届十中全会通过了《农村人民公社工作条例（修正草案）》，规定"人民公社的基本核算单位是生产队"；生产队"实行独立核算，自负盈亏，直接组织生产，组织收益的分配"；"农村人民公社是政社合一的组织"，是农村的"基层单位"和"基层政权单位"。[①] 这样"三级所有，队为基础"的乡村治理体制基本定型，直到改革开放前再也没有调整和改变。

生产队成为生产资料所有、经营、分配及核算单位，产权内部诸权利单位基本一致。这对于提高生产队积极性有一定的作用。但是这一单位的形成不是农民自主选择的结果，而是国家强制性的制度安排。农民依然对此单位存在排斥心理，特别是在生产队层面的集体生产经营、统一分配与人们对家庭制的内在需求不一致，生产队与家庭之间的矛盾和冲突依然存在。相应地，人民公社的治理单位也被分割，公社统一领导，生产大队统一管理，生产队统一组织，如生产、核算、分配等。在"政社合一"的治理体制下，上级能够随时、随意干预下级，如公社经常以行政权力干预大队的经济决策，产权边界、治理边界依然不清晰。可见，产权单位内部层级冲突、治理单位内部"层级干预"，加之两者层级不对等、不一致，产权单位与治理

---

① 陈锡文等：《中国农村制度变迁60年》，人民出版社2009年版，第339—340页。

单位具有严重的非对称性，公社、大队、小队只能采用以强制为手段的他治方式，民主只具文本和理论意义。

在人民公社时期的三个阶段，产权单位与治理单位都经历了从大到小的调整和收缩过程，目的就是在公社体制内寻找单位的均衡性和对称性。产权单位和治理单位最后定型为"三级所有，队为基础"，但非对称性问题依然严重：一是产权单位与治理单位层级不对等的问题。二是结构均衡性、权利职能的对应性、层级的对等性差异决定了产权、治理绩效的差异。三是产权单位和治理单位的外生性特点依然是影响成效的重要因素。四是产权单位规模过大，治理难度大。

为什么基层治理单位最后下移到生产队后再没有调整？因为在生产队，产权所有单位与治理单位一致，生产资料为成员共同所有、占用，成员之间有很强的相关利益。产权共有、利益相关使成员们成为利益共同体。生产队是历史上自然形成的单位，大家彼此熟悉，习惯相同，成员文化相连、地域相近，生产队具有文化共同体和地域共同体特点，最适合作为基层治理单位。① 尽管如此，这种产权、治理制度的安排与农民内心对家户制的期待有一定距离。

（三）家庭承包时期：产权结构的多元化和治权的村庄化

20世纪70年代后期，"三级所有，队为基础"的农村人民公社体制难以维持。1977年底各地开始尝试包产到组、包产到户，经过几年的实践，包产到户开始显示出优势。1983年中共中央的"一号文件"明确提出了"联产承包责任制"。② 党的十三届八中全会决议规定，"以家庭联产承包为主、统分结合的双层经营体制"确定为"我国乡村集体经济组织的一项基本制度"。③ 家庭承包制改变了产权

---

① 邓大才：《利益相关：村民自治有效实现形式的产权基础》，《华中师范大学学报》2015年第4期。

② 中共中央文献研究室：《改革开放三十年重要文献选编》（上），中央文献出版社2008年版，第233页。

③ 中共中央文献研究室：《改革开放三十年重要文献选编》（上），中央文献出版社2008年版，第607页。

及其单位。一是产权结构多元化，所有权、承包权、经营权三权分设。二是产权层级多元化，村集体、小组、农户分割了一个统一的产权。三是产权单位多元化，村庄是集体生产资料的统一经营单位、土地的承包单位和合同管理单位；村民小组是产权所有单位；家庭是产权占有、生产经营、核算分配单位。从产权单位来看，村与组、组与户层级不对等，结构非均衡，存在一定的张力，但是家庭内部占有、生产、经营、核算单位的重合却具有积极的激励作用。

家庭承包制瓦解了农村人民公社体制。1983年中共中央、国务院发布《关于实行政社分开建立乡政府的通知》，要求实行政社分开，恢复乡镇政府，在乡以下建立村民委员会作为基层群众自治组织。这一文件结束了"政社合一"的农村人民公社体制，开创了"乡政村治"的新体制。1987年11月全国人大通过了《中华人民共和国村民委员会组织法（试行）》，要求与家庭联产承包责任制相适应，实施村民自治制度。由此村庄成为了基层治理的基本单位，同时也成为集体统一经营单位。从治理单位来看，村庄为统经营单位、合同管理单位和公共服务单位，但是因村组的治理功能弱化，村庄规模较大，村组利益一致性低，治理难度依然很大。

综合产权单位与治理单位可以发现，家庭承包制下的产权单位与治理单位改革，依然是对农村人民公社遗留问题的调整。从长远的视角来看，家庭承包经营是对家户制的一种回归，但受集体所有的约束，与家户制依然有距离，从而导致产权所有单位与占有、生产经营、核算分配单位非对称。村庄是民事单位、公共服务单位、政治组织单位和集体统一经营单位，这与所有权单位——村民小组及生产经营、核算分配单位——家庭均不一致。可见，家庭承包经营制只是缓解了产权单位内部各单位的一致性问题，而产权单位与治理单位结构不均衡、层级不对等、职能一权利不对应问题依然存在。换言之，产权单位与治理单位之间的对称性还有待继续探索和调整。

（四）调整探索时期：自治下移，政务村务分离

虽然村民小组是产权的所有单位，也是传统基层社会的治理单位，却始终未能充分发挥村民自治的基础作用。鉴于此，不少地方着手探索下移自治单位，划小治理单元，以村民小组为自治的基本单位，以激活村民小组在自治上的基础性作用，化解村组、组民冲突和单位的非对称性问题。

在广东清远，村庄规模比较大，人口较多，面积较大，但是其土地为自然村或村民小组所有，村民只对本小组的事务有兴趣，对村庄事务没有兴趣，以村庄为单位的村民自治基本流于形式，最终演变成他治。鉴于此，清远市大力倡导"自治下移，政务与村务分开"，实施以自然村或村民小组为自治单位、以村庄为公共服务单位的新型治理方式。通过此种改革，自治单位与产权单位达成了一致，两者间的利益结构与空间规模均相互吻合，自治成效逐渐显现。

无独有偶，广东云浮在村民小组建立理事会；湖北秭归在村民小组推行"一长八员"的理事会；广西河池在屯建立"党群理事会"，以屯为单位实施自治和管理；广东蕉岭以宗族为单位建立宗族理事会，主要以小组为单位的宗族成为了基层治理单位；厦门海沧以村民小组为单位建立治理单位。① 徐勇将新一轮自治下移的基层治理改革称为"村民自治第二波创新"，第二波创新能够成功的根本原因在于产权单位与治理单位高度吻合，利益一致。②

各个地区探索自治下移，缩小治理单元，其实质是在集体所有制和家庭承包制下，寻求提高产权单位与自治单位对称性的途径。自治下移至小组使自治单位规模缩小且与产权单位一致。在村民小组，成员共同占有产权，彼此成为产权关联者、利益相关者，成员关注小组利益并参与小组事务，自治的参与度提高。同时，自治单位下移到小组使治理层级对等性从村户差异缩小为组户差异，对等性有所提高。

历史决定现在，现在造就未来。从长视角审视当代中国产权单位与治理单位的变化，我们会发现一些很有意思的现象。一是产权单位

---

① 邓大才：《利益相关：村民自治有效实现形式的产权基础》，《华中师范大学学报》2014年第4期。
② 徐勇、赵德健：《找回自治：对村民自治有效实现形式的探索》，《华中师范大学学报》2014年第4期。

和治理单位不对称程度的变化轨迹呈倒"U"型。新中国成立初期，产权和治理单位不对称程度持续扩大，1960年左右达到极大值，然后逐步下降，至今仍处于调整阶段。二是产权单位与治理单位规模持续扩大，产权与治理的成效逐渐降低；产权单位与治理单位规模持续缩小，产权与治理的成效逐渐提高。三是产权单位与治理单位的形成方式会影响产权、治理效应。互助组是农民自发组成的经营单位，产权、治理成效较好；合作社、人民公社是强制形成的单位，产权、治理成效则比较差。

四 产权单位与治理单位对称性理论建构

经过理论分析——历史研究——现实分析，在此可以作一个基本的理论总结：产权单位与治理单位之间有着很强的关联性，这种关联性以"对称性"来联结和实现。这种"对称性"可以归纳为"单位对称性理论"。

（一）单位对称性理论的基本内涵

产权单位与治理单位的对称程度决定产权的配置效率与治理的有效性。从历史和现实来看，单位对称性主要有三类：一是产权内部诸权利单位的对称性，如所有单位、占有单位、使用单位、生产单位、经营单位之间的对称性，其对称性对产权配置产生影响，同时也会影响治理的成效。对称性低，治理成效低；对称性高，治理成效高。二是治理内部各单位的对称性。在实践中，治理内部的单位有核算单位、分配单位、管理单位、纳税单位、政治组织单位、公共服务单位等。这些单位内部的对称性会影响治理的成效，进而影响产权的配置成效。三是产权单位与治理单位的对称性，包括单位结构均衡性、层级对等性、职能—权利对应性、边界的完整性、规模适应性和形成内生性。"单位对称性理论"以第三类的对称性为主，同时兼顾前两类对称性。

(二) 单位对称性理论的基本模型

产权单位与治理单位的对称性由若干因素组成。从历史和现实的研究来看，单位对称性由六大因素决定：结构的均衡性、层级的对等性、职能—权利的对应性、边界的完整性、规模的适度性、单位形成的内生性。六大因素影响单位的对称性，与单位对称性成正比，随着结构的均衡性、层级的对等性、职能—权利的对应性、边界的完整性、规模的适宜性、单位形成的内生性程度提高，单位对称性程度也会提高。从总体来看，单位的对称性是结构的均衡性、层级的对等性、职能一权利的对应性、边界的完整性、规模的适宜性、单位形成的内生性的函数。

单位对称性理论的六大因素具有不同地位和作用。结构的均衡性、层级的对应性、规模的适宜性是基本的决定因素；职能权利的对应性、边界的完整性是重要的影响因素，在特定条件下还会起决定性作用，如当前地方政府强制对农民承包土地的征用、调整就与产权、治权的边界不太清晰有关。单位形成的内生性将单位对称性理论放在历史视角来考察，是一个前提变量。在决定和影响单位对称性理论的六大因素中，结构的均衡性、层级的对等性和规模的适宜性是决定性变量；职能二权利的对应性、边界的完整性是影响性变量；单位形成的内生性是条件性变量。

(三) 单位对称性理论的基本组合类型

在决定和影响单位对称性理论的六大因素中，不是所有的要素都影响和决定单位对称性理论，也不是所有的因素都必须同时发生作用，在特定时期，可能只有部分因素组合发生作用。从组合视角可以考察单位对称性理论的组合类型。由于影响因素比较多，能够形成的组合类型相当多，从前述分析来看主要有几个基本规律：一是各个因素在影响和决定单位对称性中地位和作用不同，决定性变量起核心作用；影响性变量起辅助性的弥补作用；建构性内生因素则是条件变量。二是在某一个时期并非所有的因素都同时起作用。从一般规律来看，决定性变量的影响最大。特定情况下，影响性因素、条件性因素也会起重要作用，如农村人民公社时期，外力强制干预的条件性因素就起了重要作用；在家庭承包经营前期，结构性因素作用比较大；中后期边界因素起重要作用；后期规模的适应性作用则相对突出。二是在一定的条件下，各类因素会产生相互抵补作用，如某一个因素不足而另外一个因素比较强时，强因素可以抵补不足的因素。如规模适度可以在一定的程度上抵补对称性的不足；反过来各因素较高的对称性可以缓解规模过大产生的问题；如权利边界清晰可以抵补治理边界的不完整性，或者约束后者的不完整程度。有些因素无法抵补，如结构不均衡、层级不对等。一言概之，影响性因素、条件性因素可以通过决定性变量得以弥补和缓解，而反之则无效。

（四）单位对称性理论的价值与限度

产权与治理的关联性研究有几个经典结论：私有财产及其严格的保护制度会产生民主制度，否则将会导致专制主义。但应注意产权与治理关联的因果关系因单位因素的影响，特别是产权单位和治理单位的对称性会打乱两者之间的线性关系，即使在私有产权制度下，不同程度的产权单位与治理单位对称性仍可能产生多种政治结果和治理效应。特别是在基层社会，单位因素的"扰动作用"更强，也更具有解释力。

从经济学来看，产权的效率取决于产权制度的安排；从政治学来看，治理的效率应取决于治理制度的安排。还有学者认为，治理应该依据产权而定。其实，产权的效率与治理的效应不仅取决于产权制度、治理制度本身的安排，还取决于产权与治理的契合性，更取决于产权单位与治理单位的对称性。这一观点就突破了单纯的"产权论"、"治理论"及"产权决定治理论"的简单叙述，拓宽了产权与治理关联研究的范围和内容。

虽然产权单位与治理单位的对称性对产权和治理的绩效的影响已经通过村社制、庄园制、部落制和家户制以及1949年以来的中国农村发展的历史得到了一定程度的证实，但是要使这一理论具有普适性和更强的解释力,还需要得到更多经验支撑,特别是需要从历史和现实两个维度进行更多的经验研究:一是从历史上考察在不同的产权单位下治理单位的安排与绩效,及在不同的治理单位下产权单位的选择与绩效;二是进一步考察当前中国农村产权单位与治理单位的对称性与绩效,考察自治单位下移前后治理单位与产权单位的适应性。通过这些实证性研究来为单位对称性理论提供更多的经验支撑。

第二章　中国农村产权变迁与经验

——来自国家治理视角下的启示*

产权是农村发展的基础。我国有关农村产权改革有两种思路：一是强化私人性，着眼于产权的效率；二是关注集体性，着眼于产权的保障。当前国家关于农村产权改革的基本思路是所有权、承包权和经营权"三权分置"。如果仅仅从产权角度认识"三权分置"，着眼于搞活经营权还远远不够，需要引进国家治理的视角，将国家治理与产权变迁关联起来认识。产权变迁和国家治理都有一个漫长的历史发展过程，其关联性在不同历史时期、不同国家有不同的表现形式。传统中国是一个超大型的农业社会，在"皇权不下县"的条件下如何通过自我治理实现持续运转呢？一个重要因素就是通过各类产权安排，赋予一定数量的产权以社会属性，从而提供公共物品，维持农业社会的自我运转。这一产权安排是农业文明持续的制度基础，也是传统中国领跑世界的制度密码。只是这一制度的历史事实，长期以来被既有理论所遮蔽，这制约了我们从国家治理及现代化视角深刻理解当下的农村产权变迁及其规律性走向。本章试图从国家治理现代化的视角，以笔者所在的华中师范大学中国农村研究院近年来进行农村调查采集的中国事实和案例为主要依据，挖掘被既有理论所遮蔽的丰富的中国产权制度，考察农村产权的多重属性及其与国家治理的相关性，以加深对当下中国农村"三权分置"产权改革的认识。

---

* 本章曾刊载于《中国社会科学》2017年第1期，标题、内容均未做修改。

一 概念界定与"两大问题"

(一)国家治理与"治理之谜"

国家治理就是国家运用公共权力管理公共事务的活动和过程。马克思经典理论认为,私有制导致社会利益冲突不可调和,需要一个超越社会的"力量"以"缓和冲突"。这个"日益同社会相异化的力量"就是国家。① 这种活动和过程就是治理。可见,国家是私有制发展导致社会冲突不可调和的产物,国家治理是调和冲突、规制社会需求的结果。国家治理取决于国家的能力,但是国家能力与国家治理不是简单的线性关系。米格代尔认为,国家有提取、规制、渗透和分配四种能力。阿尔蒙德则认为国家有提取、规制、分配、符号和响应五种能力。② 其实,国家能力有一个发展的过程:从弱到强,从少到多,从简单到复杂。早期的国家可能只有汲取能力,后来衍生出了渗透能力、控制能力和包括供给公共物品的财富分配能力。国家能力也有一个结构问题,某种能力强大并不表明其他能力同样强大,如国家汲取、控制能力强大,并不表明国家供给公共物品能力强大;但国家供给公共物品能力强大,其汲取和控制能力一般会比较强大。

马克思专门研究过亚洲国家治理和治理能力问题。他将传统亚洲国家分为三个部门:财政部门、军事部门、公共工程部门。这三个部门对应着国家的三种能力,财政部门对应着国家对资源的汲取能力;军事部门对应着国家对社会的规制和控制能力,可以称为规控能力;公共工程部门对应着国家向社会提供公共物品的能力。③ 马克思认为,三种能力要均衡发展,不可偏废,否则就会影响国家的治理绩效。英国殖民者在印度接管了财政部门、军事部门,可是殖民地政府按照英国方式即以自由竞争的方式对待公共部门,忽略了公共工程部门建

---

① 《马克思恩格斯选集》第 4 卷,人民出版社 2012 年版,第 187 页。
② 转引自张长东《国家治理能力现代化研究》,《法学评论》2014 年第 3 期。
③ 参见《马克思恩格斯选集》第 1 卷,人民出版社 2012 年版,第 850—851 页。

设，导致了印度的农业衰退。①

在对亚洲传统国家的研究中，马克思、恩格斯强调了国家提供公共水利设施的重要性。恩格斯认为，在亚洲的统治者"每一个专制政府都十分清楚地知道它们首先是河谷灌溉的总管"。② 马克思认为，"使利用水渠和水利工程的人工灌溉设施成了东方农业的基础"。③ 在西方国家，水利灌溉设施等公共物品都是私人企业家自愿联合供给，"但是在东方，由于文明程度太低，幅员太大，不能产生自愿的联合，因而需要中央集权的政府进行干预。所以亚洲的一切政府都不能不执行一种经济职能，即举办公共工程的职能。"一旦政府忽略了灌溉和排水，水利灌溉设施就会荒废，良田就会变成"荒芜不毛"之地。④ 可见亚洲传统国家治理的一个重要功能就是提供水利灌溉设施等公共物品。马克思由此得出结论：收成好坏在亚洲取决于政府的好坏，在欧洲则取决于时令的好坏。⑤ 韦伯也持类似的观点，"帝国的政治生殖细胞——首要的任务是筑堤以防水患"。⑥ 魏特夫也认为，治水是东方专制主义的起源。⑦ 这些都说明了国家提供水利灌溉设施等公共物品对于农业发展的极端重要性。

局限于当时的条件，马克思只能通过传教士撰写的二手材料了解亚洲传统国家，影响了马克思对东方国家全面、深刻的认识。亚洲国家并非同质的，国家治理和国家能力也千差万别。即使是专制的中国也只有有限的乡村渗透能力和水利灌溉设施的供给能力。国家治理黄河、长江、淮河，但是国家并不提供区域性的水利建设，更不会提供民生所需的水利灌溉设施。魏特夫认识到了这一问题，"政府对专门用来维持个体农民生活的田地也并不承担管理上的领导工作。……治

---

① 参见《马克思恩格斯选集》第1卷，人民出版社2012年版，第851页。
② 《马克思恩格斯选集》第3卷，人民出版社2012年版，第560页。
③ 《马克思恩格斯选集》第1卷，人民出版社2012年版，第850页。
④ 《马克思恩格斯选集》第1卷，人民出版社2012年版，第850—851页。
⑤ 参见《马克思恩格斯选集》第1卷，人民出版社2012年版，第851页。
⑥ [德]马克斯·韦伯：《儒教与道教》，江苏人民出版社2003年版，第19页。
⑦ [美]卡尔·A. 魏特夫：《东方专制主义》，中国社会科学出版社1989年版，第96页。

水政权乐于完全摆脱农业生产,从行政效果来看,农业生产由许多小规模的个体农业单位来经营是比较合理的。"① 韦伯认为国家能力无法到达村庄,"出了城墙之外,统辖权威的有效性便大大地减弱,及至消失。……'城市'就是官员所在的自治地区,而'村落'则是无官员的自治地区。"② 也就是说,国家只能提供大的水利设施,县以下的灌溉设施则无力提供,民生所需的养老、医疗、救济、教育等就更不会提供。按照韦伯的说法,县以下根本就没有官员。

既然在县以下没有国家官员,政府也不提供民生性公共物品,国家如何实现费孝通先生所说的"皇帝无为而天下治"呢?基层社会如何自我供给、自我满足呢?对于这个问题,马克思没有回答,韦伯和魏特夫也只是一笔带过,笔者称之为"治理之谜"。其实,"治理之谜"就是传统中国不同于欧洲国家,甚至领先欧洲国家的关键所在。解答这一"谜"需要从中国历史寻找答案。传统中国有两个基本特点:一是超级的农业社会;二是一家一户小私有制。一家一户小私有制无法提供农业生产和农民生活所需的公共物品,需要外部供给。面对一个超级的农业社会,传统中国的治理能力却又非常有限,一方面,官僚体系很小很弱,全国只有大约 1500 名州县官,每人平均要管辖 10 万名或 25 万名居民。③ 另一方面,国家也没有向乡村社会渗透、控制的意愿。政府"往往将国库的利益视为头等大事",④ 官员"除了收税之外"对农村缺乏任何兴趣。⑤

国家既无能力,也无意愿掌控基层社会。传统中国的国家治理就只能"抓大放小"。所谓"抓大",就是保证统治者的收入需求、实现基本的政治职能,后者包括大型水利设施的建设。所谓"放小",

---

① [美] 卡尔·A. 魏特夫:《东方专制主义》,中国社会科学出版社 1989 年版,第 107 页。
② [德] 马克斯·韦伯:《儒教与道教》,江苏人民出版社 2003 年版,第 77 页。
③ 萧公权:《中国乡村——论 19 世纪的帝国控制》,联经出版事业股份有限公司 2014 年版,第 5 页。
④ [德] 马克斯·韦伯:《儒教与道教》,江苏人民出版社 2003 年版,第 79 页。
⑤ 转引自李怀印:《华北村治——晚清和民国时期的国家与乡村》,中华书局 2008 年版,第 1 页。

就是对基层社会所需的公共物品放任自流,任其自我解决。正如孙中山先生所说:"在清朝时代,每一省之中,上有督抚,中有府道,下有州县佐杂,所以人民和皇帝的关系很小。人民对于皇帝只有一个关系,就是纳粮,除了纳粮之外,便和政府没有别的关系。因为这个缘故,中国人民的政治思想便很薄弱。人民不管谁来做皇帝,只要纳粮,便算尽了人民的责任。政府只要人民纳粮,便不去理会他们别的事,其余都是听人民自生自灭。"① 可见,在传统中国,国家只提供极少量的重要公共物品,大量与民生相关的公共物品则无力解决,由基层社会自我供给。这就是所谓的"无为而治"。

在解决传统农业社会所需要的公共物品方面,中国走了一条完全不同于西方的道路:西方通过私人企业家的自愿联合以市场的方式解决;② 中国却是通过特定的产权安排自我解决。这一产权安排为中国所特有,也是十分宝贵的中国经验。只是这一经验长期以来被学术界所遮蔽。

(二) 产权属性与"产权密码"

中国依靠特定的产权安排自我满足公共需求这一现象被长期遮蔽,关键在于对产权属性(也称为产权功能)的误解。中国的产权概念是从西方引进来的,而西方的产权主要源于两个维度:一是欧洲的国家经验,特别是城市维度,即城市自治体对私有产权的保护和向私人经营者提供公共物品;二是现代维度,欧洲的现代产权有两种属性,首要的是产权的经济功能,如科斯认为,只要明晰了产权,资源配置就能够自动实现最优。③ 德姆塞茨将产权定义为"使自己或他人受益或受损的权利"。④ 其次是产权的政治功能。经济学家弗里德曼

---

① 孙中山:《三民主义》,九州出版社 2012 年版,第 89 页。
② 参见《马克思恩格斯选集》第 1 卷,人民出版社 2012 年版,第 850 页。
③ [美] R. 科斯:《社会成本问题》,R. 科斯等:《财产权利与制度变迁——产权学派与新制度学派译文集》,上海人民出版社 1994 年版,第 20—34 页。
④ [美] 哈罗德·德姆塞茨:《关于产权的理论》,《经济社会体制比较》1990 年第 6 期。

就曾说："资本主义和私有财产的存在给国家的集中权力提供了某些限制。"① 杰恩·博丹认为，"国王权力无边，但私人财产不得侵犯。"② 而且国内外学者均认为，产权的经济功能和权利的保护功能是近代西方国家崛起的重要"奥秘"，也是近代中国衰落的重要原因。③ 那么产权除了经济、政治功能，是否有社会功能呢？

从欧洲的经验来看，产权除了自身追求效率的经济功能和赋予权利的保护功能外，再也没有其他的功能。但是从传统中国的实践来看，产权还有提供公共物品的社会功能。在国家治理能力较弱的条件下，社会通过将部分产权设置为"公有产权"或"共有产权"，④ 以特定产权的收入提供公共物品。这是一种基层社会自主创新、自我满足公共物品需求的制度选择。基层社会通过特定产权安排，自我提供公共物品的社会功能，正是超级农业社会"无为而治"的重要举措。这恰恰是西方社会所没有的，也是中国不同于欧洲的重要差别。设置产权的社会功能是传统中国领先欧洲，创造出持续农业文明的重要制度安排。笔者将其称为支撑农业文明延续的"产权密码"。我们既要重视西方崛起的"奥秘"，也要重视中国领先的"密码"。其实两者均源于同一个因素：产权。只不过前者注重产权的经济性、保护性，后者注重产权的社会性、公共性。

由此，学术界有责任和义务回到中国产权制度的历史事实，揭示被国内外学者所忽略、当今产权理论所遮蔽的丰富的、灵活的产权制度，用微观实证的方法对中国农村产权变迁的实践进行深入的研究，寻找中国产权制度设计和变迁的历史经验，挖掘中国能够成功实现"无为而治"的产权贡献，以此来理解中国近现代农村产权集体化、

---

① ［美］米尔顿·弗里德曼：《资本主义与自由》，商务印书馆2006年版，第14页。
② ［法］杰恩·博丹：《共和国论》，转引自［美］理查德·派普斯：《财产论》，经济科学出版社2003年版，第32页。
③ 参见［美］道格拉斯·C. 诺思：《经济史中的结构与变迁》，上海三联书店、上海人民出版社1994年版；［美］道格拉斯·诺思等：《西方世界的兴起》，华夏出版社1999年版。
④ 传统中国设置的特有产权安排有两种：一是公有产权，只有一个不可分的共同主体；二是共有产权，多个独立、可分的个体主体。本文将两种产权统一称为"公共产权"。

承包制及"三权分置"的制度设计,并从农村产权变迁的中国道路中发现其世界性价值。

二 农村产权变迁的中国实践

中国农村很早实行一家一户的私有制,创造了当时条件下最高的农业生产效率。但是,家户私有制也有天然的缺陷,无法解决一家一户解决不了也解决不好的民生性公共物品,如水利、道路、教育、社会保障、社会救助、村庄防卫等。这些问题在传统社会普遍存在,但在家户私有制条件下更为突出。[①] 如果这一问题解决不了,农业社会则无法持续运转,国家治理必然会缺失稳固的根基。传统中国的智慧在于充分肯定产权的经济功能,最大化经济效益的基础上,赋予部分产权以社会功能,通过这种相对稳定的产权安排来满足民生所需的公共物品。

根据中国农村研究院对50个宗族村庄、62个长江流域村庄的实地调查及华北平原70个村庄的初步调查,我们发现:传统中国通过多种类型的产权安排,赋予产权以社会属性来解决基层社会的公共性问题。

(一) 血缘性公共产权:提供综合性公共物品

从井田制瓦解开始,中国基层社会的公共物品供给就走上了一条与欧洲不同的道路:主要是通过设置一定范围、一定数量的公共产权提供公共物品。最典型、最普遍的是血缘性公共产权,即血缘相同的家族以族或房支的名义设置一定的公共产权(公田),提供在全族或者房支范围内的修桥补路、撑船摆渡、开崛浚塘、砍柴建房、社会保障、集体防卫等生产生活性公共物品。

从中国农村研究院调查的材料来看,以家族为单位设置公共产

[①] 对于民生所需要的公共物品,在村社制、部落制中由村社、部落共同体解决;在庄园制中庄园负责解决,而在家户私有制中家户没有解决的能力。

权,解决民生所需公共物品的现象主要分布于广东、福建、浙江、安徽南部、江西南部、湖南南部、广西东南部等地区。这些地区山高路远,地域偏僻,国家统治都比较困难,根本无法渗透、控制,更不可能提供公共物品。因此,这里的人们只能依赖宗族共同体自我提供公共物品。

南方宗族社会公共产权的形成主要有四种途径:一是先祖划拨形成,即某个祖先将一部分田地划为族田或房支公田。二是集资购买,各家各户按照男丁数量集资购买公田。三是富裕的房支或者家户捐资购买或者赠送公田。四是开垦的荒山,抢先占有的水源。在宗族社会,人一出生就可以分享公田的成果和公共服务,徐勇教授称之为"祖赋权利"。①

宗族社会公共产权的功能主要有六大类:一是为宗族祖先、祖屋而设置的公田,主要是用于祭祀、扫墓、修缮祖屋、祠堂。这部分公田数量最多,所占比重最高。二是为教育类设置的公田,这类公田名称最多,功能也最多,有为办学而设,也有为求学而设,还有为奖励功名而设。三是为民生所需而设置的公田,可以修桥补路、开浚山塘、涵养水源、撑船摆渡等。四是为社会保障而设置的公田,如对贫困户、劳动力不足的家庭提供资助;为鳏寡孤独提供养老、丧葬;对没有抚养能力的家庭的孩子进行抚养。五是为村庄防卫、治安等设置的公田。六是为文化活动设置的公田,如为花灯会、清明季、观音会等活动筹集经费。为了解决人们的民生性公共需求,宗族社会设置了各种各样的公田。有了这些公田提供公共物品,即使没有国家,基层社会也能够运转自如。当然,宗族社会能够提供的公共物品有差异,富裕的宗族提供得比较多,贫穷的宗族提供得比较少。

宗族社会公共产权的管理也体现了共同体的特征,公田为全族或者各房支族人共同所有、共同分享。具体由族长及其宗族议事会共同经营和管理:一是大部分公田出租经营,出价高者获得租佃权。二是

---

① 徐勇教授在交流时提出了一个重要的观点:西方提倡"天赋人权",但是在宗族村庄是"祖赋权利",两者之间有着重要区别。

在公田比较少的情况下，可由各房支轮流耕种。三是在同等条件下租佃给比较贫穷的族人。可见，宗族社会的公田在考虑公共性的同时，也兼顾了效率性。

（二）地缘性公共产权：提供基础性公共物品

以血缘为纽带的宗族共同体毕竟只存在于南方比较偏远的地区，大量地区还是以地缘为纽带形成的群体。华北平原和长江流域的地缘群体主要是村庄。为了解决因国家治理能力弱而公共物品供给不足的问题，地域群体村庄会形成一些公共产权，以此来提供基础性公共物品。

[香火地]，也称为公会地、庙产、公地等。北方多寺庙，少宗族，即使有宗族的概念，也没有多少族山、族田，但是每个村庄都会有一定的香火地或香灯地。香火地主要有三种来源，一是善男信女捐赠。二是寺庙和尚化缘购买，和尚去世后，若无继承人，土地归村庄所有。三是村民筹资购买。顺义县沙井村的香火地和寺庙均由村民筹资购买，其所有权属于村公所。香火地的收入一部分维持寺庙运转，一部分做为村庄公共管理的经费，如村务招待费，修桥补路等。香火地一般租佃经营，由村长及其会首商量决定。① 虽然称之为香火地，但是其收入主要用于提供村庄性公共物品。

[义地]，也称为公有坟地，主要是给村庄的穷人做坟地的村庄所有土地。义地来源有两种：一是村公所指定一块村庄的公共土地，作为义地，供无地农民安葬。二是慈善机构购买土地，安葬因为无地无法埋葬的穷人。在沙井村，有20亩义地。这些义地与死坑有重合的地方，死坑就是义地。②

[砂地]，无法耕种之地，农民可以清理出来做晒谷场。这类土地没有契约，向县公署申请后可免交田赋，本村村民均可以自由整理砂

---

① 徐勇、邓大才主编：《满铁农村调查》第1卷，中国社会科学出版社2016年版，第245、283、357、359、372、375、382、432页。

② 徐勇、邓大才主编：《满铁农村调查》第1卷，中国社会科学出版社2016年版，第395页。

地作为晒场，不需要征求村公所同意。农民对晒场没有所有权，但是可以连续多年使用。

[死坑]，农民取土留下的坑，属于村庄共有地。如果死坑栽了芦苇、莲藕等其他作物，就得交田赋。在沙井村，死坑又称为水坑，种植莲藕或者芦苇，有一定的收入。① 死坑为全村村民所有。

在华北平原，宗族观念淡薄，没有形成宗族共同体，鲜有族田，但是地缘共同体比较发达，往往形成一定数量以村庄为单位的公共产权：一是村民筹资购买寺庙田，产权归属于村庄所有，如果寺庙有和尚，土地由和尚经营，剩余经费可以用于修桥补路等村庄支出。二是和尚化缘或者善男信女捐赠形成的寺庙公田，如果和尚去世后，没有继承者，则为寺庙所在村庄所有，其收入用于村庄公共支出。三是绝户家庭的财产成为村庄的公田。四是村民集资购买的公田。五是属于村庄所有的荒地。相较于宗族社会，地缘社会的公田来源单一，而且数量不多。

村庄的公田主要用于：一是弥补村庄公共支出的不足，特别是民国成立以后有大量县、乡、村的公摊费用，公田收入可以承担一部分。二是有些用于民生所需的晒场、取土制肥的土地、贫穷家庭的墓地等。三是善男信女的文化支出，如庙会、观音会等活动的支出。与丰富多元的宗族公田对比，华北平原的公田数量较少，功能有限。

村庄的公田为全体村民所有，共同分享，由村长和会首们经营管理。对于有经济收入的公田，采取出租经营方式，出价高者经营，有较高的效率性。在有些村庄也可以让比较贫穷的家庭耕种，这有一定的济贫性质。对于没有经济收入的公田，如死坑、义地等，按照先占先用、用完为止的原则，本村村民都可以使用，外村人不能使用。这类土地农民可以占用、使用，但是不能继承。

---

① 徐勇、邓大才主编：《满铁农村调查》第 1 卷，中国社会科学出版社 2016 年版，第 430 页。

（三）利益性公共产权：提供特定公共物品

除了血缘性、地缘性公共产权的制度安排外，还有一种以共同利益为纽带形成的公共产权。在共同利益的驱使下，个体以平等的、自愿的方式共同购置土地，为民生需求提供公共物品，以此解决国家治理能力弱诱致的公共性不足的问题。利益性公共产权主要有以下几个方面：

［桥会田］：江西省吉安市吉水县金滩镇燕坊村中有桥会田，此田由桥会购置和经营管理。桥会田由村中三大姓氏共同出资购买，大约有12亩，产权为三族共有、共享。桥会田一般采取租佃方式，其收入只用于建设和维修金溪桥。在广东省龙川县山池村也有桥会田，四川新都区曲水村有桥公田，四川都江堰有桥路子田等。

［堰田］：四川省夹江县三洞镇汪家村设置有堰田，堰田由本灌区水费结余经费购买，约10亩。堰田属于灌区居民所有，只买不卖。堰田由堰管会经营管理，采取租佃方式，由堰长上门收租、保管。堰田除了提供维修经费外，还作为维修取土用地。

［路会田］：湖南省浏阳市洞阳镇长东村设置有路会田，属于全体会员共同所有，一般采取出租方式经营。路会田的收入用于修建村中道路。该村的路会田只有一二亩，只承担购买修路的材料费用，维修所需人力由本路会村民承担。①

［老人会田］：广东省龙川县山池村一些年龄比较大的老人，担心年纪大后子女不赡养自己。老人们联合起来出资购置一定的田产，形成老人会田，以此出租。平时老人可以分享会田租金收入用于日常生活，去世时用当年的租金收入置办丧事。

［茶亭会田］：福建省上杭县才溪镇发坑村有一个路边的茶亭，由

---

① 这些案例来自中国农村研究院晏俊杰博士撰写的《燕坊村调查报告》、胡平江博士撰写的《山池村调查报告》、刘思博士撰写的《曲水村调查报告》、郭瑞敏博士撰写的《七里村调查报告》、陈涛博士撰写的《汪家村调查报告》、崔杰博士撰写的《长东村调查报告》。这些报告均已编入《中国农村调查·村调报告》"宗族小农"、"长江小农"系列（未刊稿）。

族里拿出一部分公田，收入用于修建大路上供人休息喝茶的茶亭。茶亭会田出租经营，租金的使用由四个房的公名老大集体商议，账目每年公开，供人监督。

[护林田]：浙江省武义县俞源乡俞源村有护林田，主要作用是涵养水源，养护风水，防止自然灾害。护林田归俞氏宗族所有，族内派专人进行管理并给付一定的报酬。护林田大约占族田总数的0.37%。

[山长田]：江西省龙南县杨村镇黄坑村设置了山长田，山长是一个职务，就是专门负责巡山。为了保障山长的生活，给他专门购置的田称为山长田。

全国各地都有利益性公共产权，种类很多，名称不一（参见表2-1）。在华北平原和宗族社会，宗族社会和村庄可以提供一定的基础性公共物品，利益性公共产权以文化性质的居多。利益性公共产权主要出现在长江流域，因为长江流域没有宗族共同体，也没有地缘共同体，个体的农户要生存只能以利益纽带设置共有产权，以解决"皇权不下县"时的公共物品需求。

表2-1　　　　　　　　公田名称和公共物品供给明细

公共物品	公田名称	公共物品	公田名称
祖先型	总称族田、房支田；蒸尝田、蒸田、尝田、公头田、祠田、墓地、祖宗田、加祭田、祭田等	保障类	育婴田、养老田、义田、义地、义冢等
教育类	书田、学田、学会田、学堂田、儒田、儒资田、文科田、文会田、义学田等	文化类	新蒸会田、花灯会田、龙灯田、清明会田、观音会田、冬至季会田、老人会田、灯会田等
民生类	桥会田、桥公田、桥路子田；路会田、路田、坝田；护林田、山长田；堰田；船户田；茶亭会田	村庄类（分类标准与前面不同）	地缘性公共产权有社田、庙田、寺田、寺庙田、粪坑、死坑、砂地、牌地等

利益性公共产权的形成有三个渠道：一是利益相关者筹资购买形

成,如桥公田、坝田、护路田等。二是绝户财产的处理。三是纠纷田地的利益方捐赠。可见,利益型公共产权源于利益相关主体被逼无奈的一种选择,具有临时性、针对性、应急性的特点。

利益性公共产权一般会组织会社,会员民主推举会首,由会首管理公共产权。利益性公共产权为利益相关主体共有、共享,采取租佃经营,出价高者获得租佃权,其收入用于桥、路、渡口、坝、堰等的建设和维修。另外,也有一些公共产权专门为生产某类公共物品的人提供生活资料,如长山田、摆渡田就由管理山林或者摆渡者直接耕种。

(四) 家户性公共产权:提供保障性公共物品①

家庭既是一个社会单元、生活单元,也是一个养老单元。在传统中国,在养老或者其他的弱者保护方面,也通过特定的产权安排予以保障。

1. 养老地与养老保障

不管是日本人在华北的调查,还是中国农村研究院在长江流域、南方宗族地区的调查都可以发现一种由"小亲族"提供的公共物品——养老田。在分家时,首先要划出一定数量的土地供父母养老,其数量要能够保证父母在世时衣食无忧,也能够保障去世后葬礼之所需。养老田由父母掌管,可以出租,也可以由儿子们共同或者轮流耕种。养老田的收入归父母所有,即使由儿女租佃,也得按照市场方式进行。父母去世后,一般卖掉养老田举办丧事,剩余土地或者收入由兄弟平均分配。②

养老田的设置与血缘性、地缘性、利益性公共产权有所不同,是一种更小"人群"共同拥有的产权。在没有分家时,土地为"家户

---

① 家户性公共产权也是一种血缘性公共产权,但没有形成紧密的共同体,而且公共产权随着父母的去世就会消失。为了区别血缘性公共产权,将这种临时性的共有产权称之为家户性公共产权。

② 参见徐勇、邓大才主编《满铁农村调查》第1卷,中国社会科学出版社2016年版,第81、518、524、526、586、618页。

私有"；分家以后，养老田为分家后的儿子们"共同所有"，可以说是"化私为公""因分成公"。这是一种因为分家由父母掌握并归属于几个家庭共有的一种产权安排。

在传统社会，条件比较好的家庭会在嫁女时赠送土地给出嫁的女儿。这些土地称为妆奁地或者姻粉地。这份财产可以不交给夫家，甚至不让丈夫知道，为女儿单独持有。当然妻子也可以与丈夫共享，夫妻可以将姻粉地出租，收入归夫妻所有，家长无权干涉姻粉地及其收入。当女儿与丈夫关系很好时，就转为小夫妻的共同财产，以丈夫的名义立契。即使姻粉地归属了夫家，在家庭经济困难出卖土地时，姻粉地也在最后出卖，出卖时一般要告之娘家，求得娘家谅解。在夫妻年老及子女分家时，姻粉地一般会转为养老地，它是保障出嫁女儿的一种产权安排。[①]

2. 姻粉地与弱者保障

家户性公共产权属于相关家庭共同占有和管理，由分家或者婚姻而形成，土地从"家户私有产权"变成"多家共有产权"，主要是解决家庭养老和女性的保障而设置特定产权。养老田、姻粉田的设置解决了国家无力提供养老、女性保障时的一种产权安排。这一安排为解决农村的养老问题、女性保护问题做出了特有的贡献。

（五）集体化公共产权：一种新的设计思路

1949年以前农村产权制度总体的原则是"私有为主，公有共有为辅"，即大量的土地属于私有产权，只是在需要提供民生性公共物品的时候就会设置"公共产权"。1949年以后农村产权制度安排则完全颠倒过来了，农村产权全面集体化，所有土地都具有了社会功能。最近30多年在坚持产权集体所有的基础上推进产权细分化和市场化，产权的经济功能逐渐增强。总体来看，1949年以后的产权改革主要有三个阶段。

[①] 徐勇、邓大才主编：《满铁农村调查》第1卷，中国社会科学出版社2016年版，第518、561—562页。

第二章　中国农村产权变迁与经验

第一阶段，全面集体化：单位负责公共物品。1962年中共中央颁布的《农村人民公社工作条例（修正草案）》规定，农村人民公社是"政社合一"的组织，实行农村人民公社、生产大队、生产队三级集体所有制，[1] 简称为"三级所有，三级管理"。生产队为基本的核算单位，集体分配遵循"各尽所能、按劳分配、多劳多得、不劳动者不得食"的原则。文件规定，农村人民公社负责农田水利建设，负责教育、治安、调解等公共服务；生产大队负责大队范围内的水利设施，负责生活没有依靠的社员的养老、救助等社会保障。[2] 可见，在农村人民公社体制下，国家具有很强的规制、控制、汲取能力。虽然如此，国家并不提供公社以下的民生性公共物品，这些公共物品全部由集体提供。因为农村产权全部属于集体所有，劳动力也为集体支配，集体利用所拥有产权的社会功能和所支配的劳动力两大优势，进行了大量的农田水利、道路、教育、医疗等公共物品的建设。可以说，农村产权集体所有使集体提供公共物品的能力达到历史最优水平。

第二阶段，"两权分离"：国家提供部分公共物品。1980年中共中央印发了《关于进一步加强和完善农业生产责任制的几个问题》的文件，明确规定：坚持集体所有制，鼓励实施责任制。[3] 1982年中央一号文件《全国农村工作会议纪要》，明确要求从"包产到户"到"包干到户"，全面实施"家庭承包"，恢复了家庭生产和分配的地位。[4] 1983年中央一号文件正式提出了"联产承包责任制"，要求

---

[1] 《农村人民公社工作条例（修正草案）》，中共中央文献研究室编：《建国以来重要文献选编》第14册，中央文献出版社1997年版，第385页。
[2] 《农村人民公社工作条例（修正草案）》，中共中央文献研究室编：《建国以来重要文献选编》第14册，中央文献出版社1997年版，第387—388、396页。
[3] 《中共中央印发〈关于进一步加强和完善农业生产责任制的几个问题〉的通知》，中共中央文献研究室、国务院发展研究中心编：《新时期农业和农村工作重要文献选编》，中央文献出版社1992年版，第57—58页。
[4] 《中共中央转批〈全国农村工作会议纪要〉》，中共中央文献研究室、国务院发展研究中心编：《新时期农业和农村工作重要文献选编》，中央文献出版社1992年版，第117—119页。

"统一经营与分散经营相结合"。① 这一阶段的产权制度可以概括为：家庭承包经营和集体统一经营相结合。按照制度设计，集体通过统一经营为家庭经营提供公共物品：一是水利、植保、防疫等由集体统一经营；二是大型的基础设施建设由国家投资，农村公路、仓库、小水电等基础设施"由农民个人或者合股集资兴办"；三是教育、科技等由国家和农民合作负担。② 在此阶段，国家开始考虑技术推广、农业科研、教育培训、商业体系等新型公共物品的发展，但是养老、低保、医疗等公共物品在此阶段没有被考虑。从中可以发现，在这一阶段，国家治理能力增强了，汲取能力仍然很强大，规控能力因为国家主动回缩而适当减弱，国家提供了一些大型的农村公共物品和新型公共物品，但是民生所需的公共物品依然依靠"集体产权"来"统一经营"，但是因为承包使用权的分立，集体所具有的公共物品供给能力大大下降。这一时期也是民生性公共物品供给和需求差距最大的时期。

第三阶段，"三权分置"：国家提供大部分公共物品。十七届三中全会颁布的《中共中央关于推进农村改革发展若干重大问题的决定》要求，一方面，"赋予农民更加充分而有保障的土地承包经营权，现有土地关系要保持稳定且长久不变"。另一方面，"允许农民以转包、出租、互换、转让、股份合作等形式流转土地承包经营权"。③ 2014年中办和国办印发了《关于引导农村土地经营权有序流转发展农业适度规模经营的意见》，明确规定："坚持农村土地集体所有，实现所有权、承包权、经营权三权分置"，"坚持农村土地集体所有权，稳

---

① 《中共中央关于印发〈当前农村经济政策的若干问题〉的通知》，中共中央文献研究室、国务院发展研究中心编：《新时期农业和农村工作重要文献选编》，中央文献出版社1992年版，第168页。

② 《中共中央关于印发〈当前农村经济政策的若干问题〉的通知》，中共中央文献研究室、国务院发展研究中心编：《新时期农业和农村工作重要文献选编》，中央文献出版社1992年版，第175—177页。

③ 《中共中央关于推进农村改革发展若干重大问题的决定》，《党的建设》2008年第11期。

定农户承包权，放活土地经营权"。① 十七届三中全会的决定明确规定，农村公共物品由国家和地方政府解决，但是解决程度没有具体规定，如养老、医保只能是"广覆盖，低保障"；农村小水利、水土污染解决到什么程度也无法掌握；公路建设方面国家只提供到村部的硬化成本。另外，政府还提供了更多的市场化条件下所需的公共物品：科技体系、金融支持、产业支撑等新型的农村公共物品。总体上看，在"三权分置"时期，国家治理能力大大增强，国家和地方政府的汲取已经从农业转向资源（主要是土地），汲取能力依然强大；国家的规控能力继续下降；公共物品的供给能力增强，范围扩大。相比较而言，大部分村庄的公共物品供给能力进一步下降，尽管如此，民生所需的相当大一部分公共物品，如农村小水利、村组道路、农村保洁、水土污染等仍然由集体产权承担；弱势群体的保障的大部分成本还得由家庭承担。

（六）传统公共产权的特点和局限

在传统中国，国家治理能力比较弱小（见表2-2），无力解决民生所需的公共物品，通过设置"公共产权"解决这一"治理难题"。这一制度设计既实现了农业生产高效率，又满足了农村社会的公共物品需求，使得农业文明能够在国家"无为而治"的条件下得以长期延续，可以说"公共产权"是传统中国领先欧洲国家的"密码"。应该看到，传统中国的产权安排也有历史局限性：一是当时民生所需要的公共物品相对简单，仅仅为了维持农业生产和社会的正常运转。二是私有产权占主导，依靠部分产权的社会功能满足社会需求的能力较为有限，无法满足现代工业化、城市化发展的需求。这也可以解释传统中国在近代以来衰落的原因。

---

① 《关于引导农村土地经营权有序流转发展农业适度规模经营的意见》，《中华人民共和国农业部公报》2014年第12期。

表 2-2　　　　　　　　产权属性与国家治理能力的关系

		产权私有	产权公有		
		传统时期	集体化	两权分离	三权分置
国家治理能力	汲取能力	一般	强	强	较强
	规控能力	较弱	强	一般	较弱
	供给能力	弱	弱	一般	较强
产权属性	整体经济功能	经济功能突出	最弱	一般	较强
	公共产权社会功能	较强	很强	一般	较弱
公共物品类型	基础型	无	产权保障或集体保障	无	国家全部保障
	保障型	产权保障、自我保障	产权保障或集体保障	无	国家部分保障
	水利型	产权保障、自我保障	产权保障或集体保障	较少	国家部分保障
	新公共物品	没有	开始出现	一般	较多

1. 整体经济功能

　　整体经济功能：指全社会产权效率性追求。公共产权的社会功能：指公共产权实际发挥作用的功能。

2. 基础型公共物品

　　基础型公共物品：指公路、电力、大堤、大坝等；保障型公共物品：养老、医疗、低保、弱势群体保障；水利型公共物品：小水利、小灌溉设施；新公共物品：指产业型、金融型、科教型等。

新中国成立以后，农村产权制度设计走向一个极端，即农村土地等资源全部为集体所有，所有产权都具有社会功能，同时也具有一定的经济功能。在此阶段，国家的汲取能力与规控能力同时增强，依靠集体产权的社会功能，农村的水利、教育、卫生、社会救助等大量的民生事业得到了蓬勃发展，有的至今还在受益。但是，集体产权也有限度：一是产权的经济功能弱化，不能通过产权的经济功能提供更多的物品，满足人们的基本需求，从而导致集体经济组织成员对集体的离心离德。二是国家工业优先的战略，使得国家更多是向农村汲取资源，不能平等地向农村社会提供日益增长的公共物品。可见，此阶段的工业化战略仰赖于国家对农村的规控能力和资源的汲取能力，公共物品建设取决于集体产权的社会功能。

家庭承包责任制后，所有权和承包权"两权分离"，土地使用权被激活，产权的经济功能得到了强化。在家庭承包权特别是使用权被激活的同时，依靠集体产权满足公共需求的能力有所弱化，国家寄希望于集体的统一经营解决公共性问题，基本不向村庄提供公共物品，但是集体的统一经营能力又相当有限，有些村庄甚至没有"统"的功能。这一阶段由于"两权分离"，搞活了"分散经营"，但是削弱了"统一经营"，即产权的经济功能激活，社会属性却受到压抑，而国家又没能及时填补，因此此阶段的农村公共物品供给成为新中国成立以来最差的时期。

最近几年由于国家治理能力特别是公共物品供给能力增强，不仅生产性公共物品供给较多、较充分，而且保障性公共物品的供给也在稳步增长，还出现了支撑规模农业、专业农业的新型公共物品。国家公共物品供给能力的增强为"三权分置"的产权改革提供了前提条件，使村庄可以在稳定集体所有权、保障家庭承包权的基础上，搞活多种经营权，赋予经营权要素性质，使其具有较为完整的经济功能，以最大化产权的经济效率。

三 国家治理现代化与农村三权分置改革

在国家治理能力较弱的传统中国，基层社会通过特定的产权安排，解决了农村公共物品的供给问题，走出了一条与西方不同的供给之路。那么，当前国家大力推进的农村产权的"三权分置"改革，则是在国家治理能力增强过程中又一特色性产权安排。"传统之路"主要是发挥部分产权的社会功能；"特色之路"主要是突出产权内部的经济功能，它是对国家治理现代化的一种积极的反应，也是弱化产权社会属性的一种努力尝试。

（一）"三权分置"是国家治理现代化的一种必然结果

集体所有权，是指土地等生产资料为村庄成员集体所有的权利。

这一制度可以为每个集体成员提供一份承包土地，还可以利用集体所有权发展共享经济，提供集体成员共同需要但是个人无法解决的公共物品。尽管随着国家治理现代化的推进，国家向农村提供的公共物品越来越多，但是仍然有许多公共物品，特别是具有差异性质的公共物品，需要村庄自我供给、自我满足。从这个角度来看，村庄集体经济仍有其存在的价值。

家庭承包权，设计的目标主要有两个：一是激活使用权，二是赋予承包权在养老、就业和基本生存保障方面的社会功能。随着国家治理能力的提高，国家会承担更多的养老、就业和生活保障的功能。但是必须看到国家治理能力现代化有一个发展的过程，而且国家不可能对每个社会成员提供同等的养老、就业和生活保障，设置承包权可以弥补国家社会保障功能的供给不足，也可以填补国家失业保障功能的缺失，即设置承包权可以弥补国家供给公共物品的"能力问题"和"结构问题"。因此土地承包权的社会功能将会在一定时间、一定范围和一定人员中存在。

家庭承包权的设计达到了一定的目标，在一定程度上搞活了家庭承包权，促进了农业生产，但是随着工业化和城镇化的发展，大量劳动力外出务工经商，"两权分离"的不足开始显现。从中国农村研究院八年跟踪调查来看，主要有四大问题：一是不少耕地退出生产。农民外出务工经商越来越多，一些地区的坡地、岗地、低地，甚至旱涝保收的土地都退出了农业生产，出现了较为严重的抛荒问题。二是一些土地从事无效经营。相当大一部分家庭的土地只提供口粮功能，退回到自然再生产状态。三是大量土地低效经营。更多的家庭不再精种、集约经营土地，能够种两季的只种一季，能够集约经营的粗放经营。四是国家的政策找不到着力点。如国家粮食补贴政策希望提高农民的种粮积极性，但是成效不尽如人意。因为相当大一部分农民只将承包地视为社会保障和就业的最后"庇护所"。可见，有相当大一部分农民只重视产权的社会属性，忽略了产权的经济属性。

农民重社会属性轻经济属性的倾向导致一对矛盾：一方面，大量的土地闲置、低效利用；另一方面，大量需要土地的家庭农场、农业公司、专业经营户和合作社等新型经营主体因为产权制度约束,无法得到更多的土地。因为集体所有权、家庭承包权均以村庄为单元来设置,对于非本村集体经济成员的新型农业经营主体要获得具有保障功能的土地有众多的制度性障碍。随着国家治理现代化水平的提高,国家已经承担了大部分的社会功能,集体所有权、家庭承包权所承担的社会功能有相当大一部分为国家替代。这两大变化都对产权改革提出了迫切的要求:一是经济的发展要求产权有更多、更完整的经济功能;二是国家治理现代化水平的提高,特别是国家对集体所有权、家庭承包权的替代供给为发挥产权的经济功能提供了前提条件。这些都需要解放被约束的土地产权,释放产权的经济功能。从这个意义来看,"三权分置,搞活经营权"是国家治理现代化的必然结果,是产权经济属性充分发挥的内在要求。

(二)"三权分置"与搞活经营权的地方样本

21世纪以来,许多地区在"两权分离"的基础上自觉地探索推进"三权分置,搞活经营权"改革,摸索出了不少新路子,也取得很大的成效。中国农村研究院通过深度调查发现了不少搞活经营权的典型案例。

1. 以村集体为单元整合经营权的东平样本

山东省东平县彭集街道的安村是一个典型的贫困村,大量的农民外出务工经商,干群矛盾大,集体经济负债24万多元。2013年安村开始探索搞活土地经营权的改革试点,动员承包农户以土地经营权入股,与集体股份共同组建"安大土地股份合作社"。农民入股的土地每亩可以获得1000元的保底收入,外加年底利润分红,劳动力还可以在合作社就业。以搞活土地经营权为核心的安大土地股份公司取得了较大成效,利用集中起来的土地经营权创办了中药材基地、粉皮小区、养殖基地和蔬菜基地。安村的集体经济也得到了发展,每年集体收入400多万元。安村从一个经济穷村变成了一个经济强村。集体经济发展后,利用集体股份的分红维修了21条村庄道路,集体承担了农民个人应当承担的新农保费用,承担应由村民负担的自来水费用,还对特困户、孤寡家庭进行帮扶、助学。安村只是东平县搞活土地经营权的一个缩影,现在全县都在推进以搞活土地经营权为核心的产权制度改革,以新型产业、合作社、资本等为中心整合土地经营权,形成了能人带动、产业推动、政策驱动、资本联动等土地股份合作社模式。通过以集体为单元的土地经营权整合,农民收入增加了,集体经济增强了,村庄公益事业有了坚实的保障。

2. 以自然村为单元搞活经营权的清远样本

广东省清远市是粤北的贫困地区,人多地少,地块分散,大部分劳动力外出务工经商,土地抛荒比较严重,加上村庄规模大,自治空转,难以落地。清远市委市政府决定,调整村庄规模,以小组或者自然村为单元搞活经营权。比较有代表性的是英德市西牛镇禾湾自然村。该自然村540人,人均土地不到0.5亩,与邻村有土地纠纷,村民上访多,邻里矛盾多,土地抛荒多,村庄经济无发展,村务无人管理。禾湾自然村抓住调整村庄规模的契机,以自然村为单元整治土地,统一规划,整合400亩闲置土地。整治后的土地经营权由自然村掌握,质量比较好的土地再次发包给农户,剩下的138亩土地向外公开招标。通过这种方式,禾湾村改良了土地,搞活了经营权,清除了土地规模化的障碍,产业得到了发展,农民和集体经济收入大幅增长。集体经济发展后,该村利用以奖代补政策推进村庄整治,一百多栋房子得到了改造或新建,还修建了篮球场、乒乓球场、羽毛球场、健身区、休闲区、绿化带、垃圾池等基础设施。清远调整村庄规模,搞活经营权的特点:充分利用自然村这一地缘和血缘共同体,利用集体所有权整合农民的经营权,提高土地的质量,并通过市场方式搞活经营权,促进全村产业和经济的发展。

3. 以农村社区为单元搞活经营权的都江堰样本

四川省都江堰市利用2008年汶川地震恢复家园的机会,大力推进农村产权制度改革。比较典型的是鹤鸣村,该村地处偏僻,分田到户只解决了农民的温饱问题,致富问题始终没有解决。农民外出务工经商的多,不少土地抛荒,甚至退回村组。为此,在灾后重建时,鹤鸣村决定推进以确权为先导的产权制度改革,将农民的承包权确股到人或者确权到户，让农民安心，同时引导农民以土地经营权入股，建立以村民小组为单位的农业经济合作社和以村集体为单位的农业经济合作联社。合作社和合作联社以土地经营权招商引资，先后引进了多家企业从事种植、养殖开发，获得了多重效果：一是企业获得经营权，得到了发展；二是农民从土地上解放出来，能够安心外出务工经商，又获得可靠的保底收入，不愿意外出务工的劳动力还可以在企业就业，获得就业收入；三是集体经济也得到了壮大，村庄利用集体收入提供了许多民生所需公共物品。以村组集体为单元提供公共物品，其数量、质量和契合程度都大大提高。

4. 以经济联社为单元搞活经营权的东莞样本

东莞市是工业化、城镇化先行地区，村、组集体经济发达，实力较为雄厚的集体经济组织承担了大量的公共物品供给功能。因此，东莞市比较早就面临着搞活经营权的问题。在21世纪初，东莞市就开始将土地经营权从家庭转移到村、组，组建经济联社和经济社，经济联社和经济社利用经营权进行投资、开发，发展共享经济。经过了十多年的发展，目前东莞的村组集体资产约占广东省同级集体资产的三分之一，达到了1316.64亿元。[①] 集体经济的发展不仅给农民提供分红收入，还承担了村组范围内的道路建设、治安、保洁等公共服务，此外不少集体经济还承担养老、低保、救济等社会功能。从东莞的改革可以发现，村组集体行使所有权，获得所有权的收益；承包权以家庭股份的方式通过分红和民主管理得到了保障；经营权交给包括村组集体在内的市场主体，使经营权具有更多要素性质，使之从一个封闭的社区权利变成了一个开放的市场权利。拥有土地经营权的主体，也许不是村组集体经济成员，但是能够通过市场机制自由地支配土地经营权。东莞的农村产权"三权分置"的改革，在一定程度上实现了所有权、承包权和经营权的"三权共赢"。

从四个地区对"三权分置，搞活经营权"改革探索可以发现一些

---

① 东莞市统计局、国家统计局东莞调查队编：《东莞统计年鉴2014》，中国统计出版社2014年版，第94页。

共性特点：一是大量的劳动力外出务工经商，土地对农民只有基本的保障功能，有些甚至成了农民的包袱，土地生产效率比较低，需要在稳定土地承包权的基础上搞活经营权。二是国家和地方治理能力提高，在一定程度上解决了村庄的基础设施、农民的社会保障等公共物品，集体产权的社会功能逐渐弱化，特别是东莞、都江堰等经济发达地区的地方政府还设置了社区服务中心，专门提供民生所需的公共物品和公共服务。这为弱化产权的社会功能、提升经济功能提供了基本保障。三是从最贫穷的东平到较贫穷的清远，再到较发达的都江堰、发达的东莞，可以归纳出几个规律性发现：第一，经济越发达对搞活土地经营权的需求就越强烈；第二，土地经营权逐渐从社区资源变成市场要素；第三，土地经营权进入市场程度越深、搞得越活，集体经济提供的社区公共服务和福利就越多。

四　国家治理与产权属性的关系模式

通过对传统中国农村产权制度安排及当今农村产权变迁实践考察，我们可以发现国家治理与产权安排之间有一些内在的规律性关联。

（一）产权有多种属性且因时而变

欧洲的产权有两种突出的属性，一是追求经济效率的经济属性（或功能）；二是保护财产权利的政治属性（或功能）。[1] 经济属性是产权最重要的属性，政治属性以经济属性为前提和目标。但是中国与欧洲不同，即使以家户私有制为基础的传统中国也与欧洲国家大不相同，农村产权除了具有经济属性和不稳定、弱小的政治属性外，[2] 还

---

[1] 笔者将属性和功能视为同一含义，全文大部分都使用功能一词，但是在一些场合也会使用属性一词。

[2] 因为中国的传统产权无法抵制皇权和政府的侵蚀，直到现在中国的产权的政治功能也相当弱小。传统中国就有"普天之下莫非王土"，即所有的土地都为王权所有，代表国家的皇帝可以随时没收土地财产，甚至人的生命。土地产权的政治保护功能相当弱。

赋予特定产权一定的社会属性，以此提供民生所需的公共物品。在农村人民公社时期，农村产权为集体所有，产权的经济属性极度弱化，所有的产权都具有一定的社会属性，因此其社会属性达到了顶峰。随着农村产权的"两权分离""三权分置"，产权的经济属性开始增强，社会属性逐渐减弱。可见，产权的社会属性为中国所特有，它是具有中国特色的产权制度安排，而且产权的经济属性和社会属性并非一成不变，随着国家治理能力的提高，两者会相互转化：从产权数量来看，拥有经济属性的产权会增多，拥有社会属性的产权会减少；从产权本身来看，同一产权的经济属性会增强，社会属性会减弱。

（二）产权制度中独特的中国经验

中国农村产权制度的安排与欧洲大不相同，从部落和氏族社会解体开始，欧洲的产权制度就是私有制，国家和社会治理以私有制为基础而进行设计和安排。中国走了一条与欧洲完全不同的道路：一是传统中国在私有制的基础上通过将部分产权公共化，解决个体无法解决的公共物品供给问题，基层社会通过设置部分"公共产权"自我供给公共物品，而欧洲则是通过个人自愿或私人合作提供公共物品。公共产权自我供给公共物品为"皇权不下县"也能够实现"无为而治"创造了前提条件，公共产权是悠久的农业文明能够延续的重要制度因素，更是传统中国领先欧洲国家的"密码"。二是当前对农村集体产权实施"三权分置"改革，在集体所有权的基础上，分设承包权、经营权，让集体所有权承担一定的社会功能，让家庭承包权承担一定的保障功能，让土地经营权只具有经济功能。"三权分置"在集体所有的基础上最大化产权的经济功能，从而在不损害产权的社会功能、稳定保障功能的基础上最大化产权的经济效率。

（三）产权属性与国家治理的关系

产权属性与国家治理相关联。当国家治理能力特别是国家供给公共物品能力较弱时，需要设置"公共产权"或者增强同一产权的社会属性，发挥产权的社会功能，以此提供民生所需的公共物品。当国家治理能力特别是国家提供公共物品的能力逐渐增强时，可以适当减少公共产权数量，让更多数量的产权追求经济效率；或者弱化同一产权的社会属性，激活和强化产权的经济功能。搞活土地经营权正是这一因果关系的具体体现。

产权的属性是国家治理能力的函数。产权的社会属性与国家治理能力成反比，当国家治理能力较弱时，需要强化产权的社会属性；当国家治理能力逐渐增强时，需要弱化产权的社会属性（参见产权社会性曲线）。产权的经济属性与国家治理能力成正比，当国家治理能力较弱时，将会有部分产权承担社会属性，因此产权整体的经济性会有所降低；当国家治理能力逐渐增强时，将会有更多的产权从社会功能转向经济功能，因此产权的经济属性会增强。从图2－1来看，当国家治理能力低于B点时，就要强化产权的社会属性，扩大"公共产权"的范围，提高"公共产权"的规模；当国家治理能力超过B点时，就要强化产权的经济属性，缩小"公共产权"的范围，减少"公共产权"的规模。对于1949年以后的集体产权而言，当国家治理能力超过B点后，可以适当稳定或者降低集体所有权、家庭承包权的社会功能，增强土地经营权的经济功能。

如果将国家治理能力分解为汲取能力、规控能力、供给能力，我们发现，一是国家汲取能力与产权属性没有直接的相关性，传统时期国家汲取能力较弱，集体化时期国家汲取能力很强，但是产权经济属性没有太大的变化，而且按照可比口径，在集体经济时期，产权的经济属性可能还在下降。因为汲取能力强未必意味着资源丰富，且将汲取的资源用于供给公共物品。二是国家规控能力与产权属性也没有相关性，如在传统时期，国家规制、控制基层社会的能力弱，在农村人民公社时期相当强，但是规控能力的增强并没有带来产权经济属性的增强。三是国家提供公共物品的能力与产权属性具有相关性，前者与产权的经济性成正比、与产权的社会性成反比。所以，我们可以笼统地讲国家治理能力与产权属性有相关性，其实是指国家供给公共物品的能力与产权属性相关。

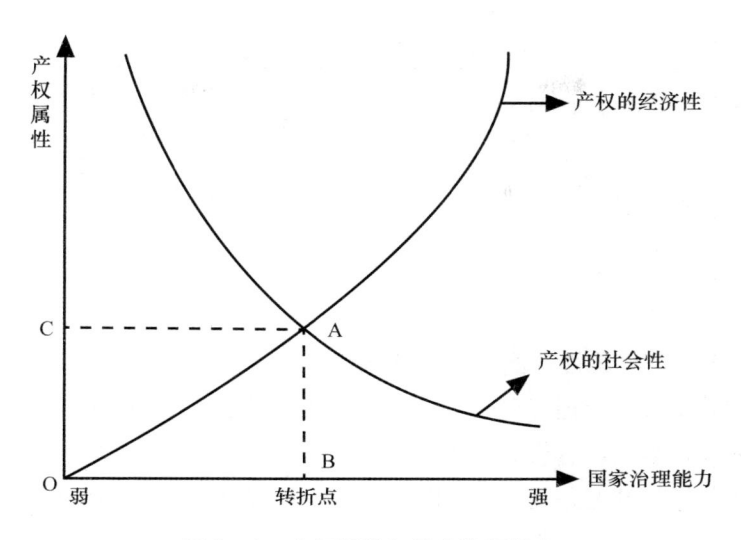

图 2-1 产权属性与国家治理能力

（四）产权类型与国家治理能力

产权类型与国家治理也有一定的关联。一是私有产权、公共产权与国家治理的关系。随着国家治理能力的增强，私有产权会增加，公共产权会减少，反之则增加公共产权，减少私有产权。其实前面基本是讨论产权类型与国家治理的关系。二是所有权、承包权、经营权与国家治理的关系。随着国家治理能力增强，即治理现代化水平提高，要稳定所有权、承包权，大力发展经营权，搞活经营权，从而突出产权的经济属性。

国家治理有不同层级，不同层级的治理能力特别是公共物品供给能力是不同的。从表 2-3 可以发现，随着中央政府、地方政府供给农村公共物品能力增强，产权追求效率性、市场性的趋势越来越强，可以更少地赋予产权的社会功能。村庄供给公共物品的能力与中央、地方政府治理能力的变化相反，随着产权的细分化和市场化，村庄提供公共物品的能力却越来越弱，主要源于两个方面：一是国家和地方政府替代村庄提供了更多的公共物品；二是产权的社会功能弱化，经济功能强化，村庄对产权控制能力在弱化。

表 2-3　　　　　　　产权类型与农村公共物品供给能力

不同层级治理能力	产权私有	产权公有		
	传统社会	集体化	两权分离	三权分置
中央政府	弱	弱	一般	较强
地方政府	弱	弱	一般	较强
村庄	有一些	强	一般	较弱

（五）产权属性及国家治理的限度

国家治理能力是有限度的。不管国家治理能力有多强大，始终无法解决农民需要的所有公共物品；如果国家规模大、地区差异大，国家也无法提供差异性公共物品。从图 1 也可以看出来，产权的社会属性只是接近横轴，但是不会与横轴相交。说明了国家治理能力的限度，这个限度也就决定了"公共产权"不可能完全消失，总会在一定范围内存在。其范围和规模的大小取决于差异性公共物品的需求程度。

产权的社会属性是有限度的。虽然可以设置公共产权或者赋予产权的社会属性提供个人无法提供的公共物品，但是必须看到以产权的社会属性提供公共物品，只能是小范围、临时性的、补充性的，且是不可持续的。产权的社会属性只能解决小范围、小规模的公共物品供给，不可能支持工业化、城市化所需要的公共物品需求。因此，产权的社会功能是有限度的。但是产权的社会性类似"毛细血管"，具有适应性、渗透性、补充性、契合性，与国家提供的公共物品有较强的互补性。

产权的细分化是有限度的。改革开放后的集体产权"两权分离"和当前的"三权分置"，主要目标是在保障产权社会功能的同时，最大化产权的经济效率，发挥产权的经济功能。但是我们也必须看到，产权细分毕竟是在集体所有基础上的细分，集体对承包权、经营权有一定的干预能力。细分化的经营权可否超越私有产权的效率程度还有待进一步观察。

第三章 通向权利的阶梯：产权过程与国家治理

——中西方比较视角下的中国经验[*]

有人说中国近代的衰落源于产权制度的落后，没有建立"排他性产权"。但是从中国实际来看，早在战国末期中国就已有"排他性产权"，并于宋朝时期建立了较为完善的"排他性产权体系"，包括所有权、使用权、分配权、继承和转让权等，甚至衍生出了发达的土地金融体系，产权与产权之间的横向关系清晰。只是产权与政权、权利与权力之间的纵向关系没有规范和厘清。所以，传统中国横向"排他性产权"清晰，纵向"独立性产权"模糊，政府的公权力可以随意干预、侵犯私有产权。在某种程度上可以说，中国建立的横向"排他性产权"制度及其体系不仅不落后，而且远远领先西方社会，并将中国农耕文明推向顶峰。横向"排他性产权"是理解中国灿烂农耕文明的一把钥匙。纵向"排他性产权"制度及其体系建设的不足则是近代中国日渐衰弱的重要原因。鉴于此，我们不能简单地对中国的产权制度贴上价值性标签，而应从产权过程来审视中国的产权制度，并将其放在国家治理背景下考察和理解。

从产权过程来看，世界各国的道路不尽相同，近代英国的横纵产权均较清晰，俄罗斯的横纵产权均不清晰，中国则走了一条中间道路：横向排他性产权清晰，纵向排他性产权模糊，此外三个国家纵向、横向产权过程的启动顺序大不相同。这种产权过程的"纵横清晰

---

[*] 本章曾刊载于《中国社会科学》2018年第4期，标题、内容均未做修改。

度"、"纵横顺序性"将共同决定着国家的治理形态和发展道路。本文拟以"纵—横产权过程"为分析框架解释近代英国、俄罗斯和中国的产权过程与国家治理形态的关系,并以此分析框架来理解改革开放以来中国农村土地的家庭承包责任制、土地确权、"三权分置"、集体股份权能改革与土地征用制度的改革。

一 文献梳理和分析框架

产权过程与产权治理是学界研究的一个热点话题,也是一个产生过丰硕成果的命题,涉及本文的研究成果主要有以下几类:

(一)整体宏观的产权过程研究

马克思认为,在人类历史的发展中,产权是一个逐渐摆脱共同体束缚而走向独立的过程。"我们越往前追溯历史,个人,从而也是进行生产的个人,就越表现为不独立,从属于一个较大的整体"①,从所有制来看分别经历四个阶段,"亚细亚的、古希腊罗马的、封建的和现代资产阶级的生产方式可以看做是经济的社会形态演进的几个时代。"② 产权最后"变为抛弃了共同体的一切外观并消除了国家对所有制发展的任何影响的纯粹私有制"③。马克思认为,产权过程是一种逐渐摆脱共同体的过程,也是逐渐消除国家影响的过程,但是马克思并没有提出产权的纵向独立性、横向清晰性的分析框架,也没有对此进行具体的论证。

恩格斯在解释国家起源的过程中考察了产权过程,他通过对氏族、胞族、部落、部落联盟的考察发现,"耕地起初是暂时地,后来便永久地分配给各个家庭使用,它向完全的私有财产的过渡,是逐渐进行的"④。"当新的土地占有者彻底摆脱了氏族和部落的最高所有权

---

① 《马克思恩格斯选集》第2卷,人民出版社2012年版,第684页。
② 《马克思恩格斯选集》第2卷,人民出版社2012年版,第3页。
③ 《马克思恩格斯选集》第1卷,人民出版社2012年版,第212页。
④ 《马克思恩格斯选集》第4卷,人民出版社2012年版,第180页。

第三章 通向权利的阶梯：产权过程与国家治理

这一桎梏的时候，他也就挣断了迄今把他同土地密不可分地连在一起的纽带"。① 恩格斯也展示了产权从共有到私有的过程，私有产权"炸毁"了共同体治理形态，创造了国家治理形态。

韦伯没有专门研究财产权，但是他在解释西方资本主义崛起时涉及了财产权问题。他认为，在中世纪的西方社会氏族已经被摧毁了，但是在中国则"完全被保存于地方管理的最小单位以及经济联合会之中"，氏族发展程度，无人能及。② 土地从不属于个人，而是属于氏族和家庭。③ 韦伯认为，中国的产权没有如欧洲一样个人化，而是束缚于家庭和家族之中。

（二）纵向维度的产权过程研究

纵向维度的产权过程主要是探讨产权与政权、财产权与统治权的关系。中世纪以后的学者在反对王权的过程中对此有过深入的探讨。

霍布斯是近代政治学者中较早探讨产权与政权的学者。他认为，要"订立规章，使每一个人都知道哪些财物是他所能享有的，哪些行为是他所能做的，其他臣民任何人不得妨害。""臣民的土地私有权是排斥所有其他臣民使用他的土地的一种权利，但却不能排斥主权者，不论是会议还是君主都一样。"④ 霍布斯明确要求主权者保护人民的财产，但是主权者能够按照自己的想法征税，私有权不能排斥主权者。在产权与政权、财产权与统治权方面，主权者有绝对的权力。霍布斯企图建立"有限独立的纵向产权制度"，但是在"绝对权力"面前，"财产保护"只能是一句空话。

洛克则比较明确地主张产权受政权保护，且政权不能侵犯产权。"人们联合成为国家和置身于政府之下的重大的和主要的目的，是保护他们的财产"，"如果任何人凭着自己的权势，主张有权向人民征课赋税而无须取得人民的那种同意，他就侵犯了有关财产权的基本规

---

① 《马克思恩格斯选集》第4卷，人民出版社2012年版，第183—184页。
② [德] 马克斯·韦伯：《儒教与道教》，江苏人民出版社2003年版，第73页。
③ [德] 马克斯·韦伯：《儒教与道教》，江苏人民出版社2003年版，第74页。
④ [英] 霍布斯：《利维坦》，商务印书馆1985年版，第137—138、193页。

定，破坏了政府的目的"①，这时人民就可以"反抗"暴力，"推翻"君主。在财产权与统治权的纵向关系方面，洛克比霍布斯更明确，最高权力只能保护而不能随意侵犯财产权，否则人们可以反抗和推翻它。②洛克企图建立"完全独立的纵向产权制度"。

还有不少学者也探讨产权与政权的关系，杰恩·博丹认为，"国王权力无边，但私人财产不得侵犯"③。内德尔斯基指出，"私人财产权至少在150年间是作为政府权力之界限的个人权利的最典型的例证。财产权划定了受保护的个人自由与政府权力的合法范围之界限。"④可以说，除了王权所有者外，大部分的学者都主张"洛克式产权"，反对"霍布斯式产权"。

（三）横向维度的产权研究

横向维度的产权研究是考察产权的横向排他性。经济学以降低交易成本，提高资源配置效率为目标来考察产权。科斯认为"合法权利的初始界定会对经济制度的运行效率产生影响"，⑤即只有权利界定清晰了，最终的结果是"产值最大化"。⑥相比科斯主要研究产权清晰时的经济效率，德姆塞茨则考察所有制残缺时的效率，"权利之所以常常会变得残缺，是因为一些代理者（如国家）获得了允许其他人改变所有制安排的权利。""所有权的残缺可以被理解为对……私有权的删除。"⑦但是经济学家没有研究如何从横向层面界定个人与

---

① [英] 洛克：《政府论》下篇，商务印书馆1983年版，第77、88页。
② [英] 洛克：《政府论》下篇，商务印书馆1983年版，第143—146页。
③ [法] 杰恩·博丹：《共和国论》，转引自理查德·派普斯：《财产论》，经济科学出版社2003年版，第32页。
④ [美] 埃尔斯特等编：《宪政与民主——理性与社会变迁研究》，生活·读书·新知三联书店1997年版，第279页。
⑤ [美] 罗纳德·科斯：《社会问题成本》，盛洪主编：《现代制度经济学》上卷，北京大学出版社2003年版，第13页。
⑥ [美] 罗纳德·科斯：《社会问题成本》，盛洪主编：《现代制度经济学》上卷，北京大学出版社2003年版，第38页。
⑦ [美] 德姆塞茨：《一个研究所有制的框架》，转引自 [美] 科斯等：《财产权利与制度变迁——产权学派与新制度学派译文集》，上海三联书店2004年版，第188—189页。

家庭、公司和共同体的权利问题。

大部分经济学家将国家假定为一个"公正的权利保障者",因此很少有人将产权界定与国家进行关联性研究。诺思对此进行了尝试,并建构了产权的"国家理论"。他认为,"产权的本质是一种排他性的权利,在暴力方面具有比较优势的组织处于界定和行使产权的地位。"国家界定产权有两个目的:"一是界定形成产权结构的竞争与合作的基本规则,这能使统治者的租金最大化。二是在第一个目标的框架中降低交易费用以使社会产权最大,从而使国家税收增加。"①诺思其实已经涉及产权的纵向清晰过程,他认为西方世界能够兴起很大程度在于厘清了国家和个人的产权边界。

(四) 产权过程的综合研究

魏特夫和派普斯对产权过程进行过综合研究。魏特夫认为东方专制主义起源于治水社会,在治水社会中只有"软弱的财产权","国家通过财政、司法、法律和政治措施,限制了私有财产的发展",②国家可以随时侵占财产权,"只要国家愿意,家庭公产就像其他公产一样是可能被侵占的。"③他认为,"在传统中国最后崩溃时,土地私有制仍旧同它诞生时一样是软弱的。"④其实魏特夫也只是对东方社会的产权与国家之间的纵向关系进行考察。

派普斯专门以财产为目标研究财产权、财产制度的变迁,并以英国和俄罗斯为个案考察产权摆脱共同体、独立于国家的过程。他认为,两个国家形成了两条不同的发展道路:英国建立了"个人财产制度",并将"统治权与财产权"区分开来,"财产是保障自由的政治

---

① [美]道格拉斯·C. 诺思:《经济史中的结构与变迁》,上海三联书店1994年版,第21、24页。
② [美]卡尔·A. 魏特夫:《东方专制主义——对于极权力量的比较研究》,中国社会科学出版社1989年版,第73页。
③ [美]卡尔·A. 魏特夫:《东方专制主义——对于极权力量的比较研究》,中国社会科学出版社1989年版,第81页。
④ [美]卡尔·A. 魏特夫:《东方专制主义——对于极权力量的比较研究》,中国社会科学出版社1989年版,第306页。

制度和法律制度形成的关键"①。派普斯认为，"宪法保障了私有财产不受国家侵犯，而民法则保证了它不受他人的侵犯"。② 派普斯对产权变迁过程的研究已经有了"产权过程"分析框架的雏形，但是作者并没有提出这一分析框架，也没有考察产权过程的影响及产权过程对国家治理形态的影响。

前辈先贤在产权过程中的相关研究对本文极具启迪价值，但是已有的研究也有一定的局限性。本文试图结合中国经验创新和发展产权理论：一是将产权的横向清晰过程和纵向独立过程放在一个框架下进行综合考察，提出"纵—横分析框架"。二是考察产权横向清晰度与纵向独立性的不同组合及对国家治理形态的影响。三是考察"纵横清晰度"与"纵横顺序性"对国家治理形态的决定作用，即先启动横向清晰过程还是先启动纵向独立过程的顺序及其时间间隔，对国家治理方式和治理形态产生的影响。本文拟将产权的横向清晰过程和纵向独立过程放置在一个框架中，考察其组合、顺序安排等对国家治理形态的作用。

（五）基本概念与研究假设

产权过程是产权摆脱氏族、宗族、家庭、村社、国家等的控制而逐渐清晰、独立的过程，也是国家或者国家型政体与产权主体的博弈过程。它有两个维度：横向清晰和纵向独立。横向维度是产权摆脱社会各类共同体，建立横向排他性权利，即"产权清晰过程"，同时伴随着国家对权利的确认、保护和规范；纵向维度是产权逐渐独立于国家，建立纵向排他性权利，即"产权独立过程"。③ 在不同的国家、地区、历史条件、时间节点下，产权的清晰过程和独立过程会有所差异，但都会对国家治理形态产生深远的影响。

根据产权过程与国家治理的关系，本文拟提出如下研究假设：

---

① ［美］理查德·派普斯：《财产论》，经济科学出版社2003年版，第125页。
② ［美］理查德·派普斯：《财产论》，经济科学出版社2003年版，第53页。
③ 纵向和横向产权过程都包含有产权的清晰化、排他性和独立性的内容，只是为了表述方便和区分，将横向排他性的建立称为"清晰化过程"，将纵向排他性的建立称为"独立化过程"。

第三章 通向权利的阶梯：产权过程与国家治理

1. 产权过程是产权清晰化和独立化过程，也称建立排他性的过程。产权的横向清晰性或者排他性处在一个从 0—1 的程度区间，最不清晰程度为 0，最清晰程度为 1。产权的纵向独立性或者排他性程度也是从 0—1 的区间，最不独立程度为 0，最独立程度为 1。① 不管纵向独立性，还是横向清晰性都不可能是 0，也不可能是 1，而只能处于 0 和 1 之间的某个位置。

2. 产权横向清晰度与纵向独立性的组合决定国家的治理形态。因为产权横向清晰度与纵向独立性位于 0—1 的区间，这将形成清晰度与独立性的诸多组合类型，并对应着不同的国家治理形态。主要有四种：一是高清晰度与高独立性，对应着民主限权型治理形态；二是高清晰度与低独立性，对应着温和集权型治理形态；三是低清晰度与高独立性，对应着分权控制型治理形态；四是低清晰度与低独立性，对应着极权型治理形态。其他的组合类型和国家治理形态位于四大经典组合及治理形态之间。

3. 产权横向清晰过程和纵向独立过程的时序影响国家治理形态。对于每个国家和地区来说有三个选择：一是先启动清晰过程，再启动独立过程；二是先启动独立过程，再启动清晰过程；三是两个过程同时启动，或者两个过程交叉进行。这三种选择会形成不同性质的国家，也会形成不同的国家治理形态。如果是"先—后"启动，两个过程启动的时间间隔也会成为影响国家治理的重要因素，间隔时间越长，启动难度就越大。

4. 产权"纵横清晰度"与产权"纵横顺序性"共同决定国家的治理形态。产权"纵横清晰度"和产权"纵横顺序性"均会影响国家治理形态，两组变量的叠加更是决定了国家治理形态的发展道路，即国家治理形态是产权过程的函数。反之，国家治理形态的形成又会影响产权过程及其纵横顺序的选择，所以产权过程也是国家治理形态的函数。

---

① 笔者提出这种数据化计量的可能，但是只作出一般性分析，如清晰程度高、一般、低等。

二 产权过程：英国和俄罗斯道路

（一）第一条道路：英国的产权过程

1. 横向的产权清晰过程

在罗马帝国统治时期，英国所有土地都归罗马皇帝所有，农民作为帝国的佃户耕种土地，向罗马政府缴纳租金。在罗马帝国撤出后开始了土地产权的清晰过程。[①] 在诺曼底王朝以前，私人拥有土地财产就已经司空见惯，而且具有完全所有权。[②] 诺曼底征服不列颠后，废除了财产的完全所有权，认为所有土地都归皇室所有，拥有、耕种土地的人都必须履行一定的义务，此时的土地为"皇室所有、领主占有、农民使用"。可见，英国的产权过程是在"三权分置"基础上的清晰化和独立化过程。

13世纪时英国有四类土地：保有地、公地、教会土地、自治市民保有土地，[③] 保有地又分为：自由持有保有权、公簿持有保有权和租借持有保有权。[④] 英国的产权过程就从这几类土地开始。英国通过对封建保有地改革和公地圈占使大部分土地变成产权清晰的个人土地，同时还对教会地进行没收、拍卖转变成个人所有地。通过这些途径英国完成了土地的横向清晰化过程，农民获得土地所有权，同时也获得公民权。英国横向产权过程是在国家法律允许、鼓励下的个人确权行为，整个产权横向清晰过程离不开国家的主导。

2. 纵向的产权独立过程

在土地横向权利清晰过程中，英国土地纵向权利的独立过程也开始启动。英国有一个传统，王室向人民收税必须征得国民同意，这一规定由习惯法而定。在习惯法上升为国家法的过程中，国民与王室或者国家的代表进行了长期的博弈甚至斗争。

[①] ［美］理查德·派普斯：《财产论》，经济科学出版社2003年版，第149—150页。
[②] ［美］理查德·派普斯：《财产论》，经济科学出版社2003年版，第150—152页。
[③] 沈汉：《英国土地制度史》，学林出版社2005年版，第31页。
[④] 沈汉：《英国土地制度史》，学林出版社2005年版，第15页。

第三章　通向权利的阶梯：产权过程与国家治理

1215 年颁布的《自由大宪章》确认除非得到国民的同意，国王不得征税。公元 14 世纪中叶这一原则已经牢固树立起来。1530 年后规定，一部分法令只有得到议会两院的批准后才可以成为王国的法律，否则视为滥权。至此形成：政府无权自行废除法令或者开征新税。① 国民与国家之间的产权得到法律的保障。

绝对的王权与绝对的财产权势必会产生冲突。1629 年为了摆脱议会而征税，国王解散了议会，在此后的 11 年中由王权专断统治。1641 年长期议会通过了《三年法案》，要求议会必须每三年召开一次，之后议会和王室围绕着征税权进行着紧张的斗争，直到 1649 年处死查理一世。② 1664 年英国再次颁布《三年法案》，要求议会每三年召开一次会议，并由议会控制国家的财政。詹姆斯二世不久又解散了议会。1688 年光荣革命，随后选举了自由议会会员，自由议会提出了《权利法案》，规定国王不能中止法律，不经议会批准不得征税。③ 经过了近三个世纪的斗争，终于将产权与政权、财产权与统治权之间的关系进一步厘清、规范，产权也就逐渐独立于政权。

从英国产权的横向清晰过程和纵向独立过程，我们可以看到以下几个特点：一是两个过程几乎同时启动，而且是交叉进行，一个过程的推进会促进另一个过程的实施。二是产权过程能够推动和实施，与英国固有的议会传统、法庭传统、个人化传统、央地分权紧密相关。三是两个过程的发动都是产权的所有者，在横向清晰过程中产权所有者通过市场或者国家的力量逐渐摆脱共同体、习惯法的约束而建立个人排他权；在产权纵向独立过程中所有者以议会为舞台与王室斗争，逐渐约束了王权，明晰了产权与政权的边界，取得了产权的纵向独立性。四是产权过程其实就是现代国家建构的过程，也是国家治理产权和经济社会的过程。

---

① ［美］理查德·派普斯：《财产论》，经济科学出版社 2003 年版，第 154—155、158 页。
② ［美］理查德·派普斯：《财产论》，经济科学出版社 2003 年版，第 166—178 页。
③ ［美］理查德·派普斯：《财产论》，经济科学出版社 2003 年版，第 181—184 页。

（二）第二条道路：俄罗斯的产权过程

俄罗斯的产权过程比较独特，走出了一条与众不同的产权清晰之路。

莫斯科大公国统一俄罗斯以前，已经有了私有财产。15世纪莫斯科大公国统一了俄罗斯后，宣布所有的土地都归君主，包括贵族的领地也国家化，所有的人都要向君主交租和付徭役，形成了统治权与所有权融合为一体的"家长式专制统治"，私有财产"灰飞湮灭"。①1592年禁止农民出走，农奴制以法律形式固定下来。1649年城关工商居民也被农奴化。② 彼得大帝的统治标志着俄罗斯沙皇的家长式专制主义发展到巅峰。俄罗斯的产权过程就是在财产的"家长式专制"、"家长式所有"的基础上开始横向清晰和纵向独立的过程。

1762年彼得三世发布贵族自由的通告，永久性免除贵族的服役义务，③ 俄罗斯开始出现了一个自由民阶层，专制的壁垒自始敲开缝隙。1803年颁布《自由农民令》，规定地主可以在双方协商基础上允许农民外出。1804年在波罗的海沿岸实行改革，农民成为自己份地的世袭所有者，1816—1819年此地的无地农民从农奴制中解放出来。1848年经地主同意，农民有权以地主的名义购买土地。④ 1850年国有农民可以购买和继承财产，也可以缔结契约关系。

1861年亚历山大二世签署了解放农奴的宣言，并颁布了《关于农民脱离农奴依附地位的法令》，从此农民在法律上成为国家的公民。1863年终止了农民对地主的法定关系，1866年农民获得解放。⑤ 但是农民的公民权利还是受到限制，村社继承了农奴主的很多权力，一是农民获得的土地交给村社；二是土地不能出售，也不能继承；三是

---

① [美] 理查德·派普斯：《财产论》，经济科学出版社2003年版，第194—206页。
② [俄] 米罗诺夫：《俄国社会史》下卷，山东大学出版社2006年版，第455页。
③ [俄] 米罗诺夫：《俄国社会史》下卷，山东大学出版社2006年版，第460页。
④ [俄] 米罗诺夫：《俄国社会史》下卷，山东大学出版社2006年版，第463—467页。
⑤ [俄] 米罗诺夫：《俄国社会史》下卷，山东大学出版社2006年版，第468、469页。

土地还需要定期重分；四是还以村社为单位向国家纳税。① 国家颁布了禁止农民转让土地的法令，禁止农民将份地转入非农民手中，农民出走必须经村社三分之二的人投票同意。② 1861 年的改革，虽然农民的产权摆脱了国家、贵族的约束，但是落入了村社掌控之中。虽然农民解放了，但是最重要的生产资料——土地还不具备私人所有权。

面临工业化的压力和外部竞争，20 世纪初俄罗斯最终加速推进产权的个人化进程。1906 年斯托雷平颁布了法令，允许农民取得对其耕种土地的所有权，并且可以退社。③ 1911 年颁布农民土地规划法令，为农民退出村社建立独立田庄和独家农场创造条件。④ 从此农奴成为自由的农民，可以拥有个人的财产和土地，也具有公民权。

俄罗斯的产权过程一波三折，走得相当坎坷。产权过程主要是由王权推动，虽然在法律层面完成了横向的产权清晰过程，但是直到 1917 年都没有建立起完整意义的排他性产权体系，而且政权与产权、统治权与财产权的划分一直没有启动，虽然取消了徭役，但是征税、征地依然取决于政权，产权仍然如"待宰的羔羊"，对政权的侵犯没有丝毫的防护之力，也没有力量约束和限制政权。可见，俄罗斯与英国完全不同，只启动了产权的横向清晰过程，而且这一过程没有完全完成，产权的纵向独立过程依旧没有启动。

三 第三条路：传统中国的产权过程

中国与英国、俄罗斯的产权过程不同，早在两千多年前就已启动横向的产权清晰过程，晚清和民国时已经是完整的横向排他性产权体系，但是纵向的排他性产权制度受制于中国广袤的地域、中央—地方管理体制、发达的租佃市场及民族国家建设而未得到发展。

---

① ［美］理查德·派普斯：《财产论》，经济科学出版社 2003 年版，第 249—251 页。
② ［俄］米罗诺夫：《俄国社会史》下卷，山东大学出版社 2006 年版，第 472 页。
③ ［美］理查德·派普斯：《财产论》，经济科学出版社 2003 年版，第 252—253 页。
④ ［俄］米罗诺夫：《俄国社会史》下卷，山东大学出版社 2006 年版，第 475 页。

（一）中国产权横向清晰的历史过程

春秋战国时期，公田制逐渐瓦解，土地开始为家庭所有，齐国"相地而衰征"，鲁国"履亩而税"。公元前216年，"废井田，开阡陌"，实施"黔首自实田"，正式建立起土地的家庭所有制。汉代董仲舒批评"除井田，民得买卖。富者田连阡陌，贫者无立锥之地"。①这从一个侧面说明了当时土地私有兴盛，土地市场买卖发达。在此，中国产权的横向清晰化迈出了关键性一步。

自秦朝起就有了家庭私有土地和发达的土地市场，但是公有、平均的理想仍然是国家治理的追求，先后出现了"占田""王田""授田""均田"等多种"公有"土地制度，但是最后都被"私有"和"财政"的需求打败。唐朝中期，将"租庸调制"改为"两税法"，国家对土地采取"兼并者不复追正，贫弱者不复田业，姑定额取税而已"。②不管土地属于谁，只要按照土地缴税即可。从此以后"井田制""公田制""均田制"都成为了历史，土地家庭所有、保护私有产权构成了各个朝代经济和政治制度的基调。两宋采取"田制不立""不抑兼并"，承认土地私有，鼓励土地流转。此外，土地制度、土地市场、土地权利、土地金融也推到了顶峰，土地法制完备，土地交易程序规范，并形成了多元化产权。③

相较欧洲，中国产权的横向排他性建立过程历史悠久敦厚，发展出了完整的横向产权体系、交易体系、保护体系，创造了灿烂的农耕文明。从产权制度安排来看，中国在战国末期就有了土地买卖，在唐宋时期就建立了较为成熟的土地市场。④两宋时期，即使是在边远的农村，也形成了活跃的市场和集市，"岭南村墟聚落，间日会集稗

---

① 邓大才：《土地政治：地主、佃农与国家》，中国社会科学出版社2010年版，第20—21页。
② 邓大才：《土地政治：地主、佃农与国家》，中国社会科学出版社2010年版，第22—26页。
③ 邓大才：《土地政治：地主、佃农与国家》，中国社会科学出版社2010年版，第26—28页。
④ 赵俪生：《中国土地制度史》，齐鲁书社1984年版，第383、385—393页。

第三章 通向权利的阶梯：产权过程与国家治理

贩"，"市井繁阜商贾辐辏"。① 中国古代的产权安排也促进了国家经济的高度发展，据西方经济史学家安格斯·麦迪森研究，公元1820年中国GDP占世界总量的比重最高，达到了32.9%。②

（二）横向的产权过程：多地案例

近代以来，中国发展滞后于欧洲，导致中国横向产权的排他性制度体系也受到业界的否定、批评和遮蔽，实则它是传统中国全面领先欧洲，创造灿烂农耕文明的基石，具有重大的借鉴价值和深远意义。下面用晚清至民国时期各地产权体系的案例进行考察。

1. 华南宗族社会的横向产权体系

粤北坪村蓝氏，产权分为两类：一是共有产权，包括宗族共有、房支共有；共有产权禁止一切交易，不准变卖、典当和抵押，也不准私自占用。二是私有产权，即家户私有，坪村家户所有的土地占全族的87.5%。家户土地之间有界石，立界石时要放鞭炮。家户土地可以买卖，但是不能卖给外族人。族内买卖"由房而族"，房内买卖"亲者为大，由近及远"。分家时，财产诸子均分，数量上平均，质量上长子居优。③

闽西杨家坊杨氏，产权分为两大类，一是共有产权，包括宗族祭田、房支祭田、义田、学田、桥田等，公田专簿专用，家户和个人不得买卖、侵占，但是其收益在所有权单位内人人有份。二是家户产权，在杨家坊是"立契确权，投税上册"。产权要获得政府认可，获得族人的认同，且只能在同族人之间买卖，不能出售给外族人。买卖时由家长做主，其中"亲者归亲"，要由最亲的人先购买。家庭财产"平均分配"，但"长子优先"，即"长子不离灶，长子不离家"。④

---

① 徐松：《宋会要辑稿》食货17之13，中华书局1957年版。
② ［美］安格斯·麦迪森：《世界经济千年史》，北京大学出版社2003年版，第259页。
③ 李华胤：《在规而合：穷家小族的延续与发展》，徐勇、邓大才主编：《中国农村调查》村庄类第1卷，中国社会科学出版社2017年版，第281—299、326—328页。
④ 王章基：《儒绅治族：理学裔族传统与治理》，徐勇、邓大才主编：《中国农村调查》村庄类第2卷，中国社会科学出版社2017年版，第44—52、60页。

赣中南符竹村郭氏，产权体系分为族所有、房所有、家户所有、个人所有四类，其中族、房所有的田产用做全族、全房支的福利，只准买入，不准卖出。但家户土地可以随便买卖，族内、族外均可，由家长做主，且总体遵循两大原则：价高者得，由亲及疏。分家时，房产"平均分配，先长后幼"，地产"平均分配，男女有别"。在个人财产上拥有者有所有权和支配权。[①]

从中可以发现，华南宗族地区的产权分为宗族产权和家户产权两类。前者属于团体产权，明确的所有、占有、分配主体，排他性强，不容侵犯，由团体产权的代表自由处置。后者家户产权则更具有家户私有性质和一定的横向对抗性，可以对抗非国家的任何主体，并被国家认可与保护。可见，宗族社会的团体产权和家户产权边界清晰，权利完整，具有横向的排他性，属于完全意义上的产权。

2. 黄河流域的横向产权体系

豫北小寨村，土地以家户私有为主，共有产权很少，只有如下共有地：一是观地，即老君洞观所有的土地，约20亩，其中2亩为道士耕种，其他出租或者让人代种。观地属于小寨村，由负责公堂的人代管。二是老坟地，属于家族共有，数量不多。除此之外均是家户私有土地，家户土地之间均有边界，如石界、树界、田埂等，买卖时已无所谓亲族和邻居、本村与外村之分，价高者得地。分家时财产平均分配，"抓蛋"选择，分家会设立养老地，父母去世时卖掉养老地办理丧事。分家有"分单"，卖地有"地契"。土地和财产的处置有严格的规则和程序。

晋南席村，土地以家户私有为主，包括三类共有产权：一是房、支共有土地，属于家族团体共有。二是庙地，属于村庄所有，如禹王庙有7亩，山官庙半亩。庙地由庙官或者僧尼耕种，但是土地买卖等处置权属于村庄。三是村庄公地，主要是无主土地，最开始也是私有土地，后因各种原因抛荒无主，由村的财粮管理，主要出租，收入用

---

① 傅熠华：《房实族虚：累世大族的圈层分化与治理》，徐勇、邓大才主编：《中国农村调查》村庄类第4卷，中国社会科学出版社2017年版，第508—517、538—541页。

第三章　通向权利的阶梯：产权过程与国家治理

于村庄公共事务。公私土地均有明暗两种边界。分家和买卖都必须立契，其中分家是兄弟协商平均分配财产，土地买卖不多，价格高低决定买主。

冀中北张村，少量公有土地产权属于村庄：一是义地，有约 2 亩，用于埋葬无家可归、无地可葬之人；二是庙地，大寺有近 6 亩，由僧人耕种和收获；三是族田，刘、李两家的族田为家族共有，由本族较勤劳的人耕种。其次多数为家户私有土地，有"官背儿"和地下的"灰橛"等边界。家户土地可以自由买卖，买卖需请中人，写契约，在同等价格下，优先本家、地邻、街坊、乡亲，最终还是价高者得地。但村庄和家族公地均不买卖。

鲁西北老僧口村，绝大多数的土地为家户私有，但有少量的家族坟地、家庙。有两处家坟，一处为 2.5 亩，一处为 3.5 亩。除此之外，还有社地、乱坟岗子、取土土地、绝户土地，这些土地都归村庄所有和管理，不准买卖。村庄土地都有边界，有的依自然的大道、庄稼道，有的要专门留出地界，还有的有图契，各家户在耕种土地时不能越过边界。土地买卖由家长做主，在价格相当的情况下优先"自家人"，再找"外面人"。分家时各类财产诸子均分，抽签决定。[①]

通过上述案例，黄河流域产权横向清晰度相较华南宗族社会，家户私有占绝大比重，庙地、坟地、社地、族地极少，土地产权间边界清晰，权利完整，儿子可以继承，家长可以买卖。买卖时，买主优先考虑同族、近邻、本村人，后随着市场发展和时间推移，产权摆脱了社会关系的束缚，完全由价格决定。总之，在黄河流域团体产权更少，家户产权横向关系清晰，排他性很强，为政府认可和保护。

3. 长江流域的横向产权体系

皖中合兴村，土地绝大部分为家户私有，只有少数家族所有的祠堂田，如大公堂田、小公堂田，由管事将土地出租，收入用来修缮和做公益。家户私有土地有明确的边界，如田埂、子埂等，各家户严格

[①] 黄河流域的村庄材料分别由中农院调查员王琦、杨涛、朱露、陈涛调查，资料来源于华中师范大学中国农村数据库的"村调数据库"。

遵循边界耕作。土地可以买卖，也可以继承，继承主要通过分家完成，分家时平均分配，抓阄决定，写下分单。土地买卖时，需要立契，价高者得地。在同等价格下，优先兄弟、堂兄弟。

湘北湖村，土地基本为家户私有，但是仍然有少数团体产权，一是族田，为家族所有，多的四五十亩，少的一二亩，但大多数家族没有族田；二是渡口田，有2亩地，大家捐款购买，由摆渡人耕种；三是会田，湖村有一个土地会，有2亩会田。除此之外全部为家户私有土地。家户私有土地和团体土地都有明确的边界，一般以田埂为界。家户土地可以自由买卖，如果卖给保甲以外的人，会请甲长、保长做证人。分家时在留出养老地后平均分配，抽签决定，要立分单。

赣北蒋源村，大部分土地为家户私有，有一些公田，主要是族田、坟山，土地庙则属于当地村民所有。族田由谱头管理，出租经营，不允许买卖。公田和私田均有边界，任何人都必须严格遵循，多以田埂、水沟和河流为界，有些田地还会栽一棵树或者打一个木桩、木牌作为界标。家户土地可自由买卖，价高者得地。在同等价格下会优先兄弟、叔伯、近邻。土地买卖要请中人，有丈量、立契、契税等诸多环节。分家时诸子均分，由叔伯和舅舅主持，分后立分单。

鄂中笔架台村，绝大部分土地为家户私有，有少数家族有族田，如萧家有50亩地，包括坟地和周边田地。族田由家族长老们决定出租，收入用于本族的公益事业。公田和私田均有清晰的边界：以路为界、以桩为界、以石为界。族田不允许买卖，私田可以自由买卖，但是该村的土地买卖并不频繁，买卖时优先亲族本房、本湾，还要找证人立契、盖官印。分家时，由四代内最高长辈主持，适当搭配财产进行均分，父母到场即可，不立分单。①

上述分析可以发现，在长江流域团体产权已经相当少，只剩个别家族有少量的族田、土地庙田。产权为家户所有，可以继承，可以自主交易，交易基本不受约束。不管是团体产权，还是家户产权均有明

---

① 长江流域的调查分别为调查员方帅、史亚峰、张彪、邓佼、刘长勇调查，资料来源于华中师范大学中国农村数据库的"村调数据库"。

确的边界。可见，长江流域的土地横向产权相当清晰，体系完整，是完全意义上的产权。

针对华南宗族地区、黄河流域、长江流域的考察发现，传统中国横向产权权利完整，边界清晰，排他性强，可以对抗来自国家以外任何主体的侵犯，并受到国家认可、保护。此外，这三个地区的产权也有部分差异：一是团体产权依次减少，在四川盆地几乎没有团体产权；二是私有产权的约束越来越少，家户有绝对处置权。

（三）纵向的产权过程：国家的行为

中国产权的横向排他性过程历史悠久，但是纵向独立性的建立却鲜有成就。从国家建立伊始，每个朝代为了维持统治，巩固政权，在初期都会轻徭薄赋，进行涉及土地权力和权利的纵向调整，但是随着时间推移，苛捐杂税泛起，农民不堪忍受推翻政权。因此中国始终没有从根本上完成产权的纵向独立化过程。纵观中国历史，在产权纵向权力、权利的界定方面有几个主要的发展阶段：①

第一阶段，贡、助、彻制度，实施于夏商周时期，其基础是公田制，全国土地属于国家，以部落为单位向国家纳贡（贡纳），"贡者，自治其所受田，贡其税谷"②，这称为"贡"。以家庭为单位提供"力税"，耕种公田，公田收入作为税收，"借民力治公田"③，这称为"助"。农民耕作公田积极性不高，于是采取"彻"的方式：先不确定公、私田之分，在最后收获时"彻田为粮"④，"耕百亩者，彻取十亩以为赋"⑤。贡、助、彻制度规定了产权在纵向权力、权利上的划分，税收数量由统治者而定，耕种者只有屈从而无讨论的权利。概括起来：有规定，没约束；有权力，没权利。

---

① 几次改革的划分借鉴了孙翊刚、陈光焱主编的《中国赋税史》中的税制类型划分，参见孙翊刚、陈光焱主编：《中国赋税史》，中国税务出版社2003年版，第17—18页。
② 李学勤主编：《周礼注疏》（下），北京大学出版社1999年版，第1158页。
③ 李学勤主编：《礼记正义》，北京大学出版社1999年版，第394页。
④ 郑学檬主编：《中国赋役制度史》，上海人民出版社2000年版，第5—12页。
⑤ 李学勤主编：《孟子注疏》，北京大学出版社1999年版，第134页。

第二阶段，租税制。秦汉时期，税制采取两种方式，以土地为对象的租税和以人为对象的徭役。当时的田制分为公田和民田，公田交租，以租为税；民田交赋，以赋为税。除此之外，还要按照人头交徭役。① 秦朝时，租赋很重，"五口之家，其服役者不下二人"。汉朝初年吸取了秦亡的教训，轻徭薄赋，高祖时"什五而税一"；文帝、景帝时"三十税一"。② 尽管两汉的租税、徭役都成定制，但是随着时间推移，农民的负担还是越来越沉重。汉武帝加征算赋，"人出一算，算百二十钱"，王莽改制时征收过"更赋"。③ 东汉也开征附加税，"税天下田，亩十钱"。④ 产权主体的权利和统治者的权力之间界限不清，后者经常侵犯前者，加上天灾人祸及土地兼并，两汉政权最终被推翻。

第三阶段，租调制与两税制。隋唐时期实行均田制，隋朝时土地分为露田和永业田，前者要归还政府，后者永久使用。唐朝时平民授田有永业田、口分田、园宅地三种。隋唐时期实行租调税制，"凡赋役之制有四：一曰租，二曰调，三曰役，四曰杂徭"。⑤ 唐朝租庸调制以"人丁为本"，按照"有田则有租，有家则有调，有身则有庸"的原则征收。⑥ 随着土地兼并加速，地主庄园制发展，租庸调制受到破坏，农民赋税超常苛重，"编版之户，三耗其二，归耕之人，百无其一"。⑦ 沉重的赋税最终引发了黄巢起义。

随着均田制的破坏，租庸调制无法实施，政府财政无法保障。唐中期实施两税法，两税法是传统中国最重要的一次税赋改革，通过将地税、户税、租庸调和一切杂税合并在一起，以简化税制，公平税

---

① 孙翊刚、陈光焱主编：《中国赋税史》，中国税务出版社 2003 年版，第 51—87 页。
② 何兹全：《中国古代社会》，北京师范大学出版社 2007 年版，第 164—165 页。
③ 郑学檬主编：《中国赋役制度史》，北京师范大学出版社 2007 年版，第 47—49 页。
④ 何兹全：《中国古代社会》，北京师范大学出版社 2007 年版，第 168 页。
⑤ 董诰：《全唐文》第 5 部卷 430，中华书局 1983 年版。
⑥ 《陆宣公集》卷 22《均节赋税恤百姓》，转引自孙翊刚、陈光焱主编：《中国赋税史》，中国税务出版社 2003 年版，第 164 页。
⑦ 《全唐文苏州嘉兴屯田化绩颂》，转引自孙翊刚、陈光焱主编：《中国赋税史》，中国税务出版社 2003 年版，第 176 页。

第三章 通向权利的阶梯：产权过程与国家治理

赋。由于社会环境不安定，出现逃户、定税及配征等困难，摊征不可避免，于是两税之外又加征青苗钱、税草、纽配、加耗等附加费，甚至作为附加税的加耗又附加了布袋税。① 政府横征暴敛，农民负担苛重，进而引发了农民起义。不管是租调制还是两税法都是中央和地方政府为了保证财政收入和稳定政权而进行的自我调节，并没有解决产权主体的权利问题，也不可能对政府权力进行约束。

第四阶段，"一条鞭法"与地丁银。明朝初期同样实施的是轻徭薄赋的税收政策，但是中期以后"豪强兼并，赋役不均，花分诡寄，偏累小民"，民贫人怨财政匮乏，因此实施"一条鞭法"。所谓"一条鞭法"就是将田赋、徭役及各类杂税合并为一，总编为一条，并入田赋的夏秋两税中一起征收。明朝政府企图通过"一条鞭法"均赋均徭、简化税制、确保财政收入，但是很快就失败。由于战争和民变，在"一条鞭"外加征了辽饷、剿饷、练饷等，苛捐杂税比比皆是、民不堪命，② 从而引发了李自成起义。

清朝在"一条鞭法"的基础上对赋役制度进行了改革，即固定丁银，然后将丁银摊入地亩一起征收。康熙五十一年（1712）规定了"盛世滋生人丁永不加赋"，但是由于田赋的不断加征，火耗、平余、徭役的增征、征派不均等问题，以及日常用品征收厘金，对各类交易和农产品征收杂税、杂捐等，③ 农民负担日渐沉重，不堪重负。

第五阶段，央地分税而治。民国政府时期，进行重大的财税体制改革，划分中央和地方财政，前者包括关税、盐税、统税、烟酒税等；后者包括田赋、契税、牙税、营业税等，其中田赋、营业税、契税为地方税收的三大税源。中央政府将实施了两千多年的田赋划归地方政府，颁布《划分国家收支标准案》、《整理田赋附加办法十一条》等一系列有关限制田赋及其附加的规定。但是根本无法阻止地方政府

---

① 郑学檬主编：《中国赋役制度史》，上海人民出版社2000年版，第290—300页。
② 参见郑学檬主编《中国赋役制度史》，上海人民出版社2000年版，第294—295、309—311页。
③ 参见郑学檬主编《中国赋役制度史》，上海人民出版社2000年版，第332—337、354—360页。

突破限令加征、加派，农民的负担远远超过中央规定的界限，田赋占地价的百分率都高出政府规定的一至二倍。①1938年后全面抗战及国共战争爆发，由于央地关系薄弱，官僚程度低下，中央无法控制地方，反在现代国家建构、战乱背景下受地方啃噬。最终国民政府企图推动产权纵向独立化过程的努力幻为泡影。

综上所述，中国的产权纵向独立性过程总体上有三个特点：一是产权纵向独立化过程主要依赖于统治者的自觉，产权权利大小取决于统治者的选择，而统治者的选择受制于财政、稳定需求及农民起义可能对政权的威胁。二是每个朝代初期，统治者会自觉地轻徭薄赋，但是没有刚性的法律约束，在后期统治权力会不断侵犯财产权利，甚至会突破农民的生存底线。三是民国初期，国家启动了产权纵向独立化过程，因为央地关系及中央政府的软弱性，无法控制、限制地方政府对产权的侵犯行为。产权的纵向独立性"只有形式划分，没有实质落实"。

（四）纵向产权过程：晚清和民国的基层实态

产权纵向独立性过程的变化在宏观历史视角下有迹可循，而产权的软弱程度可在微观视角下，通过日本满铁对华北的惯行调查进行具体的实证分析。

从国家建设层面来看，随着现代民族国家建构，晚清特别是民国政府在基层设置学校，办新学，办学要收学款；建立警察局、分局，维持社会治理，建警局要收警款；建立自卫队，防匪防盗，建自卫队要收防卫款；从事公路建设，修路要收建设款。从机构来看，按照国家建设要求，设置区、乡、大乡等层级管理机构所需的行政费用均由所在的区、乡、大乡的田亩分摊。可见，现代国家建设的每一个机构、每一项功能和每一个服务的实现都要依托田亩，由地方政府直接向产权主体征收，也导致了权力对权利的直接挤压。

从县级层面来看，县级征收省款所需的田赋、省附加，上解给

---

① 郑学檬主编：《中国赋役制度史》，上海人民出版社2000年版，第698—706页。

第三章 通向权利的阶梯：产权过程与国家治理

省。而县里费用又包括田赋附加，区乡摊款、力役、兵差、杂草等。从村庄层面来看，还有各种县乡来访的接待费用、区乡的摊派款项等。虽然县附加需要由省批准，但是省里即使不批准，县里也能够通过其他方式摊派到田亩。从表3-1可以发现，从光绪末年到1941年约40年的时间，昌黎县的差钱增长了约6倍。1858年至1911年的50年时间直隶定县的附加费也只增长了3.21倍。① 显然民国政府时期，地方政府权力更"硬"，产权权利更"软"。两者均说明，无约束的政府权力必定侵犯产权，挤压权利空间。

表3-1 昌黎县所征收的差钱（包括县、乡亩捐和村的小差）②

年度	一亩（上地）差钱	一斗小米的价格	年度	一亩（上地）差钱	一斗小米的价格
民国三十一年（1942）		22元	民国二十年（1931）	六七十吊	2元
民国三十年（1941）	村内1元20钱 大乡2元30钱	15元	民国十五年（1926）	50钱	1元50钱
民国二十九年（1940）	1元80钱	15元	以下没有划分上中下等地		
民国二十八年（1939）	1元80钱	13元	民国十年（1921）	三四吊	1元50钱（8吊）
民国二十七年（1938）	1元	5元多	民国元年（1912）	三四吊	8吊
民国二十六年（1937）	1元80钱	3元	光绪末年（1908）	两三吊	6吊
民国二十五年（1936）	1元	2元50钱			

从晚清到民国，特别是民国政府时期，虽然已经开启了产权的纵向现代化过程，在形式上规定了产权的纵向独立性，以法制约束地方

---

① 叶振鹏主编：《中国农民负担史》第2卷，中国财政经济出版社1994年版，第60页。

② 参见徐勇、邓大才主编《满铁农村调查》第5卷，中国社会科学出版社2017年版。

政府的权力,但是由于中央政府的治理能力有限,地方政府可以为所欲为,通过加重土地负担来推进基层治理体系的现代化和满足自身的财政需求,结果导致产权过程的纵向独立性、排他性、清晰性反而不如晚清时期:权力更"硬",权利更"软"。

(五) 重启产权过程:改革开放以来的变化

1949年以后中国农村的产权发生了翻天覆地的变化,经过土改、合作化、农村人民公社等运动后,农村几乎所有的产权都成为集体财产,集体是产权的所有者、经营者和分配者。国家通过集体控制产权及其流转,并进行收益分配。产权纵向不独立,横向不清晰带来了经济衰退,在20世纪70年代末,"农业和农村经济已经到了崩溃的边缘"。[1] 1978年农村产权制度改革扭转了这一局面,重新开启了产权横向清晰、纵向独立的过程。

1. 产权的横向清晰过程

改革开放以来产权清晰过程相当复杂,归纳起来就是产权制度的稳定性、权利的长期性和完整性。

从制度的稳定性来看,1978年安徽省以凤阳县为代表实施"大包干",即土地归集体所有,农民可以"包干"经营。1983年中央一号文件明确将这种"大包干"命名为"联产承包责任制"。同年颁布的《关于实行政社分开建立乡政府的通知》进一步明确"家庭承包经营"的地位。[2] 1999年的宪法将"以家庭承包经营为基础、统分结合的双层经营体制"确定为我国农村集体经济组织的基本经营体制。[3] 2002年土地承包法再次规定:"赋予农民长期而有保障的土地

---

[1] 陈锡文等:《中国农村改革30年回顾与展望》,人民出版社2008年版,第62页。

[2] 中共中央文献研究室、国务院发展研究中心编:《新时期农业和农村工作重要文献选编》,北京:中央文献出版社,1992年,第220页。

[3] 田纪云:《关于中华人民共和国宪法修正案(草案)的说明——1999年3月9日在第九届全国人民代表大会第二次会议上》,《中华人民共和国全国人民代表大会常务委员会公报》1999年第2期。

第三章 通向权利的阶梯:产权过程与国家治理

使用权,维护农村土地承包当事人的合法权益"。① 显然,农民拥有了土地的承包权、使用权,而且受到国家法律的保护,任何人不得侵犯。

从权利的长期性来看,1984年中央一号文件提出土地承包期一般应在15年以上;1993年中央13号文件规定,第一轮承包期结束后再延包30年;1998年党的十五届三中全会规定承包土地"长期不变";2008年党的十七届三中全会提出承包土地"长久不变"。② 十九大报告要求,土地承包关系依然"长久不变",第二轮承包期结束后再延长30年。③ 可以清晰地看到,农民承包土地的权利逐渐从临时性变成制度性,从短期性变成长久性。

从权利的流转性来看,1993年中央11号文件明确规定,在农民自愿的基础上"依法有偿流转"。党的十七大报告明确提出,"稳定和完善土地承包关系,按照依法自愿有偿原则,健全土地承包经营权流转市场"。④ 十七届三中全会决定,"搞好农村土地确权、登记、颁证工作。完善土地承包经营权权能,依法保障农民对承包土地的占有、使用、收益等权利"。⑤ 十八届三中全会规定,"赋予农民对承包地占有、使用、收益、流转及承包经营权抵押、担保权能,允许农民以承包经营权入股发展农业产业化经营"。⑥ 从中可以发现,承包权利流转性逐渐增强,权能逐渐增多,更重要的是国家对土地确权、登记和颁证,产权的横向清晰有了法律的保障。

从权利的继承性来看,相对于对农民承包土地的流转权利,继承权利强调得不够多。十四届三中全会第一次提出:"允许继承开发性

---

① 《中华人民共和国农村土地承包法》国发〔2002〕73号,《中华人民共和国国务院公报》2002年第28期。
② 陈锡文等:《中国农村改革30年回顾与展望》,人民出版社2008年版,第8、23页。
③ 《党的十九大报告辅导读本》,人民出版社2017年版,第31页。
④ 陈锡文等:《中国农村改革30年回顾与展望》,人民出版社2008年版,第31页。
⑤ 《中共中央关于推进农村改革发展若干重大问题的决定》,《中华人民共和国农业部公报》2008年第11期。
⑥ 《中共中央关于全面深化改革若干重大问题的决定》,《求是》2013年第22期。

生产项目的承包经营权"。① 1995年国务院批转农业部《关于稳定和完善土地承包关系的意见》要求，"保护继承人的合法权益，承包人以个人名义承包的土地"。② 2002年的《土地承包法》第15条规定："土地承包经营权通过招标、拍卖、公开协商等方式取得的，该承包人死亡，其应得的承包收益，依照继承法的规定继承；在承包期内，其继承人可以继续承包"。③ 显然承包土地的继承权并不完整、完备，没有足够的法律保障。

2. 产权的纵向独立过程

产权的纵向独立过程与横向清晰过程同步启动，但进展不大，具体涉及三项权利：一是产权收益分配的决定权；二是产权的最终处置权；三是国家和政府对土地的征用权。

从产权收益的分配来看，农村人民公社时期是统一经营、统一核算、统一分配；包产到户时期是分户经营、统一核算、统一分配；包干到户时期是家庭承包时期：分户经营、自负盈亏。按农民说法："交足国家的、留足集体的、剩下的都是自己的"。这一改革导致"农业综合生产能力稳步提高"，"农村经济全面繁荣"。与此同时，农民的负担不断增长，1999年时农民的负担已经高达1250亿元。2000年国家实施税费改革，开始减轻农民负担。2006年取消了农业税、牧业税等。2004年国家开始按照耕地数量实施农业补贴。④ 显然，产权收益的纵向独立性，终于在新世纪一劳永逸地解决。

从产权的处置来看，虽然土地承包者可以自主决定土地经营使用权的流转、合作、入股、抵押、继承等，但是土地最终的处置权属于集体和国家。十七届三中全会的决定具有代表性，"土地承包经营权

---

① 《中共中央关于建立社会主义市场经济体制若干问题的决定》，《中华人民共和国国务院公报》1993年第28期，第1297页。

② 《关于稳定和完善土地承包关系的意见》，《中华人民共和国国务院公报》1995年第9期。

③ 《中华人民共和国农村土地承包法》国发〔2002〕73号，《中华人民共和国国务院公报》2002年第28期。

④ 陈锡文等：《中国农村改革30年回顾与展望》，人民出版社2008年版，第2、4、64页。

第三章 通向权利的阶梯：产权过程与国家治理

流转，不得改变土地集体所有性质，不得改变土地用途，不得损害农民土地承包权益。"① 承包权主体只有占有、使用、经营土地的有限权利，没有买卖土地、改变土地用途的权利。即使买卖和改变用途，其权利也属于集体，最终还需要国家批准。所以农民没有最终处置权，国家的批准权和集体的处置权也没有明确的界定和具体的划分，最后只能由权力决定权利。

从产权的征用来看，1982年国务院颁布了《国家建设征用土地条例》，国家和政府有权征用土地，但是必须对征用土地给予土地补偿费、青苗补偿费、农业人口安置补贴费等，补贴标准为征用前三年平均产值的3—6倍。② 1986年国家出台了《中华人民共和国土地管理法》取代征用条例，除了国家法定的补偿外，征用土地的其他补贴标准由地方决定。③ 1999年全国人大修订《中华人民共和国土地管理法》，大幅度提高了征用补偿标准，明确提出了土地征用要公告。④ 2007年的《中华人民共和国物权法》规定，"征收集体所有的土地，应当依法足额支付土地补偿费、安置补助费、地上附着物和青苗的补偿费等费用，安排被征地农民的社会保障费用，保障被征地农民的生活，维护被征地农民的合法权益"。⑤ 从产权纵向独立性过程来审视征用权，有三个问题值得注意：一是土地征用谁说了算？二是土地征用补偿费谁来决定，如何决定？三是公益性征地怎么界定，由谁来决定？可以发现，国家和地方政府占有绝对优势，农民基本没有话语权，即使是法律上的所有者——集体也只有配合、服从、执行的权利。

---

① 《中共中央关于推进农村改革发展若干重大问题的决定》，《中华人民共和国农业部公报》2008年第11期。
② 《国家建设征用土地条例》，《中华人民共和国国务院公报》1982年第10期。
③ 参见《中华人民共和国土地管理法》国发〔1986〕41号，《中华人民共和国国务院公报》1986年第17期。
④ 参见《中华人民共和国土地管理法》国发〔1998〕8号，《中华人民共和国全国人民代表大会常务委员会公报》1998年第4期，第345页。
⑤ 《中华人民共和国物权法》国发〔2007〕62号，《中华人民共和国全国人民代表大会常务委员会公报》2007年第3期。

●●● 中国产权改革：从权利到权力

改革开放以来，中国重启产权过程取得了显著成绩。从产权横向清晰过程来看，土地承包经营权的权利比较清晰，承包农民具有占有、经营、转让、抵押的权利，但其继承权受限，所有权还属于团体产权。尽管如此，土地承包经营权的清晰还是带来了农村的发展和繁荣。从产权纵向清晰过程来看，产权收益的分配权利已经完全清晰，一举结束了两千多年的土地赋税史。但是在产权处置、征用方面，国家和地方政府绝对控制和完全垄断，农民和村集体只有"服从的权利"，而无保护自己的权利。

通过对中国产权过程的历史分析，可以发现中国经过了两个产权的清晰过程：第一阶段的产权清晰始于战国末期到1949年；第二阶段的产权清晰始于20世纪80年代初，至今仍然没有结束。

通过对第一阶段的产权清晰过程的分析可以得出如下几个结论：一是中国产权的横向排他性、清晰性相当高，在此基础上建立了比较完善的产权权利体系、产权交易体系、产权金融体系和产权制度体系。二是中国产权的纵向独立性、清晰性相当低，在民国时期只在中央层面启动产权纵向独立过程，但是在现代民族国家建设的压力下，产权的纵向独立性、排他性反而有所后退。地方政府可以根据需要征收田赋附加及各种摊派，面对强势的地方政府，产权相当软弱，几乎没有独立性。三是产权横向清晰过程早于产权纵向清晰过程两千多年，两者之间的间隔太长，横向的清晰过程很难成为纵向独立化的推力和动力。四是中国产权过程特别是纵向独立化过程，受制于中央—地方分权和主—佃关系，中央的政策容易被地方政府、地主所用，"好政策"变成"坏行为"，进一步挤压、侵犯了产权主体的权利。

从第二阶段的产权清晰过程可以发现：一是产权横向清晰过程取得了重大的成果，土地承包经营权利边界较清晰、权利较完整，但是整个土地权利体系的横向清晰度则参差不齐，所有权与继承权清晰度还不够。二是产权纵向独立性有了形式上的法律规定，但是这一规定还只是国家和政府的自我约束，产权主体并没有参与的权利、表达的权利和维护的权利。可见，产权纵向的独立性相较于传统时期有进步，但是与人类的理想和国外实践相比还相差较大。

四　产权过程与国家治理形态

通过对三个国家的产权过程的历史分析，在此可以对产权过程与国家治理进行综合比较研究。

（一）产权过程是现代国家治理产权的过程

纵观中、英、俄三个国家的产权过程，既有前进，亦有后退，但是产权逐渐清晰、独立和具有排他性是一个不可逆转的发展趋势。产权过程是产权主体与相关共同体、国家互动和博弈的过程，是一个渐进的、长期的、累进的、曲折的过程。横向清晰度和纵向独立性都从较低的程度迈向较高的程度，从0向1靠拢。同时，产权过程与国家治理现代化相伴，它既是国家治理产权的结果，又是国家产权现代化的重要内容，更是现代国家走向成熟的重要标志。

产权过程可以分横向清晰化和纵向独立化两个过程。横向清晰化是产权摆脱氏族、家族、村社、庄园及各种社会关系而逐渐建构排他性权利的过程，这一过程离不开国家或政治团体的认可、规范和保障，否则会陷入霍布斯所说的"丛林状态"。产权的纵向独立化则是厘清国家统治权与产权关系的过程。相较于横向清晰化过程，它的步履将更加艰难，因为涉及国家与产权主体的分权、对统治者的限权、权力与权利的划分等更复杂的问题。

从三个国家来看，英国比较好地解决了产权的纵向独立性和横向清晰性问题。中国很好地解决了横向清晰性问题，但是没有解决纵向独立性问题。俄罗斯既没有完全解决产权的横向清晰性问题，也没有启动纵向的独立性过程。所以，建构一个纵—横向分析框架不仅能够很好地解释中、英、俄三个国家的产权过程与国家治理形态的因果关系，还能够将不同国家的产权过程、国家治理形态放在同一框架上进行比较分析。

(二) 产权过程受多种因素影响

从三个国家的产权过程及国家治理来看，产权过程主要受文明底色、权力结构、外部压力的多重影响。

文明底色的基础性影响。英国的个体化、议会制、基层法庭等传统底色推动了产权的横向清晰和纵向分权与限权。中国传统时期国家的"上层调节"与"下层自主"决定了产权横向的规范和纵向的弹性调节。俄罗斯艰苦的地理环境促成的集体、共同体、权威底色决定了产权横向排他性建立的困难及纵向分权和限权的巨大障碍。

权力结构的内生性影响。从中世纪开始英国横向有制衡，纵向有分权，这一权力结构促成了产权主体在横向和纵向层面对王权的制约。中国从秦开始的郡县制就有两种分权：国家与市场分权、中央与地方分权。前者带来了产权的横向清晰和市场繁荣；后者造成了产权纵向独立性的多重干扰。俄罗斯从蒙古人统治开始的集权、专制传统在其帝国时期登峰造极，对产权横向清晰和纵向独立产生了严重阻力。

外部压力的威胁性影响。中国历代王朝都没有解决政权与产权的纵向权力和权利的划分问题，每到王朝中后期，政权扩张特别是地方政权不断加重农民的负担，只能由农民起义来调整国家权力和农民权利的关系。因此，农民起义和反抗构成了传统中国统治者的外部压力，约束并决定统治者权力扩张的极限（图3-1的Q点）。17世纪以来的俄罗斯则面临着欧洲国家的竞争，这也迫使俄罗斯的统治者推动产权横向的清晰化，以刺激经济发展，纵向清晰虽有需求，但是没有启动。

从宏观层面来看，产权过程能否顺利启动、能否顺利完成，取决于国家的历史底色、权力结构和外部压力。产权过程是历史底色、权力结构和外部压力的函数，三者共同决定产权过程及国家治理产权的道路。

第三章 通向权利的阶梯：产权过程与国家治理

（三）产权纵向独立性：统治权力与主体权利的关系

从三个国家产权过程及发展的实践来看，不管产权横向约束、纵向管制有多大、多强，只要产权主体存在，产权的清晰度、独立性就不可能完全消失，即不会为0。同理，只要国家和社会关系存在，产权的清晰性和独立性也不会完全实现，即不会为1。产权横向的清晰性和纵向的独立性处在0与1之间，产权清晰化、独立化的过程就是要确定权力与权利、权力与权利边界的过程。

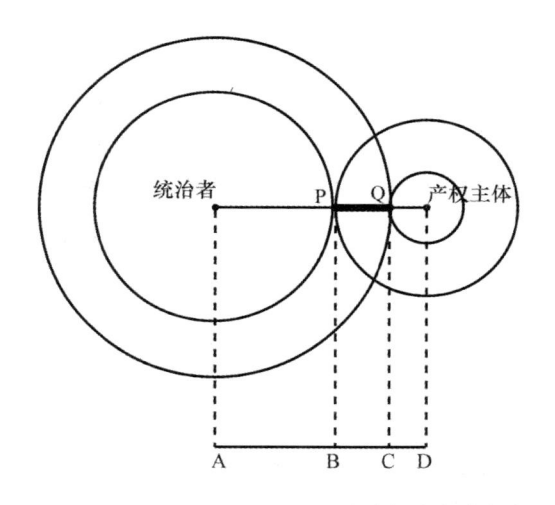

P：维持统治的临界点
Q：农民起义的临界点
AC：统治者最大权利
AB：统治者最小圈子
BD：产权主体最大权利
CD：产权主体最小权利
PQ或BC为博弈空间

图3-1 统治权力与产权权利关系

从图3-1可以发现，产权的横向清晰度或者产权主体的最大权利为BD，最小权利为CD；产权的纵向独立性或统治者最大权力为AC，最小权力为AB。P点为统治者维持统治的最小临界点，向左越过此点，统治者就无法维持统治；Q点为产权主体最小权利边界，向右越过此点，产权主体就无法生存和容忍，要么放弃土地，要么反抗权力。PQ或者BC就是统治者与产权主体的博弈空间，产权纵向独立化过程就是要确定权力与权利在这一区间的具体边界。

在不同的经济社会条件下，这一边界会有所不同。在经济比较落后和国家比较强势的时期，如英国 16 世纪以前，这一边界靠近 Q 点，产权主体的权利受权力挤压，空间较少。当经济比较发达、产权主体权利意识增强后，如英国 16 世纪以后，这一边界会靠近 P 点，统治者的权力受权利制衡，空间较小。总体来看，随着经济的发展和法治的确立，这一边界会从 Q 点向 P 点靠拢，即权利推动、挤压权力的空间。

（四）产权纵横清晰度组合与国家治理的关系

产权横向清晰性和纵向独立性处在 0 和 1 之间，因此在产权过程中某个国家的横向清晰性和纵向独立性会有多种组合，这些权力与权利的组合形塑国家的治理形态。如图 3-2，产权的横向清晰性和纵向独立性形成了四种经典的组合，并将对国家治理形态产生影响。

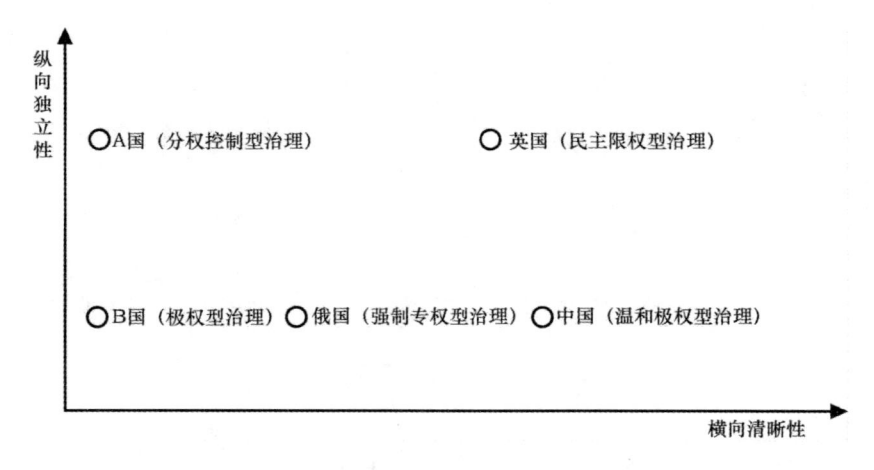

图 3-2 横向清晰、纵向独立与国家治理的关系

当横向清晰性比较高、纵向独立性比较强时，会形成民主限权型治理形态；当横向清晰性比较高，纵向独立性比较弱时，会形成温和集权型治理形态；当横向清晰度不高，但是纵向独立性比较强时，可能会形成上下分权但横向控制的治理形态，本文称之为分权控制型治理形态；当横向清晰性不高，纵向独立性不强时，会导致极权型治理形态（见图 3-2）。

根据产权过程的纵—横分析框架发现,古今中外所有国家的政体及产权过程与治理形态都位于图 3-2 的某个位置。产权过程的初始位置、文明的底色、权力结构与外部压力决定着产权过程,因此不同的国家会有不同的产权过程,形成不同的产权发展路径及国家治理形态。但是不管哪个国家,不管哪种初始位置,产权的横向清晰化、纵向独立性都是必然发展趋势。

(五)"纵横清晰度"与"纵横顺序性"决定国家发展道路

产权横向清晰性和纵向独立性决定当时的国家治理形态,但是如果将时间变量加入模型,即将产权纵横过程的先后顺序加入模型,将影响和决定长时段的国家治理形态和发展道路。

从表 2 可以发现,12 世纪英国产权的纵向和横向过程几乎同时启动,交叉进行,统治权与产权几百年的博弈铸就了横向清晰性和纵向独立性都相当高的产权过程,特别是后者既包括产权对国家征税权的约束,也包括产权对国家征用权的限制。这一过程形成了"横向自由,纵向限权"的国家治理方式,概括为"民主限权型治理形态"。

17 世纪俄罗斯在外部压力下开始启动产权的横向清晰过程,经过近三百年的努力,产权的横向清晰性大大提高,除了村社制在一定程度上约束产权和产权主体相互依赖外,横向产权主体之间已经有了排他性。但是产权的纵向独立性、排他性权利没有建立起来,国家仍然可以随意决定对产权征税、征用产权。产权纵横清晰度组合及先行的横向产权过程导致了"横向束缚、纵向专断"的治理方式,可以称之为"强制专权型国家治理形态"(见表 3-2)。

早在战国末期,中国就启动了产权的横向清晰化过程并形成了完整的、独特的产权权利体系、产权交易体系、产权融资体系。中国横向产权过程不仅早于西方,其发达程度甚至远超西方,直接促进了产权资源的最优化配置,对于灿烂的农耕文明的实现发挥了根本性的作用(见表 3-2)。

表 3-2　　　　　　　中英俄产权过程与国家治理形态

	英国	俄罗斯	中国
产权过程、启动时间	12 世纪	17 世纪	公元前 6 世纪
产权过程启动顺序	纵横过程同时启动	先启动横向过程	先启动横向过程
12 世纪以前	横向产权清晰 纵向产权清晰 C	横向产权不清晰 纵向产权无规则	横向产权清晰 纵向产权清晰 C
18 世纪时期	横向产权清晰 纵向产权清晰 A	横向产权不清晰 纵向产权不清晰 D	横向产权清晰 纵向产权清晰 C
20 世纪时期初中期 （俄国为初期，中国为中期）	横向产权清晰 纵向产权清晰 A	横向产权较清晰 纵向产权不清晰 D	横向产权清晰 纵向产权清晰 C
国家治理方式	横向自由 纵向限权	横向束缚 纵向专断	横向规范 纵向调节
国家治理形态	民主限权型治理	极端专权型治理	温和集权型治理

注：如果将清晰程度分为 A、B、C、D 四个档次，可以将纵向的独立性、清楚性分为征税权、征用权两类，这样四类：A 类：征税权、征用权都清晰；B 类：征用权不清晰，征税权清晰；C 类：征用权清晰，征税权不清晰；D 类：两者均不清晰。为了不使文章显得过于复杂，产权纵向清晰性、排他性就不细分权力。

然而中国产权的纵向独立性过程却相当缓慢。传统时期，纵向权力和权利的边界主要取决于统治者的自我控制和外部压力，没有明确的法制约束。每个朝代的中后期，统治权力会从 P 点向 Q 点推移，侵犯产权主体的权利。当统治者的权力超过 Q 点时，只能通过外部暴力强制调整，即农民起义推翻政权，开始新一轮的权力与权利博弈过程（见图 3-1）。民国时期，国民政府针对历史积弊颁布了法令，规定权力与权利之间的边界。但国民政府治理能力薄弱，不足以约束地方政府，反受其侵犯，导致产权的纵向独立性过程中断。所以，传统中国对产权的治理是"横向规范，纵向调节"，并最终形成了温和集权型的国家治理形态。

产权的"纵横清晰性"和"纵横顺序性"决定着国家治理形态，国家治理形态的形成也影响了产权过程，它们互为因果，互为函数。国家发展道路及治理形态关系如下：一是国家底色、权力结构和外部压力决定着产权过程；二是产权过程，包括纵向、横向的排他性组合和启动顺序决定着国家治理形态；三是国家治理形态反过来影响着产权过程。以上三个过程或三个模型共同决定着国家的发展道路。总体来看，国家向前发展的大趋势、大方向是相同的，但是具体的发展路径会根据本国的条件和基础有所差异。

（六）产权纵—横分析框架的中国意义和现代价值

如果只将产权制度作为一个整体考察，我们就会片面认为，中国产权制度落后于西方产权制度。如果用产权纵—横分析框架考察，我们就会发现中国产权制度变迁过程的微妙与复杂。横向产权体系相当发达，领先和超前西方，创造了伟大的农耕文明；纵向产权体系相对薄弱，缺乏排他性权利，统治权与产权边界模糊，导致近代中国发展的滞后。所以我们既要看到中国产权制度的特色与辉煌，也要正视其中的不足与缺陷，方能全面地认识和理解中国的产权制度及其改革发展趋势。

若是将1949年以来特别是1978年以来的产权制度变迁放在产权纵—横分析框架考察，就会发现历史的相似性。1978年以后的诸多产权制度改革只不过是历史延续和发展。一是土地家庭承包和确权是产权横向清晰过程；二是"三权分置"和集体股份权能改革是产权体系多元化过程、排他性权利建构过程，更是产权金融化过程；三是农业税、统筹提留的减免及农村土地征用制度的法律化、承包权的可继承性，正是产权纵向独立化过程。

同样要理性审视到，改革开放以来，虽然国家重新启动了产权横向清晰化和纵向独立化过程，改革也取得重大成就，但是产权过程仍然任重道远。在产权横向清晰过程中，要借鉴历史经验，创新性解决所有权在集体与个人之间的配置问题、承包权在代际间的分配问题、承包土地的最终期限问题，以建立边界清晰、权利完整、权能完善、排他性强的横向产权体系。在产权纵向独立过程中，更要借鉴现代国家的发展经验、人类文明的优秀成果，明确划分权力与权利的边界，解决"强权力"和"弱权利"的不对称格局；解决中央政府"守法"、地方政府"违规"的问题，以法治保障权利，以法律约束权力，以权利制约权力，以此走出一条既符合世界潮流，又具有中国特色的产权发展之路、产权治理之路。

中 篇

产权与基层政治

第四章　如何让民主运转起来：农村产权改革中的参与和协商

——以山东省和湖北省 4 村为研究对象*

自 2016 年开始，国家对农村集体资产产权进行股份权能改革，数十万亿的集体资产被量化到人。此项改革涉及数亿农民的利益，国家和地方政府都高度重视，要求尊重农民意愿，按照法律和政策实施民主改革。从改革实践来看，有些地方的民主程度很高，有些地方的民主程度很低；有些地方农民踊跃参与，有些地方农民非常冷漠。为什么会产生如此大的差异？在农民踊跃参与的地区民主是如何发生的？本文将以山东省、湖北省 4 个村庄为对象，考察农村集体产权改革中民主是如何运转起来的。

一　文献梳理和问题意识

关于如何让民主运转起来的研究非常多。托克维尔认为，美国的乡镇是民主之基、自由之基，因为其规模和人口最适合民主。① 李普塞特认为，工业化、城市化、财富和教育的发展能够促进民主，前者是后者的社会条件。② 达尔认为，政府与反对派之间对立、抗衡或竞

---

* 本章曾刊载于《社会科学战线》2021 年第 8 期，标题、内容均未做修改。
① ［法］托克维尔：《论美国的民主》（上），商务印书馆 2007 年版，第 66—78 页。
② ［美］李普塞特：《政治人：政治的社会基础》，上海人民出版社 1997 年版，第 27—34 页。

争的制度有利于民主。① 杜鲁门认为，利益集团之间的竞争有利于实现民主。② 帕特南则从文化视角切入，认为社会资本包括信任、互惠有利于建立公民网络并促进参与。③ 这些研究从不同角度探讨了民主何以产生以及如何改善民主质量，但对民主传统比较薄弱和国家能力比较强大的地方民主何以产生则有其他的解释。

中国农村基层也不乏参与和民主的案例、典型和制度。自1988年《村民委员会组织法》（以下简称《村组法》）实施后，中国农村已经进行了十轮基层选举。在一些地方如浙江温州、广东东莞，村庄选举的竞争程度很高。国家为了推进民主管理、民主决策和民主监督，要求在全国推行"四议两公开"的议事制度。有些地方还对参与式预算、协商民主进行创新和实验。学者们十分关注农村基层的参与和协商，重视研究如何参与和协商、怎样民主，很少涉及民主特别是农村产权改革中的民主是如何产生的。

1. 利益及其生成对参与和民主的影响

村庄利益对参与的影响主要体现在三个方面：一是集体经济比较发达的村庄，村民参与积极性较高。如广东的顺德、东莞等存在大量集体经济和股份合作社的村庄，村民踊跃参与决策和分配。Po 对北京昌平区产权改革和股份制建立过程中村民参与的研究，证明利益对参与有着重要的影响。④ 二是邻近城区的土地被征用和开发的村庄，村民参与比较积极。四川省 QL 市 R 村 291 户因土地被征用和拆迁成立了项目议事会，整个过程由村民参与、协商和民主决策。⑤ 征地导

---

① ［美］罗伯特·达尔：《多头政体：参与和反对》，商务印书馆2003年版，第11页。
② ［美］D. B. 杜鲁门：《政治过程：政治利益与公共舆论》，天津人民出版社2005年版，第543—559页。
③ ［美］罗伯特·D. 帕特南：《使民主运转起来》，江西人民出版社2001年版，第195—206页。
④ Lanchih Po, "Property Rights Reforms and Changing Grassroots Governance in China's Urban-Rural Peripheries: The Case of Chang-ping District in Beijing," *Urban Studies*, Vol. 48, No. 3, 2011, pp. 509 – 528.
⑤ 李琳：《差序利益与自治单元：对村民自治基本单元确定的探索》，硕士学位论文，华中师范大学，2016年。

第四章　如何让民主运转起来：农村产权改革中的参与和协商

致了政府与村民的争论和协商，增强了村民维护自身合法权利的集体力量。① 三是人们的利益被国家或者外部主体侵犯时，主动参与捍卫自己的利益。黄平等将人们动员起来捍卫自身利益的行为称为"防御性参与"。②

2. 产权属性及变化与参与和民主

土地产权属性的变化会影响村民的参与和民主。Boone 对非洲的研究发现，公有土地制度可以激励参与，从而加强土地所在社区成员的政治权利。③ Sargeson 认为，集体所有权有利于提高参与自治的水平和程序性民主的程度，相反如果土地被征用转为国家所有，则会降低民主程度和自治水平。④ Zhu 通过实证研究发现，农村集体土地转换为城市土地反而强化了村民自治和群众参与。⑤

3. 农村股份合作制与参与和民主

产权改革和股份制能够提高村民参与的积极性和自治水平，股份合作社理事长的选举竞争非常激烈，强化了集体成员的问责。⑥ 股份合作社有进行民主治理的内在要求，但是普通村民缺乏监督合作社运行的有效手段。⑦ 虽然股权改革在赋予村民权力方面的效果是多种多

---

① Siu Wai Wong, "Land Requisitions and State-Village Power Restructuring in Southern China," *The China Quarterly*, Vol. 224, 2015, pp. 888 – 908.

② Huang Ping, Castán Broto Vanesa, Westman Linda Katrin, "Emerging Dynamics of Public Participation in Climate Governance: A Case Study of Solar Energy Application in Shenzhen, China," *Environmental Policy and Governance*, Vol. 30, No. 6, 2020, pp. 306 – 318.

③ Catherine Boone, "Property and Constitutional Order: Land Tenure Reform and the Future of the African State," *African Affairs*, Vol. 106, No. 425, 2007, pp. 557 – 586.

④ Sally Sargeson, "Grounds for Self-government? Changes in Land Ownership and Democratic Participation in Chinese Communities," *The Journal of Peasant Studies*, Vol. 45, No. 2, 2018, pp. 321 – 346.

⑤ Zhu Jieming, Guo Yan, "Rural Development Led by Autonomous Village Land Cooperatives: Its Impact on Sustainable China's Urbani – sation in High-density Regions," *Urban Studies*, Vol. 52, No. 8, 2015, pp. 1395 – 1413.

⑥ Lanchih Po, "Property Rights Reforms and Changing Grassroots Governance in China's Urban-Rural Peripheries: The Case of Chang-ping District in Beijing," *Urban Studies*, Vol. 48, No. 3, 2011, pp. 509 – 528.

⑦ Yi Ren, Yang Bian, Tao He, "Characterizing the Land Shareholding Cooperative: A Case Study of Shanglin Village in Jiangsu, Chi-na," *Sustainability*, Vol. 9, No. 7, 2017, p. 1175.

样和有限的，但是它却有可能使村庄治理更加民主。[1] Po 则认为，土地流转和股份合作社使村民拥有了"真正的合法产权"，但是对基层治理的影响还有待研究。[2]

4. 国家建设行动对参与和民主的影响

进入 21 世纪以来，国家实施了美丽乡村、乡村振兴、精准脱贫及人居环境整治等战略，对村民参与和民主产生了重要的影响。[3] 国家自上而下的政策，如果赋予村民参与政策的权力，村民就通过议事会等参与方式形成共识和集体行动。[4] Shen 则提出不同的观点，认为国家通过新农村建设等项目强化了对农村的主导地位，并在一定程度上恢复了对农村的公共管理，削弱了农村自治和参与。[5]

5. 地方领导的支持与参与和民主生长

Wampler 通过对巴西参与式预算的研究表明，当时的执政党需要通过参与式预算来执行无法在议会通过的政策，其成效取决于市长的意愿和能力。[6] 无独有偶，何包钢对浙江温岭和四川雅安的研究也证明了开明、民主的地方领导对村民的参与和地方民主具有重大推动作用。[7] 成都市参与式预算及议事会制度的推行也是市政府城乡统筹建

---

[1] An Chen, "The Politics of the Shareholding Collective Economy in China's Rural Villages," *The Journal of Peasant Studies*, Vol. 43, No. 4, 2016, pp. 828 – 849.

[2] Lanchih Po, "Redefining Rural Collectives in China: Land Conversion and the Emergence of Rural Shareholding Co-operatives," *Ur-ban Studies*, Vol. 45, No. 8, 2015, pp. 1603 – 1623.

[3] 邓大才：《积极公民何以形成：中国乡村建设行动中的国家与农民》，《东南学术》2021 年第 1 期。

[4] Pingyang Liu, Neil Ravenscroft, "Collective Action in Implementing Top-down Land Policy: The Case of Chengdu, China," *Land Use Policy*, Vol. 65, 2017, pp. 45 – 52.

[5] Mingrui Shen, Jianfa Shen, "Governing the Countryside through State-led Programmes: A Case Study of Jiangning District in Nanjing, China," *Urban Studies*, Vol. 55, No. 7, 2017, pp. 1439 – 1459.

[6] Brian Wampler, "Expanding Accountability Through Participatory Institutions: Mayors, Citizens, and Budgeting in Three Brazilian Municipalities," *Latin American Politics and Society*, Vol. 46, No. 2, 2004, pp. 73 – 99.

[7] Baogang He and Stig Thøgersen, "Giving the People a Voice? Experiments with Consultative Authoritarian Institutions in China," *Journal of Contemporary China*, Vol. 19, No. 66, 2010, pp. 675 – 692.

第四章 如何让民主运转起来：农村产权改革中的参与和协商

设试验及市委市政府主要领导强烈要求及支持的结果。[1]

正如 Acemoglu 所说，自由和民主的形成是一件概率很小的事情。[2] 在中国农村集体资产股份权能改革过程中，虽然国家总体上要求地方政府和村庄按照村民自治和民主协商的原则进行改革，但大部分地方只是按照正常程序进行改革，村民没有充分参与协商和民主决策，只有极少数地方让民主运转起来了。上述文献和理论并不能完全解释农村集体产权改革现象，因此需要学界提出新理论解释。本文将以山东省和湖北省 4 个村庄为研究对象，考察民主是如何运转起来的。研究目标有三个：

第一，产权改革过程中参与、协商和民主取决于村民的获益程度、村民之间的冲突程度及国家和政府对村庄的行政问责程度。

第二，村民获益程度、村民冲突程度和行政问责程度决定着参与、协商和民主类型。

第三，利益、冲突和问责是国家、村干部和村民理性选择的结果，即理性选择决定着利益、冲突和问责，利益、冲突和问责决定着参与、协商和民主类型。

本文对民主的定义有如下几个要件：一是参与的规则和程序；二是参与机会和渠道，参与机会包括知情权、表达权及参与权，参与渠道包括村民会议、村民代表会议、改革领导小组、股东会议，还有各种议事会、理事会、专项小组等；三是参与决策和回应，前者是指村民参与对改革进程和股东代表会议内容的影响和控制程度，后者是指村支"两委"对村民诉求的回应和吸纳程度。

二 改革中的村民参与和协商：案例分析

本章用 4 个案例进行质性研究，案例全部来自笔者受农业农村部

---

[1] Yves Cabannes, Zhuang Ming, "Participatory Budgeting at Scale and Bridging the Rural – urban Divide in Chengdu," *Environment and Urbanization*, Vol. 26, No. 1, 2014, pp. 257 – 275.

[2] Daron Acemoglu, James A. Robinson, The Narrow Corridor: States, Societies, and the Fate of Liberty, New York: Penguin Press, 2019.

委托进行产权改革评估验收的区县，其中 3 个案例来自山东省 ZQ 区，1 个案例来自湖北省 JH 县。调查方法主要是问卷调查、深度访谈、查阅资料和座谈会。

1. 中规中矩的参与和协商：ZQ 区 Z 村的产权改革①

Z 村 655 户 2850 人，外来人口 1045 人。2019 年底集体经济收入 620 万元，经营性资产 2500 万元，非经营性资产 5900 万元。2012 年成立了专业合作社，全村 1800 亩土地流转入股，每年保底分红收入为每亩 1000 元。村庄还建立了一个蔬菜交易市场。2010 年按照区政府规划实施"合村并居"，70%的农户搬迁进了社区。因此村庄存在上楼户与留守户、农户利益与集体利益两对矛盾。村支书记任职 45 年，得到村民信任，对于矛盾有较强的调控能力。2018 年 Z 村开始启动集体产权改革，改革分三阶段进行。

第一阶段，方案制订。召开村支"两委"会议、党员大会、小组长会议，成立产权改革领导小组，制订改革方案、清产核资方案、成员界定方案。6 月召开了第一次产权制度改革专题会议，村民代表与村"两委"干部就专题研究收集到的 100 多条意见"当面锣，对面鼓"地一一商议，一条条地讨论、达成共识，进一步修改完善清产核资方案、成员界定方案。

第二阶段，清产核资、成员界定。在此阶段主要有专班工作及报告、村民代表会议审议、结果公示和村民签字认可等环节。如成员界定严格按照规则和程序进行，以 1997 年以前的户籍为基础，结合享受土地收益情况共同确定。少数外来户获得了成员资格，259 位已经有了公职岗位的人没有获得成员资格。

第三阶段，股权配置和成立组织。此阶段的工作可概括为 3 次选举、4 个环节、5 个文件、6 个公示公告、7 次会议、8 天时间。在镇政府的指导下，村里按照股东总数的 6%设置代表，以小组为单位选举产生 124 名股东代表，其中 54 位村民代表全部当选，新增 70 名股东代表。在股权方面，只设置个人股，不设置集体股。个人股按照平

---

① 本案例参考借鉴了刘硕同学撰写的 Z 村产权改革案例研究。

第四章 如何让民主运转起来：农村产权改革中的参与和协商

均原则一人一股，但是为了平衡各方面利益，还设置了夕阳红股、关爱老人股、精神文明股、扶贫股、特殊贡献股和光荣股等特殊股份。表面上看Z村的股权形式多样，但核心是个人股，村民之间差异不大，"大平均，小差异"。

股东代表大会酝酿产生了董事会、监事会候选人名单。11月下旬召开股东代表大会，举手表决选出了理事、理事长和监事、监事长。产权改革后，发展共识得到凝聚，股东代表讨论决定投融资1.1亿元建设一个占地1万亩的田园综合体。改革当年股份合作社拿出450万元收入用于分红，股东每股（相当于每人）的分红收入从1000元提升到1150元。

Z村的产权改革，区、镇产改办从工作方案到工作方式都有严格的规定，要求村庄按照国家政策，按照区镇规则、流程实施改革，村庄能够调控的空间有限。虽然Z村村民有知情权、表达权，也有选举权、签字权，村干部也鼓励村民充分表达意见并尽力回应，但是因为村民忙于收益比较可观的蔬菜贸易，不太愿意参与改革会议和协商。Z村只好采取经济诱导和补贴等方式调动村民的参与积极性。村民主要通过村民代表会议、小组会议参与，党员通过党员会议和党员代表会议讨论。

2. 多元充分协商和参与：ZQ区X村的产权改革[①]

在产权改革前，X村有230户830人，最后确认成员188户624人，清产核资经营性资产1.4亿元，公益性资产2.28亿元，还有692亩土地。X村位于城郊区，以商场租赁为主业，集体经济比较发达。外来务工人员和在村内购房的外来人口2000余人。

1983年前后，因为X村的基础设施很差，但是位于城郊，地理位置优越，只要落户就能够享受城区教育、医疗等公共服务，村庄鼓励外来人口"带资入村"，即向村里缴纳3000—5000元的基础设施建设费后就可以享受村庄的公共服务和相应的福利。1997年开展第二轮土地延包工作，外来户要求分地，但是老户不太同意，经过新老户

[①] 本案例参考借鉴了王若婷同学撰写的X村产权改革案例研究。

一整天4次会议协商，决定对老户及不同时期的新户采取不同的政策，老户每人分配0.7亩地，1983—1990年的新户每人分配0.3亩地，1991—1997年的新户分配0.2亩。鉴于过去的经验及集体经济继续发展，村庄决定，1997年后的新户不再享受村庄土地和集体经济福利，并与新户签订承诺协议。

2018年×村开始集体产权改革，最大的问题就是老户和新户的成员资格、股权设置问题。村里召开村民代表大会制订改革方案并成立相应的专项改革小组，最初村民不同意给外来户赋予成员资格，但经过讨论、协商，决定根据户口信息、有无土地等多项条件综合确定。对于《成员资格认定办法》，村支"两委"逐条解读，让村民代表逐条讨论，逐条举手表决，形成共识，讨论过程全程录像，最后形成了"9种取得资格、11种丧失资格"的认定条件。1997年在×村落户且有承包地的农业人口具有成员资格，以第二轮承包土地数据为依据分别获得1股、1/2股和1/3股的股份。1997年以后签订过承诺协议的新户不能赋予成员资格。

×村经过村民代表大会讨论设置了4种股权：一是个人股，每位股民1000元；二是土地股，以每亩3600元进行折算；三是劳龄股，每人1000元，劳动年龄每增加1年增加30元，上不封顶；四是优先股，2006年退休人员每人每年给予600—750元的优先股，以延续过去的老龄补贴政策。1983—1997年分得土地的外来户确认成员资格，可以享受这4类股权，但只享受1/2股或1/3股。1997年分得土地但已获公职的206人，不具有村庄成员资格，其家庭可获得相应的土地股及红利。

2018年11月底×村召开了第一届股东代表大会，成立了股份经济合作社，选举产生理事、理事长和监事、监事长。当年底股份合作社拿出500万元收入分红，股东每股收入从2600元增加到6677元，退休老年人员达到了13000元。

在改革过程中，×村严格履行民主程序，发挥村支"两委"集体议事，村民代表大会讨论表决，村务监督委员会民主监督的作用，将民主讨论、协商程序贯穿于改革的全过程，做到该公开的公开、该公

第四章 如何让民主运转起来：农村产权改革中的参与和协商

示的公示、该签字的签字、该回应的回应；该开的会一个不落，该有的环节一个不少，该确认的程序一个不缺，既有横向的多元协商，又有纵向的程序民主，改革顺利，村民满意。

3. 稀缺薄弱的参与和协商：ZQ 区的 D 村产权改革[①]

D 村与 × 村相邻，但是两村的经济发展和改革差异很大。D 村户籍人口 303 户 1025 人，其中老户占总人口三分之二，新户（1982 年以后迁入 D 村，缴纳了落户费的农户及衍生人员）占总人口三分之一。村内还有外来打工、就业人口 1000 余人。D 村集体土地面积 265 亩，集体收入主要来源于农业生产和商场租赁，2018 年底集体资产总额 3390.42 万元。在产权制度改革之前，老户不愿意新户享受集体经济收益，两个群体之间的矛盾较为尖锐。

2018 年 D 村在区、镇政府的指导下开展了集体产权制度改革，村庄按照区、镇政府的文件，成立了产权改革领导小组、清产核资小组、成员界定小组，三个小组成员均由村支"两委"成员和部分村民代表构成，但没有新户代表。清产核资工作委托第三方机构进行，村庄主要负责成员界定工作。按照区、镇政府的文件要求，村庄的基本准则是：2018 年 9 月 25 日凡是户口在 D 村，符合"镇政府成员界定条件"就能界定为集体经济组织成员。最终共界定股东 293 户 1004 人。

按照每 8 户推选 1 名代表的原则，D 村选举产生股东代表 60 名，全部都是老户，新户没有股东代表。2018 年 11 月，D 村召开第一届股东代表会议，选举产生了 7 名理事、5 名监事。其中，理事会由原村委会成员构成，监事会由村民代表和村委会以外成员构成，"两会"均没有新户代表。在股权设置方面，明确规定不设集体股，只设人口股，人口股分为世居股、劳龄股、土地股、户籍股 4 类。世居股和劳龄股只有老户可以享有；户籍股和土地股则不区分老户或新户都可以享有，只要 1997 年分到了土地且具有成员资格就可以享有。村干部解释，新户享受户籍股和土地股是老户向新户的让步，老户原本

[①] 本案例参考借鉴了刘硕同学对 D 村产权改革深度调查资料。

不愿意让新户分享任何集体利益，可是又怕新户去上访，进而导致上级政府认为村支"两委"工作能力差，存在改选"两委"的风险，只能妥协。

产权改革过程中，D村并未进行相关宣传，直到遴选股东代表、讨论股权设置时，村民才知道村内在进行产权制度改革。村庄的各种参与渠道和平台没有吸纳新户代表，也没有太多地考虑新户的诉求，只是担心新户反对和上访，才设置户籍股和土地股。多位受访村民表示对产权改革并不知情，不知道有哪些股权，甚至不知道自己有多少股份，能拿多少钱。集体经济组织完成登记赋码后，统一印制了股权证，但直到2020年底股权证仍未发放到村民手中，村内也从未开展过实质上的分红。

4. 多层精细协商和参与：JH县的C村产权改革

C村是城中村，集体经济比较发达，全村可量化经营性资产为1.57亿元，股东1815人，配置股份49116.5股，每股量化经营性资产3043元。C村最大的问题是资产规模比较大，新户与老户、老年人与年轻人的利益平衡难。

C村是JH县第一批集体产权改革试点村庄，政府和村庄都高度重视，要求依规改革、程序到位、讨论充分。首先依靠"线上媒介+线下会议"宣传改革。截至2017年5月，该村召开线下政策宣讲会60余次，建立股改工作讨论微信群4个。在此基础上建立产权改革领导小组，依托村支"两委"成员，吸纳老党员、老干部、老教师、村民代表及村庄能人分别组建"清人分类"和"清产核资"专班，各类组织都吸纳新户、老户代表，保障各类群体都有参与的机会和表达的渠道。

C村在股改过程中，对于村民关切的股改相关议题，先在村民小组内召开户主会商议，然后提交村民代表大会决议，经95%村民代表签字同意后视为有效。如确定身份要召开户组会、村级会表决通过，本人在表格上签名确认，确保成员身份有表有据可查，"对于特殊成员的身份界定问题，一定要群众讨论同意才行"。股权配置也是召开村、组、户三级会议，充分吸纳村民不同意见建议，协商表态、

第四章　如何让民主运转起来：农村产权改革中的参与和协商

民主决议，最大程度凝聚共识，将选择权、决策权真正交给村民。"有不满意的就开会讨论、表决，大家说行才行"。最后形成村民认可的股权配置方案，设置了三类股权：一是基本股，1982年出生的有20股；二是劳龄股，1982年年满16岁的增加5股；三是年龄股，1983年到2000年，每增加一年增加一股，满股为43股。不少老年村民认为，村集体经济从无到有，有历史的贡献，大家讨论决定1954年入社时对合作社有重大贡献的农户给予现金补贴，最多补贴2万元。

C村10个月的产权改革，召开60多次村民代表会、200余次小组会议，小范围的户主会议上千次。特别是老户与新户、老年人与年轻人之间的利益，大家充分讨论，形成共识，民主表决。改革的当年股份合作社拿出460万元分红，每股93元，满股村民可以获得3999元。C村产权改革最大的特点是宣传多、会议多、讨论多、协商多、表决多，村民参与积极、认同程度高。

三　民主运转起来的因素：利益、冲突与问责

同样是国家法律和政策的要求，同样是地方政府组织推动的产权改革，4个村的成效不同，村干部和村民的选择不同，村民参与和协商的机会、渠道、程度均不相同，这种差异主要由利益、冲突和问责三个因素所致。

1. 民主的程度：参与制度、渠道和程度

从参与规则和程序来看，X、C、Z村严格按照国家和地方政府的程序和规则实施改革，先制订规则，再按照程序进行改革，包括讨论、协商、公示、回应、签字、选举等环节。C村是全国第一批29个产权改革试验区之一，也是该县第一批改革试点村庄，严格按照国家和地方政府的规则和程序进行改革。与X村相邻的D村没有完全按照国家和地方政府要求执行，股东只是在最后投票时才知道要进行改革，很多村民甚至不知道有改革，产权证没有发放到位。

从参与渠道来看，4个村都成立了产权改革领导小组及专项工作

组，专项工作组由村支"两委"成员、老党员、老干部、小组长等组成，有些还吸纳了外来户。改革过程中的决策机构是村民代表大会，只不过在 C 村有户代表会议、小组会议和村民代表会议等多层级的会议。在 X 村和 Z 村参与渠道主要是村民代表会议。虽然 D 村也借助村民代表会议组织参与，但是因为村支"两委"及改革领导小组并没有专门的宣传及严格地执行改革规则和程序，参与结果是"有渠道，不通畅"，特别是新户在村民代表、股东代表中没有人选，基本没有参与渠道。

从参与程度来看，C 村召开了 60 多次村民代表会、200 多次小组会议及上千次户主参与的会议，村民参与的机会多、渠道多，参与的人数很多，还有专门与外来户的讨论和协商。X 村历来就存在老户与新户之间的冲突，因此讨论、协商比较多，新户成员加入改革专班及村民代表会议、股东代表会议，因此是以村民代表为渠道的参与和协商，能够吸纳各个群体的意见和诉求。Z 村只有内部的一些冲突，加上集体资产和收入不太多，村民忙于蔬菜贸易，只是在利益和补贴的吸引下被动参与。D 村只是简单履行改革程序，村民参与程度不高，直至召开股东会时，很多村民都不清楚改革内容，甚至不知道自己的股份。

从参与成效来看，C、X 村广泛宣传，内外矛盾和广泛的村民参与及村干部对村民参与的尊重，村民对产权改革如成员确定、股权设置有着重大的影响，村民的每个意见都会受到改革领导小组及村支"两委"的重视，村民决定着改革的内容和进程。Z 村的村支书记已经任职 45 年，在村庄有着绝对的权威，虽然村民参与积极性不高，但他还是用利益动员村民参与，规则由村民代表议定，改革程序执行到位，如果村民有比较好的意见也会得到尊重，但是从股权设置方案来看依然沿袭过去"大平均，小差异"的分配方法。所以 Z 村只能说村民参与中规中矩，有参与的机会，也有决策的机会，但是影响力有限。D 村则与 C、X 村相反，基本上是一种"走过场"，村民参与机会少，对改革的影响极为有限。

根据上述分析可以得出如下结论：C 村的参与程度、民主程度最

第四章　如何让民主运转起来：农村产权改革中的参与和协商

高，村民对改革有决定性的影响；X 村参与程度、民主程度都比较高，村民对改革有着重要的影响；Z 村有一定的参与、协商和民主，村民有参与的机会和渠道，但实质性的影响有限；D 村的改革程序没有执行到位，村民参与相当有限，对改革基本没有影响，主要是村干部根据议程进行程序性、形式化的政策执行。

2. 民主的影响因素：利益、冲突和问责

（1）利益决定着参与和民主

利益决定着参与及民主程度，利益包括利益的相关性和利益的获得性，其中利益相关主体如外来人口及迁出户等关注改革可以得到证实，利益的获得性直接决定着参与和民主的程度。从经营性资产来看，X、C、Z 和 D 村人均经营性资产分别为 31.4 万元、8.48 万元、1 万元和 3.3 万元，从前面三个村来看，人均经营性资产与参与和民主程度是正相关关系，但是 D 村例外。如果从分红收入来看，X、C、Z 和 D 村股东当年分红收入分别为 6677 元（老年人可达 13000 元）、3999 元（满股的收入）、1150 元和 0 元，分红收入与村民参与和民主程度正相关。综合判断，股东获得村庄利益的可能性越大，村民参与积极性就越高、主动性越强，协商和民主程度也就越高。

（2）冲突影响着参与和民主

村庄内外部的冲突对村民的参与和民主有着重要的影响。X 村新户与老户的冲突和矛盾由来已久，冲突的最高峰是 1997 年第二轮土地延包，本次集体资产产权改革可能再次引发新老户冲突。鉴于此，村支"两委"决定在尊重历史的基础上充分讨论、民主协商，改革的结果新老户均满意。C 村也存在新老户冲突和争议，村支"两委"在尊重历史的基础上，根据相关政策和新老户共同讨论、协商，形成共识，最后以民主决策的方式确定成员资格和股权配置，使得改革顺利推进。Z 村虽然少数村民不满意分配问题，但是村支"两委"尊重少数人的利益诉求，严格按照程序改革，虽然村民参与不积极，讨论、协商不多，但是程序到位，村民大体认可改革结果。D 村老户和新户冲突相当大，改革过程及参与渠道几乎都排斥新户，总体而言，村民参与、协商的机会相当少，即使按照地方政府要求进行了改革，但也不敢将产权证发给村民，担心村民特别是新户不满而上访。可见，村庄内外部冲突越激烈，村干部对改革就会越谨慎，将会有更多讨论、协商和民主。D村只是将冲突和矛盾掩盖、延后，如果公之于众，将可能引发更多矛盾和更大冲突。

（3）问责制约着参与和民主

国家和地方政府对产权改革过程中的参与、协商和民主有着重大的规制功能和引导作用。对于地方政府来说，改革重要但不能出"乱子"，不能引发上访和不稳定，这是底线。因此地方政府及专业官僚要求村庄，一是严格按照政策和程序办事；二是充分尊重村民自治，要求"有法依法，无法依规，无规依俗，无俗自治"。地方政府和官僚严格控制着改革进程、内容和方式，同时高高举起行政问责的"利器"，督促村干部按照国家和地方政府要求实施改革。

对村庄及其干部来说，面对国家和地方政府的要求及问责，既要让村民及相关利益主体满意，又要符合国家和地方政府的要求，否则出现稳定问题就会被"行政问责"。如果改革不合理，又会被"良心问责"。鉴于此，最好的办法就是严格按照国家政策和程序改革，同时充分尊重村民的意见，让村民自己协商处理冲突和矛盾问题。C、X村既按照国家政策改革，又充分发挥民主。Z村严格按照国家程序和政策办事，也愿意吸纳村民的意见。D村既没有完全按照国家政策和程序改革，也没有发扬民主。可见，国家政策和地方政府的要求和问责对村干部有着重要的外部规制和引导作用。

综上可见，利益、冲突和问责共同决定着村民、村干部和国家的动机和行为，而村民、村干部和国家的理性选择决定着农村集体产权改革的参与、协商和民主程度。在三个因素中，利益因素起着重大的决定性作用，冲突因素有着重要的影响，问责因素从外部规制着参与、协商和民主。在三个主体中，村民和村庄对参与和民主程度有着关键性的影响，国家和地方政府起引导和规制作用。

3. 参与、协商与改革中的民主类型

利益、冲突和问责共同决定着参与、协商和民主的程度。从实践来看，国家和地方政府的问责都相当严格，关键在于村庄和村民的选

第四章 如何让民主运转起来：农村产权改革中的参与和协商

择。为探讨在同等的国家和地方政府问责下利益、冲突对参与、协商和民主的影响，用利益和冲突两个变量建构一个二维矩阵，从中可以发现两个变量形成了不同的参与、协商和民主类型（见表4-1）。

表4-1 利益、冲突与民主类型

		冲突		
		大	小	无
利益	大	协商民主A（C、X村）	B	C
	小	伪民主D（D村）	程序民主E（Z村）	F
	无	G	H	无民主M

第一，协商民主。如果人均经营性集体资产比较大，分红收入比较高，村庄内外部冲突或者潜在冲突比较大，村干部则会建立多种参与和协商渠道，鼓励村民参与、讨论和协商，形成共识，民主决策，如C、X村。这类高度参与、多元协商的民主可称之为"协商民主"。

第二，程序民主。如果人均经营性集体资产、分红收入都比较小，村庄内外部冲突也不太大，村干部会选择按照程序、规则进行改革，也会征求民众的意见，但是村民参与积极性不太高。这类村庄有参与且严格按照程序进行，可称之为"程序民主"，即程序规范比参与更加重要，如Z村。

第三，伪民主。如果村庄利益冲突比较大，但人均集体资产和分红收入都比较少，为了避免村庄冲突，村干部则会选择"伪民主"的方式进行改革，如D村。所谓"伪民主"就是假装按照国家和地方政府的程序和要求鼓励参与、协商和民主，实际上很多程序没有到位。

第四，无民主。如果村庄没有矛盾和冲突，村民也没有任何利益，在这种情况下，村民不愿意参与，村干部也无改革动力，如果国家和政府要求改革，村干部一定实施的是"无民主"的改革。笔者在很多产权改革的调查和评估中就发现了这类现象。

还有几种情况本书无法确定民主的类型：一是对于利益大—冲突小（B）、利益大—冲突无（C）的情形，无法准确确定民主类型，可能是协商民主，也可能是程序民主。二是对于利益小—冲突无（F）、利益无—冲突小的（H）的情形，也无法确定民主类型。三是在无利益—冲突大（G）的情况下，改革能否发生不清楚。

根据上述分析，我们有几个明确的判断：一是在其他条件不变的情况下，利益和冲突决定和影响着参与、协商和民主的类型。二是4个案例可以确定至少有4种类型的民主：协商民主、程序民主、伪民主和无民主。三是B、C、F、G、H的村民参与、协商和民主类型无法完全确定；即使已经确定了参与、协商和民主类型的A、D、E、M也只是本书研究的大概率可能的类型，在现实中也可能会出现例外的情况，如利益大—冲突小的村庄可能出现程序性民主或者伪民主的结果。

四　基本结论

根据4个村的集体产权改革及其综合分析，本章可以得出如下几个基本结论：

第一，利益、冲突和问责影响着参与、协商和民主程度。利益的相关性和利益的获得程度特别是后者对参与、协商和民主有着决定性影响，利益越大，参与、协商和民主的程度就会越高。村庄内外部的冲突程度对参与、协商和民主程度有着重要的影响，两者呈正相关关系。行政问责从外部规制着参与、协商和民主程度，但是行政问责要起作用还需要村干部的配合。

第二，利益、冲突和问责决定参与、协商及民主的类型。从4个案例可以发现，利益、冲突和问责决定着参与、协商和民主程度。在行政问责相当普遍和严格的情况下，利益和冲突决定着产权改革中的民主类型，根据利益和冲突的程度，可以形成协商民主、程序民主、伪民主和无民主4种参与、协商和民主类型。协商民主是参与、协商和民主程度最高的改革类型，无民主是一种无参与、协商和民主的改革类型。全国所有集体资产产权改革的村庄均位于协商民主和无民主两种类型之间。

第三，参与、协商和民主程度是国家、村干部和村民理性选择的结

第四章 如何让民主运转起来：农村产权改革中的参与和协商

果。村民根据自身利益进行选择：参与、较少参与或者不参与。村干部则根据改革可能带来的冲击选择是否实施民主或者实施民主的程度。国家则从稳定和合法性角度要求改革严格按照法律、政策和程序进行，对于地方政府和专业官僚来说，其红线就是不能出现稳定问题。村民通过利益，村干部通过冲突，国家通过问责理性选择，这些选择共同决定着改革的有效性，决定着参与、协商和民主的程度。现在我们可以回答标题中的问题：如何让民主运转起来？它是国家、村干部和村民理性选择的结果，是利益、冲突和问责共同作用的结果。在三个因素中，利益与冲突，特别是冲突是"触发因素"，问责是"推动因素"，国家颁布的参与、协商和民主的法律、政策和要求是"条件因素"。

本章证实或者证伪了一些研究，也拓展了一些观点。一是证实了利益对于参与和民主至关重要，没有利益就不可能有参与和民主。[1] 二是证实了仅有参与和民主的制度，参与、协商和民主不会自动产生。有些学者认为有了《村组法》及"四议两公开"就会在村庄产生自治和民主，这种观点不完全正确。三是仅有国家、地方政府及其官员的严格问责无法自动出现参与、协商和民主，这个因素只是一个外部的推动因素，不是"触发因素"。四是在产权改革过程中民主的"触发因素"是利益和冲突，这修正了墨菲所说的"没有利益冲突是没有协商民主的"的观点。[2] 所以，中国农村基层要有效推进改革、治理或者说实现较高水平的自治和民主，"适度的冲突"是一个有利的因素。当然也必须明确仅有冲突没有利益也无法导致民主，还需要培育利益。

---

[1] 邓大才：《村民自治有效实现的条件研究》，《政治学研究》2014 年第 6 期。
[2] Chantal Mouffe, "A Deliberative Democracy or Agonistic Pluralism?" *Social Research*, Vol. 66, No. 3, 1999, pp. 745–758.

第五章 公平还是平均：中国农村集体产权改革的基本逻辑

——以村庄股权配置为研究对象*

2015 年的中央一号文件提出，要加快构建新型农业经营体系，引导土地经营权规范有序流转，推进农村集体产权制度改革，开展赋予农民对集体资产股份权能改革试点，稳步推进农村土地制度改革试点。2016 年国家启动了农村集体资产股份权能改革（简称"农村集体产权改革"），这一改革涉及数亿农民的利益，涉及数十万亿农村集体资产的量化分配，涉及面广，影响深远。国家和地方政府都要求民主改革、公平配置股份，那么村庄会如何选择呢？从笔者的调查及参与农村集体产权改革评估来看，不同的村庄有不同的选择，有的村庄精致配置股权，有的村庄简单配置股权。哪些村庄精致配置，哪些村庄简单配置呢，为什么会出现这种情况？精致配置股权令人信服吗，简单配置股权让人认同吗？农村集体产权改革的逻辑是什么呢？本章将以山东、天津、湖北、湖南和辽宁等省份农村集体产权改革过程中股权配置为研究对象，考察农村集体产权改革的基本逻辑。

一 文献梳理与研究目标

（一）文献梳理

土地改革是 20 世纪众多民族国家最重要的产权改革，各个时期、

---

* 本章曾刊载于《财经问题研究》2021 年第 8 期，标题、内容均未做修改。

第五章 公平还是平均：中国农村集体产权改革的基本逻辑

各个国家的改革逻辑是各不相同的。从学者们对土地产权改革的研究成果来看，依次经历了三种改革逻辑，即公平逻辑、效率逻辑和公平与效率兼顾逻辑的三个发展阶段。

1. 产权改革的公平和发展逻辑

第二次世界大战以后，殖民地国家或者第三世界国家纷纷独立，独立后的民族国家实施以公平、粮食供给和农村发展为导向的产权改革。Borras 和 Franco[1]认为，土地改革是一项由国家主导的活动，侧重于土地再分配，财产权的正规化以及土地获取和利用目标是改善农村生计和发展粮食经济。Schlager 和 Ostrom[2]认为，土地获得和使用或者再分配被广泛认为是一个国家减少贫穷、提供粮食、公平、政治和经济权力及保护的关键问题。以公平、粮食和发展为逻辑的土地及产权改革并没有取得应有的效果，引起了学者们的反思。Borras[3]认为，以市场为基础的个人所有权分配并没有改善边缘社区的土地再分配形式，也没有改善社区福利，或者保护小规模农业。Falk 等[4]认为，土地再分配容易，但是提高小农户的生产力相当困难，如果不想办法改善获益者的经营业绩，则是为更富裕的家户提供了发展的平台。显然在这一阶段，土地及产权改革主要是公平分配土地、促进农村发展和保障粮食供给等目标，实施的是公平和发展的改革逻辑。

2. 产权改革的效率和发展逻辑

由于公平、粮食供给和发展导向的土地改革并没有带来预期的效果，因此，一些国家开始转向效率逻辑，特别是 20 世纪 80 年代以来

---

[1] Borras Jr, S. M., Franco, J. C. Contemporary Discourses and Contestations Around Pro-Poor Land Policies and LandGovernance. *Journal of Agrarian Change*, 2010, 10 (1): 1–32.

[2] Schlager, E., Ostrom, E. Property-Rights Regimes and Natural Resources: A Conceptual Analysis. *Land Economics*, 1992, 68 (3): 249–262.

[3] Borras, S. M. Questioning Market-Led Agrarian Reform: Experiences From Brazil, Colombia and South Africa. *Journal of Agrarian Change*, 2003, 3 (3): 367–394.

[4] Falk, T., Kirk, M., Lohmann, D., et al. The Profits of Excludability and Transferability in Redistributive Land Reformin Central Namibia. *Development Southern Africa*, 2017, 34 (3): 314–329.

的新自由主义理论进一步加速了以效率为导向的土地改革。Hall 和 Kepe[1]认为，南非过去 20 年的改革已经从保障黑人农民获得保障性土地转向促进让富人获得商业性土地，即从"保障主义"改革转向"生产主义"改革。Spalding[2]指出，巴拿马的土地保有权和使用权改革是传统土地保有权结构、信仰和经济压力的结果，既有路径依赖性质，也是对新自由主义经济政策压力的反应。以效率为导向的产权改革效果同样有限。南非旨在实现公平、正义和解放的土地改革，依然痴迷于生产力而使其他目标边缘化，没有改善人民福祉，也未实现土地公平[3]。20 世纪 80—90 年代许多拉丁美洲国家实施的土地管理改革主要目标是规范私有财产，促进土地市场建立，但往往忽视持续性和公平性[4]。土地改革计划有公平性，也有非公平性，但是大多研究表明偏向非公平性。因此，土地改革的逻辑需要重新进行批评性思考，以便让公民得到"应许之地"[5]。在新自由主义土地改革背景下，政府及相关机构往往将市场导向的经济功能或者功利价值置于社会和文化价值之上[6]。显然以效率为导向的土地改革逻辑忽视了公平、社会效益，成效有限。

3. 产权改革的公平与效率和多元发展逻辑

基于公平导向、效率导向改革的缺陷，学者们开始倡导公平与效率兼顾以及多元化改革逻辑。产权不能完全按照新自由主义政策，还要考虑社会关系、历史文化，土地改革产生了多种相互关联的结果，

---

[1] Hall, R., Kepe, T. Elite Capture and State Neglect: New Evidence on South Africa's Land Reform. *Review of African Political Economy*, 2017, 44 (151): 122-130.

[2] Spalding, A. K. Exploring the Evolution of Land Tenure and Land Use Change in Panama: Linking Land Policy With Development Outcomes. *Land Use Policy*, 2017, 61 (2): 543-552.

[3] Kepe, T., Hall, R. Land Redistribution in South Africa: Towards Decolonisation or Recolonisation? *Politikon*, 2018, 45 (1): 128-137.

[4] Barnes, G. Lessons Learned: An Evaluation of Land Administration Initiatives in Latin America Over the Past Two Decades. *Land Use Policy*, 2003, 20 (4): 367-374.

[5] Barnes, G. Lessons Learned: An Evaluation of Land Administration Initiatives in Latin America Over the Past Two Decades. *Land Use Policy*, 2003, 20 (4): 367-374.

[6] Ankersen, T. T., Ruppert, T. Tierray Libertad: The Social Function Doctrine and Land Reform in Latin America. Tul. Envtl: LJ, 2006.19, 69.

第五章 公平还是平均：中国农村集体产权改革的基本逻辑

如生产、再生产、保护、再分配和社会凝聚力等[①]。基于个人土地所有权经济制度的失败，以合作社和社区为基础的土地信托和土地使用权改革，有可能支持土地的可持续利用，同时促进社会和政治公平[②]。Petit 等[③]明确指出，土地改革应遵循农民逻辑、资本主义逻辑和企业家逻辑，三类逻辑既可以相互转换，又可以相互对立。Qiao 和 Upham[④]在比较研究中指出，英国注重产权的排他性，美国注重产权的转让性，其他国家在产权改革过程中，如何在保障财产权的同时，根据社会变化重新分配财产且令人感受到安全。

土地和产权改革的多元逻辑还有其他的研究。如 Fan 和 Zietsma[⑤]认为，在水资源管理中，嵌入其中的参与者从家庭逻辑到共享治理逻辑。Boone[⑥]表示，多重对立的政治逻辑，如政治逻辑和控制逻辑推动了土地改革。当然良好的改革逻辑也会受到非正式制度及其他政治行动者的改变和重塑[⑦]。综上所述，从文献梳理可以发现，土地及产权改革是一项复杂的系统工程，应兼顾多方面的利益和目标，因此，必须遵循多元改革逻辑的原则。

---

① Chipenda, C. The Social and Cultural Dynamics of Zimbabwe's Land Reform Programme on the 'New Generation' of Farmers: A Transformative Social Policy Perspective. *African Identities*, 2020, (2): 1–28.

② Wittman, H., Dennis, J., Pritchard, H. Beyond the Market? New Agrarianism and Cooperative Farmland Access in North America. *Journal of Rural Studies*, 2017, 53 (7): 303–316.

③ Petit, O., Kuper, M., Ameur, F. From Worker to Peasant and Then to Entrepreneur? Land Reform and Agrarian Change in the Saïss (Morocco). *World Development*, 2018, 105 (5): 119–131.

④ Qiao, S., Upham, F. K. The Evolution of Relational Property Rights: A Case of Chinese Rural Land Reform. *Iowa Law Review*, 2015, 100 (6): 2479–2506.

⑤ Fan, G. H., Zietsma, C. Constructing a Shared Governance Logic: The Role of Emotions in Enabling Dually Embedded Agency. *Academy of Management Journal*, 2017, 60 (6): 2321–2351.

⑥ Boone, C. Shifting Visions of Property Under Competing Political Regimes: Changing Uses of Côte D'Ivoire's 1998 Land Law. *The Journal of Modern African Studies*, 2018, 56 (2): 189–216.

⑦ Boone, C., Dyzenhaus, A., Manji, A., et al. Land Law Reform in Kenya: Devolution, Veto Players, and the Limits of an Institutional Fix. *African affairs*, 2019, 118 (471): 215–237.

(二) 研究目标

中国农村集体产权改革主要考虑市场效率与社会公正之间的平衡[①]。以市场为导向,通过私有化和货币化建立产权制度,促进土地的自由流转和市场化配置。所以,中国农村集体产权改革基于"经济效率原则""社会公义原则"[②]。Deng[③]认为,产权既有经济功能,也有社会功能,因此,产权改革要处理好经济功能与社会功能的平衡。Li 等[④]则将此逻辑从宏观层面转到中观层面和微观层面,即产权改革的中观层面和微观层面也应处理好经济功能与社会功能的平衡。

国内外土地和产权改革逻辑的研究针对的是土地再分配,无法解释中国农村集体产权改革。中国农村集体产权改革主要是对已经形成的经营性资产进行股权量化,即从"集体总有"变成"按份共有"[⑤]。这一改革为中国所独有,不对土地实物进行分配,而是将集体经营性资产在集体成员之间进行再分配。集体经营性资产的再分配涉及到初始积累、历史贡献、成员身份和权利等诸多复杂因素。这是一种新型的产权改革类型,尚没有引起学界的重视,更没有学者对此进行深入的理论性研究。本章将以山东、天津、湖北、湖南和辽宁等省份农村集体产权改革过程中股权配置为研究对象,考察农村集体产权改革的基本逻辑。在此有两个研究目标:一是中国农村集体产权改革的基本逻辑有哪些?核心逻辑是什么?各个逻辑如何组合?二是中国农村集体产权改革的基本逻辑由什么因素决定的?不同村庄的改革逻辑有不

---

① Gao, L., Huang, J., Rozelle, S. Rental Markets for Cultivated Land and Agricultural Investments in China. *Agricultural Economics*, 2012, 43 (4): 391 – 403.

② Petit, O., Kuper, M., Ameur, F. From Worker to Peasant and Then to Entrepreneur? Land Reform and Agrarian Change in the Saïss (Morocco) [J]. *World Development*, 2018, 105 (5): 119 – 131.

③ Deng, D. C. A National Governance Perspective on the Transformation of Rural Property Rights: The Chinese Experience [J]. *Social Sciences in China*, 2018, 39 (1): 50 – 64.

④ Li, L., Tan, R., Wu, C. Reconstruction of China's Farmland Rights System Based on the 'Trifurcation of Land Rights' Reform [J]. *Land*, 2020, 9 (2): 51.

⑤ 肖盼晴:《从总有到共有:集体产权权能重构及治理效应》,《财经问题研究》2020年第2期。

同吗？村庄如何进行理性选择？

二 农村集体产权改革的股权配置：实证描述

笔者以全国第一批和第二批农村集体产权改革试点县及天津、山东部分区县村庄集体产权改革过程中股权配置为研究对象，考察各个村庄的经济社会情况、股权配置方式及改革的基本逻辑。①

（一）平均配置：一人一股

2016 年开始实施的农村集体产权改革，大部分区县市采取的是"平均分配，一人一股"的方式。安徽省天长市不设集体股，只设个人股，"按份配置股份，一人一份"。重庆市梁平区实行"不设集体股，一人一股、平均配置股份"。辽宁省彰武县按照"平均配置股份，量化到人"的方式改革。吉林省伊通县在全县 187 个村庄共设置近四十万个资源股，实行集体成员"一人一股"平均配置的方式。吉林省朝阳区设置"人头股"，"一人百股"，虽为"百股"，但依然是平均分配。湖南省资兴市和江西省余江区实行"量化到人，平均分配"的方式。在我们进行产权评估调查时发现，河南省济源市绝大多数村庄采取的是"一人一股"的"人头股"配置股份方式。

从笔者调查的村庄来看，湖南省资兴市的 N 村，集体资产股份合作社总资产为 290.30 万元，集体经营收入很少，合作社成员每人占有 1 股，每股股值为 1612 元。湖北省京山县 L 村，经营性资产较少，只设基本股，实行"一人一股"。吉林省伊通县 M 村，无经营性资产，按照"一人一股"的资源股进行量化配置。山东省临朐县 J 村，经营性资产 1963.24 万元，人均 1.61 万元，按照人头平均配置股权。天津市农村集体产权改革政策明确规定，人均资产在 5 万元以下的村

---

① 本章所有的案例均来源于农业农村部委托笔者对第一轮和第二轮农村集体产权改革试验区的评估调查及天津市农业农村厅委托笔者对天津市所有实施农村集体产权改革评估的调查。

庄不进行股份制改革，依然实施传统的集体经营方式。

从笔者调查的地区来看，大部分区县的大部分村庄都是平均配置股权，"一人一股"或者"一人一份"。安徽省天长市、河南省济源市、湖南省资兴市等区县（区、市），虽然县（区、市）域经济发达，但是农村集体经济较为落后，依然平均量化分配集体资产。有些县如湖北省京山县和甘肃省陇西县实施"分类改革"，对经营性集体资产或者人均集体资产比较多的村庄实施差异化配置股权，其他村庄则平均配置股份。平均配置股权的村庄有如下三个特点：一是经营性资产比较少，甚至没有经营性资产。二是集体经济收入少，没有可供分红的收入。三是村民几乎没有从集体经济及其收入中获得福利或者分红。

（二）公平分配：差异化配置股份

随着村庄集体经营性资产、集体经济收入和人均分红的增多，股权配置方式从"一人一股"转向"差异化配置股份"，股权配置逻辑从平均主义分配逻辑转向公平主义分配逻辑。

山东省章丘区 X 村，集体成员 624 人，经营性资产 1.4 亿元，资源性资产 692 亩，人均经营性资产 22.44 万元，人均资源性资产 1.11 亩。产权改革当年，人均分红 6677 元，老年人分红高达 13000 元。X 村因为老户与新户存在较强的利益冲突，因此，股权配置方案比较细致：一是新户、新老户和老户分别获得 1/3 股、1/2 股和 1 股。二是股权分为四类，个人股，每位股民 1000 元；土地股，以每亩 3 600 元为基数，按照土地数量进行折算；劳龄股，每人 1000 元，劳动年龄每增加 1 年增加 30 元，上不封顶；优先股，对于已经退休人员每人每年给予 600—750 元的优先股。三是对于 1997 年分得土地但其后已经获得公职的 206 人，他们不具有集体成员资格，但其家庭可因此获得土地股及红利。X 村考虑了新户与老户、有地与无地、地多与地少、年长与年幼、在村与不在村的差异，严格以公平为原则配置股权。

湖北省京山县 C 村，集体成员 1815 人，经营性资产 1.59 亿元，

第五章 公平还是平均：中国农村集体产权改革的基本逻辑

人均经营性资产8.76万元。改革当年分红最少的成员获得93元，最多的获得3999元。C村同样存在老户与新户之间的矛盾，考虑到各方面的利益设置了三类股权：一是基本股，1982年以前出生的有20股。二是劳龄股，1982年年满16岁的增加5股。三是年龄股，1983—2000年，每增加一年增加一股，满股为43股。1954年入社时对合作社有重大贡献的农户给予现金补贴，最多补贴两万元。C村考虑了对集体经济的初始贡献及历史贡献，严格按照贡献进行补偿或者配置股权。

辽宁省甘井子区G村，经营性资产9100万元，集体成员670人，人均经营性资产13.58万元。G村设置了三类股权：一是成员股，集体成员满股为50股，不同时间点出生、迁入与迁出的成员享受不同的比例即满股和满股的80%。二是劳龄股，1956—2004年按照集体成员劳动时间和缴纳公共积累配置股权，村办企业和镇办企业人员以缴纳海红数量计算股份，按照每天12.5千克，每年100天，1年1250千克核算，1250千克为1个劳龄，1个劳龄为3股。三是贡献股，G村外聘的捕捞船长、轮机长及其配偶，符合相关条件即可享受满股的80%股份。G村严格按照公平原则设置股权，考虑年龄大小、成员资格长短、生产贡献和发展贡献等因素配置股权。

（三）组合分配：分类配置股权

天津市的H村，集体成员7135人，集体资产17.80亿元，资源性资产9140.90亩，当年集体经济收入1.86亿元，人均集体资产2.49万元，人均资源性资产1.28亩，改革当年福利和分红总额1.10亿元，人均13890元。在个人股的配置中，综合考虑户籍、土地承包关系和对集体的贡献等因素，设置不同的股权份额，即100股、80股、60股、50股、20股和5股6个档次。据统计，H村享受100股的集体成员占比为92.82%，享受其他份额的成员占比为7.18%。这种股权配置方式说明了H村以平均配置股份为主，兼顾公平性。另外，H村在产权改革前就已经形成了一套福利分配体系，在改革后这套福利分配体系依然有效运行。可见，H村股权配置有三个逻辑：公平、平均和传统,但是平均逻辑为主,公平逻辑为辅,沿袭传统分配方式。

天津市 S 村,集体成员 1594 人,集体资产 30.05 亿元,经营性资产 29.40 亿元,资源性资产 1839.50 亩,人均经营性资产 18.44 万元,人均资源性资产 1.15 亩,改革当年人均分红 1000 元。综合考虑户籍关系、村庄土地承包关系和对集体积累的贡献等因素,成员股按照份额设置为 5 股、3 股和 2 股。其中,享受村集体福利待遇的农业户籍人员,每人配置 5 股;祖籍在本村因政策性原因迁出的非农业人员,或在外村不享受待遇的外嫁女及本村超生人员,每人配置 3 股;本次新界定为集体成员的其他人员,每人配置 2 股。同时 S 村预留 500 集体股,作为遗漏村集体成员的调节配置股份。S 村的股权配置体现各种历史贡献,遵循公平配置的逻辑,但是股权分配依然是沿袭了传统福利体系,体现了平均逻辑和传统逻辑的惯性。

天津市 Z 村,集体成员 3238 人,经营性资产 33.57 亿元,人均经营性资产 103.68 万元,改革当年人均分红 28800 元。Z 村不设集体股与贡献股,所有成员每人一股,共计 3238 股,每股折合 103.68 万元。在收益权方面,基于不同年龄段村民的贡献差异,持有股份按照年龄梯次参与分红:年龄在 18 周岁以上、10—18 周岁和 10 周岁以下的成员分别按照 100%、60% 和 30% 的比例获得收益。Z 村股权配置按照平均主义原则,但是在收益分配时按照年龄差异享受不同的收益份额,有一定的公平性。同时 Z 村传统的福利分配方式与股权分配同时存在,但是前者为主,后者为辅,因此,平均、传统逻辑占主导地位,公平逻辑只是应对产权改革的一种制度安排。

天津市 D 村,集体成员 2149 人,经营性资产 3.46 亿元,人均经营性资产 16.10 万元,资源性资产 2320.92 亩,人均资源性资产 1.08 亩,改革当年集体经济收入 5.80 亿元,人均分红 6521 元,分红最少的为 2195 元,最多的达到 55770 元。D 村股权存在集团与村庄之间的内部矛盾和张力,股权设置要考虑多方面的诉求,主要包括集团股、普通股和专项基金。一是集团股,以村办企业为基础来量化股份,根据"贡献大小""村龄长短",设置了"集团原始股""集团

第五章 公平还是平均：中国农村集体产权改革的基本逻辑

村龄股"。对村办企业曾经投资入股且没有退出的村民享受集团原始股，从集团总股本中划出 0.84 亿元，量化为 498.7 股。根据年龄设置成员股，20 岁以下、20—40 岁和 40 岁以上分别为 1 股、1.1 股和 1.2 股，股本为 1 亿元，共 1890.7 股。二是普通股，村办企业以外的资产作为普通股，普通股又分为普通集体股和普通成员股，前者占 20%，后者占 80%，集体成员每人一股，共有 2149 股，量化资产 1.10 亿元。三是"专项资金"，从股份经济合作社拨出 1 亿元设立"专项资金"，该部分资金不量化到人，专款专用，用于村庄老年人的福利。D 村普通股主要是平均配置；集团股根据贡献分配，体现了公平性；拨出"专项资金"建立老年人福利体系，具有历史惯性。

从上述 4 个村来看，D 村属于"真正的"产权改革，产权配置体现了公平逻辑、平均逻辑和传统逻辑三个逻辑。[①] H 村、S 村和 Z 村的村支两委在集体经济壮大和发展过程中作出许多贡献，因此，村支两委特别是支部书记具有垄断性权力，股权配置以平均配置为主，公平配置为辅，依然沿袭传统的福利分配体系，特别是 Z 村平均设置股权，只是在收益分配时体现了年龄的差异性。

三 股权配置的基本逻辑和决定因素

通过对上述三类 11 个村庄农村集体产权改革中经济因素、股权配置和产权改革逻辑的实证描述，现在可以对中国农村集体产权改革的基本逻辑和决定因素进行归纳分析。

（一）股权配置的基本逻辑及组合类型

第一类地区和村庄：平均的股权配置和改革逻辑。集体经营性资产比较少，集体经济收入少，基本没有福利和分红的村庄，采取平均配置股权，即"一人一股"或者"一人一份"。湖北省 L 村、湖南省

[①] "平均"是指不考虑贡献因素，按照成员数量进行等额分配；"公平"是指除了考虑集体成员的因素外，还考虑成员的历史贡献进行差异化分配。

N村、吉林省M村、山东省J村及安徽省天长市、湖南省资兴市、江西省余江区及吉林省伊通县等全国大部分的村庄属于这种改革类型。

第二类地区和村庄：公平的股权配置和改革逻辑。集体经营性资产比较多，集体经济收入比较高，资产规模在1亿元左右，分红收入在几千元到万元的村庄，严格按照公平原则配置股权，实施差异化配置股份。这类村庄数量不多，但是精致配置股份，真正实施产权改革。山东省X村、湖北省C村和辽宁省G村属于这种类型。

第三类地区和村庄：多元配置股份和组合改革逻辑。集体经济规模很大，经营性资产有几亿元甚至几十亿元，人均经营性资产、人均福利和分红都比较多的村庄，产权改革要考虑的因素比较多，往往会采取差异化配置股份及组合改革的逻辑。

第一类组合：公平、平均和传统逻辑的组合。如天津市的D村，不同类型的资产采取不同的股权配置逻辑，集团形成的资产考虑各类贡献，实施公平配置的逻辑。集团资产按照贡献和公平原则配置，剩下的村庄集体资产人人有份，实施平均分配的改革逻辑。考虑到传统的老年人福利分配体系，沿袭传统分配的改革逻辑。在这类村庄，公平、平均和传统逻辑都占有很重要的地位。

第二类组合：平均、传统逻辑为主，兼顾公平逻辑。虽然天津市的H村、S村和Z村进行了农村集体产权改革，但是以平均配置股权为主要原则，大部分村民、大部分资产、大部分福利平均分配。另外三个村有两套分配体系：一套是按照股权分配，另一套是按照传统福利体系分配。因而传统逻辑占重要地位。H村和S村股权配置有一定的差异，体现了公平性。Z村股权配置无差异，但是收益分配方面体现了差异性，有一定的公平性。

第三类组合：平均逻辑或者公平逻辑为主，政策逻辑为辅。在笔者调查的进行产权评估的一些地方和村庄，经济不太发达，但是村干部的政治、政策意识强，因而采取了"双元组合"的逻辑。一是平均配置为主，政策逻辑为辅。江西省余江区全区都是平均配置股份，但是在少数村庄，设置了"特殊贡献股"。吉林省伊通县设置了"老股金股""扶贫股"。二是公平配置为主，政策逻辑为辅。北京市大

第五章 公平还是平均：中国农村集体产权改革的基本逻辑

兴区的东巷村在公平逻辑的基础上，针对贫困户设置了"爱心股"，针对独生子女家庭设置的"计生股"，针对老年人福利设置了"福利股"。山东省章丘在公平逻辑的基础上，设置了"扶贫股""夕阳红股""文明股""民生股""光荣股"等股份。①

通过上述分析，我们可以得出如下四点结论：一是农村集体产权改革的逻辑主要有公平逻辑、平均逻辑、传统逻辑和政策逻辑。二是"单一配置"逻辑模式，即要么公平配置股权，要么平均配置股权，传统、政策配置股份逻辑不能单独成为农村集体产权改革的分配逻辑，必须依附于公平或者平均配置逻辑。三是"双元组合"逻辑模式，即公平逻辑+政策逻辑，平均逻辑+政策逻辑两种方式。四是"多元组合"逻辑模式，在农村集体产权改革中，经济特别发达村庄往往实施"多元组合"逻辑模式，如公平、平均和传统组合逻辑，以及平均、传统逻辑为主，公平为辅的组合逻辑。基于上述分析，笔者总结上述11个村庄经济因素、股权配置和改革逻辑如表5-1所示。

表5-1　　　　　　　经济因素、股权配置与改革逻辑

村庄	经营性资产总额	人均经营性资产	人均资源性资产	改革当年集体经济收入	改革当年每股或没人分红	股权配置的方式	股权配置的基本逻辑
湖北省L村	少	少	不清楚	少	无	一人一股	平均
吉林省M村	少	少	不清楚	少	无	一人一股	平均
湖南省N村	290.30	0.16	不清楚	少	无	一人一股	平均
山东省J村	1963.24	1.16	不清楚	少	无	一人一股	平均
山东省X村	14 000	22.44	1.11	950	6677 13 000	差异配股	公平
湖北省C村	15 900	8.76	0	300	93—3999	差异配股	公平
辽宁省G村	9100	13.58	—	—	—	差异配股	公平

---

① 这些是笔者在这类地区和村庄产权评估和调查时发现的，并没有在实证描述部分体现，在此以补充形式予以分析。

续表

村庄	经营性资产总额	人均经营性资产	人均资源性资产	改革当年集体经济收入	改革当年每股或每人分红	股权配置的方式	股权配置的基本逻辑
天津市 H 村	178 000	2.49	1.28	18 600	13 890	差异配股	多元组合
天津市 S 村	294 000	18.44	1.15	15 042	1000	差异配股	多元组合
天津市 Z 村	335 700	103.68	—	12 000	28 800	差异配股	多元组合
天津市 D 村	34 600	16.10	1.08	58 000	6521 2195—55 700	差异配股	多元组合

注：1. 湖南省 N 村资产是总资产及人均总资产。2. "少"表示很少或者几乎没有。3. 只有部分村庄特别是城郊或者城中村有资源性资产。4. 经营性资产总额、人均经营性资产、改革当年集体经济收入单位为"万元"，人均资源性资产单位为"亩"，改革当年每股或每人分红的单位为"元"。5. 改革当年每人或者每股分红，如果只有一个数据为每人分红额，如果有两个数据上面的为平均数据，下面的为最高数据，如果是区间表明最低和最高的分红额。

（二）产权改革及股权配置的决定因素

不同的村庄、不同的股权配置方式及改革逻辑，主要源于村庄不同的经济因素、政治因素、传统因素和政策因素。

1. 经济因素

从表1可以看出，在集体经营性资产和集体经济收入很少且没有福利和分红的村庄，实施"一人一股"或者"一人一份"，采取的是平均主义改革逻辑。在集体经营性资产、集体经济收入、每人或者每股分红比较多的村庄，实施差异分配、精致配置股份，采取的是严格的公平主义改革逻辑。在集体经营性资产规模很大，集体经济收入很高，且村庄福利和分红数量很多的村庄，实施差异分配，采取公平、平均和传统的"多元组合"改革逻辑。我们可以得出如下结论：随着集体经营性资产、集体经济收入及人均福利和分红逐渐增多，股权配置和产权改革的逻辑分别为"平均主义"逻辑、"公平主义"逻辑及"多元组合主义"逻辑。在各项经济因素中，集体经营性资产总额及人均福利和分红起决定性作用，集体经济收入起重要的附带作用，人均经营性资产的作用不太明显。

2. 政治因素

在经济比较发达或者特别发达的村庄采取"多元组合"改革逻辑主要在于村庄的政治因素。首先，村庄内部的冲突程度。如山东省的 X 村、湖北省 C 村及辽宁省 G 村有老户与新户、在村与不在村、历史贡献与现实贡献的矛盾和冲突。这要求村庄必须精致改革、差异化配置股份，以平衡各方面的利益诉求。在经济特别发达的天津 D 村存在集团与村庄的冲突，因此，改革也相当精致、精细，考虑到了方方面面的利益。在冲突程度比较大的村庄将公平放在首位，在此基础上考虑平均配置因素和传统分配习惯。其次，村干部对发达村庄的控制程度。如果村庄特别发达，且村庄没有明显的内部冲突，村干部在村庄发展过程中作用巨大，从而使村干部有巨大的权威和权力，能够完全控制村庄。这类村干部垄断和控制的村庄难以实施真正的产权改革，虽然采取"多元组合"逻辑模式，但主要以平均、传统逻辑为主，公平逻辑为辅。因此，政治因素，特别是村庄内部冲突因素、村干部对村庄的垄断和控制程度决定了不同的改革逻辑及其组合方式。

3. 传统因素

在经济发达的村庄，如果在改革以前就存在传统福利分配体系，因为受益者会坚持传统分配方式，村干部为了避免出现稳定问题或者回应受益者要求，也会沿袭传统福利分配方式。因而这一福利分配体系会在改革中体现。首先，直接以传统福利分配方式体现，如天津市 H 村、S 村和 Z 村。其次，将传统福利分配方式以股权方式体现，如天津市 D 村。其实按照股权配置也是承接了传统福利分配方式，这又分为以集体股来保障传统福利和在个人股中融入传统福利的股份保障传统分配方式。因此，在经济发达的村庄只要有传统福利分配体系一定会有路径依赖性质，实施传统逻辑。

4. 政策因素

一些农村集体产权改革的村庄，在采取公平配置或者平均配置改革逻辑的基础上，会考虑一些政策因素设置少量的政策性股份，主要包括计划生育政策、承包地政策、养老政策、入伍政策、扶贫政策和医疗保障政策等。政策因素只是在少数村庄影响少量的股份，不会对村庄整体的股权配置和农村集体产权改革产生影响。村庄考虑政策因素配置股权的改革逻辑称为"政策逻辑"。

四 基本结论

（一）股权配置有四种基本逻辑及多元组合逻辑

从各地的改革情况来看，中国农村集体产权改革的股权配置有公平、平均、传统和政策四种配置逻辑。其中，公平逻辑和平均逻辑是最重要的改革逻辑，传统逻辑和政策逻辑必须借助公平逻辑或者平均逻辑才能够发挥作用。在公平逻辑或者平均逻辑的基础上可以形成不同的改革逻辑及其组合。一是"单一配置"逻辑，要么是公平逻辑，要么是平均逻辑。二是"双元组合"逻辑，即在公平逻辑或者平均逻辑的基础上形成公平与平均、公平与政策、平均与政策等双元改革逻辑。三是"多元组合"逻辑，即形成公平、平均和传统的组合逻辑。在本章的研究案例中不存在公平、平均、传统和政策的组合逻辑，但是根据理论推测，应该存在四种改革逻辑的若干组合模式。

（二）改革基本逻辑在组合中的功能性差异

在中国农村集体产权改革的组合逻辑中，各种逻辑的功能和地位是不相同的。一是以公平股权配置为核心，加其他某一种改革逻辑。二是以平均股权配置为核心，加其他某一种改革逻辑。三是以公平、平均股权配置为核心，加其他某一种改革逻辑。四是以平均、传统股权配置为核心，加其他某一种改革逻辑；五是以公平、平均和传统股权配置为核心的改革组合逻辑。因此，在农村集体产权改革各种组合逻辑中，各个改革逻辑的作用和功能是不相同的。

（三）产权改革和股权配置有四种决定因素

农村集体产权改革及股权配置逻辑主要受四种因素的影响，即经济因素、政治因素、传统因素和政策因素。在四种因素中经济因素起着决定性作用，在经济因素中集体经营性资产和人均福利或人均分红起着关键性作用，集体经济收入起着重要的附带影响作用。随着集体经营性资产、集体经济收入和人均福利或人均分红（以下简称"三个因素"）的增长，产权改革及股权配置逻辑依次经历"平均主义""公平主义"到"多元组合主义"。在三个因素都比较少的情况下，村庄选择"平均主义"改革逻辑；在三个因素都比较多的情况下，村庄选择"公平主义"改革逻辑；在三个因素都特别多的情况下，村庄选择"多元组合主义"改革逻辑。在四种决定因素中，经济因素对所有产权改革村庄产生重大的影响，政治因素和传统因素只对经济发达村庄有较大的影响，政策因素只对极少数村庄的极少数股权发生作用。

（四）村庄冲突程度和权力垄断程度决定着改革逻辑的地位和功能

经济发达村庄采取"多元组合主义"改革逻辑，村庄内部的冲突程度和权力垄断程度共同决定着多元组合的逻辑模式。如果村庄冲突程度比较高、村干部的权力垄断程度比较低，则会形成比较均衡的多元组合逻辑模式。如果村庄冲突程度比较低，村干部对权力垄断程度比较高，则会形成以平均分配、传统分配为核心，公平分配为辅的组合逻辑模式。在本章案例中，不存在村庄内部冲突程度、权力垄断程度都高或都低的村庄，这种情况下的产权改革组合逻辑模式值得进一步的深入研究。

中国农村集体产权改革与第三世界国家的土地改革的平均、发展逻辑不同，与古典经济学、新自由主义土地改革的效率、发展逻辑也不同，与反对新自由主义的公平、效率逻辑更不同。本章的研究特色：一是本章主要研究非土地实物的产权改革，只是对集体经营性资产进行股份量化，而不进行实物分配。二是笔者认为，公平和平均是农村集体产权改革的核心逻辑,几乎没有村庄考虑效率逻辑和发展逻辑。三是改革逻辑及其组合模式主要由经济因素决定,政治因素、传统因素和政策因素的影响比较小。四是本章研究了不同的改革逻辑及其组合的决定因素,特别是经济发达村庄的冲突因素和权力垄断程度影响着改革逻辑及其组合的地位和功能。当然本章也存在诸多的不足,选择的案例只是局限于笔者进行产权评估的地区和村庄,并没有进行问卷调查和量化研究,研究结论能否具有一般性还需要科学的量化分析。

第六章　产权发展与乡村治理：
　　　　决定因素与模式
——以粤、湘、鄂、鲁四村为考察对象*

21世纪以来，产权发展呈现三个态势：一是产权内容日渐丰富，产权体系不断完善，承包权与所有权分离，承包权又发展出占有权、经营使用权、收益权、处置权，后者可以与前者分离；二是产权流转加速，所有权、承包权、经营使用权等都在流转，流转类型也较多，可以出租、出售，还可以入股；三是产权所属子权利，既有分离趋势，同时也有集中趋势，即从农户的角度来看，子权利有从承包权分离趋势；从其他主体如村庄来看，子权利有集中趋势②。土地及其产权的变化必然会对经济、社会、政治产生巨大的影响，特别是对地权所在村庄产生影响。从实践来看，产权发展对村庄治理的影响也是全方位的，本章想探讨产权发展对村庄两个重要主体：村庄与农户权力分配的影响，即产权发展对村庄权力结构的影响。

一　文献与假设

对于产权与政治关联的研究学者比较多，最主要的观点是产权具有对个人权利的保障功能，产权的个人化能够促进民主、自由。

---

* 本章内容曾发表于《中州学刊》2014年第1期，标题、内容均未做修改。

② 笔者将产权的各种变化，特别是产权内容的丰富、产权体系的完善、产权的流转以及产权相关权利的组合称之为产权发展。

首先，产权的限权作用。经济学家弗里德曼曾说，"资本主义和私有财产的存在给国家的集中权力提供了某些限制"①。布坎南认为，"私人财产或几个人共同占有的财产起到自由的保证的作用，在很大程度上不受政治决策或集体决策方式的影响。当然，其直接的隐含意义是，必须存在有效的宪法限制，这样的限制将有效地制止对法律界定的财产权的公开的政治性侵犯，对涉及财产转移的自愿契约性安排的公开政治性侵犯"②。产权是自由的基础。哈耶克则认为产权的确定是个人对付强权的第一步，也是防止强制的根本条件，"承认所有权是确定个人权益领域以保护我们对付强制的第一步③"。"承认私有财产权或是个别的所有权，因而是防止强制的根本条件，即令不是唯一条件"④。产权具有保障功能。蒲鲁东认为，"财产就是保障，就是消除自己有切肤之感的生存上的不安全"⑤。

上述研究表明，产权包括财产权对个人具有保障功能，特别是对国家强权具有划界、对抗的功能，能够有效地防止国家行政权力对个人财产的侵害。这些研究都是从产权视角来研究国家与个人之间的关系。但是中国有一个非常独特的权利，以村庄为单位的集体土地，从集体所有权中分离出了承包权，在现实中又从承包权中分离出了占有权、经营使用权、收益权和处置权。而且这些权利可以组合使用，也可以单独存在。那么这些权利的分解、流转、集中对村庄权力结构会产生怎样的影响是本章关注的焦点。

对于产权与治理的关联研究，项继权教授有开创性的贡献。他通过3个个案村的历史研究得出了结论：一是集体产权形式的变化对村庄的治理结构有着重大的影响⑥；二是随着工业化的发展，"土地所

---

① [美]米尔顿·弗里德曼：《资本主义与自由》，商务印书馆1986年版，第11页。
② [美]布坎南：《财产是自由的保证》，载罗利编《财产权与民主的限度》，商务印书馆2007年版，第75—76页。
③ [英]哈耶克：《自由宪章》，中国社会科学出版社1999年版，第200页。
④ [英]哈耶克：《自由宪章》，中国社会科学出版社1999年版，第199页。
⑤ 杨支柱：《博客主人删帖的权利》，《南方周末》2008年7月17日。
⑥ 项继权：《集体经济背景下的乡村治理》，华中师范大学出版社2002年版，第370页。

第六章 产权发展与乡村治理：决定因素与模式

有制对社区产权结构及治理结构的影响也随之降低"[1]；三是在中国乡村集体经济的发展过程中，乡村的集体化和再集体化在一定条件下促进了乡村民主的发展[2]。项继权教授主要是研究集体产权及其形式变化对村庄治理结构的影响，其中广义的集体经济工业化等均在其中，而且其研究是总体的集体经济，而不是构成集体经济的各类产权及其子权利对治理的影响。也就是说，项继权教授只是研究产权与治理中的一个小的方面——集体经济背景下的村庄治理，而且产权对治理的影响机制也没有揭示出来。

吴晓燕从历史维度考察了不同所有制形式下的村庄治理形式，即小土地所有制下的"乡村自治"、集体所有制下的"纵向官治"、家庭承包制下的"乡政村治"以及新一轮土地流转背景下的"多元治理"[3]。文章的理论关怀很好，希望能够在所有制与治理模式之间建立一定的关联，但是有几个方面值得商榷，一是研究内容不清晰，究竟是研究土地所有制，还是所有制下的产权形式；二是治理的形式并没有按照一个客观的标准来进行明晰的分类；三是所有制与治理结构之间的关联机制没有建立起来。

从现实来看，不同的村庄有不同的村民关系，如有些村庄比较强势，农民也比较强势（村强民强）；另一些村庄则是村庄比较强势，农民比较弱势（村强民弱）；还有一些村庄是村庄比较弱势，而农民比较强势（村弱民强）。本章的问题意识是：村庄与农民之间的这种权力结构究竟是由什么因素所决定的？我们初步研究假设：一是村庄的权力结构是由产权的集中程度和稳定程度所决定的[4]，二是产权集

---

[1] 项继权：《集体经济背景下的乡村治理》，华中师范大学出版社2002年版，第367页。

[2] 项继权：《集体经济背景下的乡村治理》，华中师范大学出版社2002年版，第382页。

[3] 吴晓燕：《农村土地制度产权变革与基层社会治理转型》，《华中师大学报》（人文社科版）2013年第11期。

[4] 所谓产权的集中度是中国所特有的概念，农户的承包权可以分解为占有权、经营使用权、收益权、处置权，产权的集中度其实是指这些子权利集中于某一主体的程度，如果农户拥有完整的承包权则是权利的高度集中，如果这些权利向村庄转移，则村庄产权的集中度比较大。所谓稳定性是指产权对其主体的变动程度。

中度和稳定度的不同组合方式会形成不同村庄治理结构，三是产权的稳定性决定权利，产权的集中性决定权力。

二 产权与治理关系：四个案例

1. 广东顺德的村庄：村强民强

广东顺德区在20世纪90年代，就将承包地收归集体，组建股份合作社，农民根据集体成员权拥有股权，股权是以当时的人口为依据量化到人，每人一股。农民与土地没有实物联系，只与股权、股份合作社、村庄有联系。农民只有一项权利，即股权或者说收益权，没有承包权，也没有承包权所包含的占有权、经营使用权。村庄拥有土地的占有权、经营权、使用权，与农民共同拥有处置权。[①] 可以说是，农民只有1项权利，村庄有3项权利，村庄与农民共同决定处置权。其实按照村民委员会组织法规定："召开村民会议，应当有本村十八周岁以上村民的过半数，或者本村三分之二以上的户的代表参加，村民会议所作决定应当经到会人员的过半数通过。"地权的处置属于村民会议决定的内容，但是现实操作中村委会有一定的决策权。

广东顺德村庄的土地制度改革，促进了村庄经济的发展，股权也比较稳定，但是因为股权没有流转以及没有后续的制度完善，如外嫁女的股份、去世人的股份、子女分割股份等问题的补充性规定，问题和矛盾也比较多。最近有些村庄开始尝试土地特别是股权的流转。可以看出，顺德村庄的土地制度比较稳定，产权（指子产权）向村庄集中，村庄拥有多项子权利。村庄在经营管理、村庄事务中比较强势。因为土地已经收归村庄，而这些土地是农民的生存基础和重要的收入来源，因此农民非常关注土地的经营，关注股份社的分红，特别是地权的处置。村庄干部经常感慨，三分之二的人同意才能够处置

---

① 即村庄无法单独处理土地，如土地非农化、被征用、出售等必须按照村民委员会组织法的规定进行，农民有很强的制约能力。顺德区有些村干部曾经说，这个法律完全使村庄无法处置土地。

第六章 产权发展与乡村治理：决定因素与模式

土地，太难办了。这表明顺德的农民在与村庄关系方面也比较强势。农民比较在乎土地关键在于，不少村庄面临着土地被征用、非农化的问题。

从产权的集中程度来看，顺德土地产权更多地集中于村庄，较少集中于农民；从产权的稳定性来看，20多年来，村庄的产权结构没有大的变化，只是最近开始尝试土地股份的流转、交易、继承和分割。产权的稳定性和产权向村庄集中导致了村庄强势，农民也强势，即形成了"村强民强"权力结构。

2. 湖北蔡甸星光村：村强民弱

在20世纪七八十年代，湖北蔡甸星光村工业较为发达，经济实力雄厚。进入90年代以后，传统的村庄企业开始衰败，在新世纪衰败的趋势仍然没有扭转。于是蔡甸区委决定为村庄找一位能人带领村庄发展。2008年星光村引进了一个企业家型的支书。这位支书上任就在土地上做文章，将村庄部分土地集中起来，建设工业园，招租工商企业，同时通过整治村庄，集中居住，建设新型村庄社区。

星光村的土地统一由村庄经营管理，不属于反租倒包，也不像顺德采取股份制，而是一种信用式的收回，即农民信任村支书，愿意将承包地交给村庄集中经营。农民拥有承包权且凭承包权拥有收益权，农民与自己的土地也没有实物性的对应关系，而村庄则拥有占有权、经营权、使用权、处置权，在土地的处置方面，村庄有更大的发言权，当然从法律上讲地权的处置要征求农民意见，但是在现实中农民比较信任村支书，即使民主的形式存在，但是支书当家也是实情。

从产权集中程度来看，与顺德村庄相比，星光村拥有更多的土地子权利，农民也较顺德拥有更多的权利，至少在名义上还拥有承包权。另外，处置权也与村庄共同拥有，当然星光村拥有的处置权比顺德村庄拥有的处置权要大些。从产权数量来看，星光村拥有3项权利，农民拥有2项权利，双方共同拥有处置权。从稳定程度来看，因为最近几年土地还在变动，即从农民向村庄流动，而且农民拥有承包权，从理论上、法律上讲，农民拥有收回承包地的权利，因此相比顺德的村庄，蔡甸星光村的地权相对不稳定，是一种"动态的稳定"①。

由于蔡甸星光村拥有一个企业家型的村支书，支书非常强势，而且村庄拥有更多的产权，特别在土地处置方面，村支书和村支两委有很大决定权。因此，村支两委在村庄事务中也很强势。虽然村庄管理过程中也实施民主决策、民主监督，但是农民对地权因为认同、拥护支书及其团队而变得不重要，特别是农民相信将决策、处置权交给村庄，会带来更多的利益，农民因为信任而相对比较弱势。因此，蔡甸星光村是一种"强村弱民"的村庄权力结构。

3. 山东东平的夏谢村：村强民弱

山东东平夏谢村是一个典型的农业型村庄，大部分的农民外出务工经商，农民拥有土地承包经营权，同时也拥有占有权、经营权、使用权、收益权及承包权的处置权，当然部分务工的农民将土地出租给股份土地合作社，但是农民仍然保留土地承包权，以及收益权和承包权的处置权。村庄将土地承包后，只拥有法律上的所有权。土地产权集中于农户，大部分的农户拥有承包权所具有的各项权利，部分土地出租的农户缺少了占有权和经营权。村庄集体只拥法定的所有权。夏谢村是一个农业型村庄，村集体经济不发达，村民以务工收入为主。

夏谢村有一个传统，每隔 5 年要对承包地进行微调，即人口减少的家庭要调减土地，人口增加的家庭要调增土地。虽然土地收益不太高，但是农民还是比较在意承包土地，同时也认同"五年一调"的调地传统。我问农民，"你们为什么同意调整土地，按照土地承包法，这是违法的"。农民回答，"村庄要调整就调整吧"。原因可能有两个方面：一是土地产出收益低，调地对其收入影响不大；二是村庄比较有权威，农民服从村庄的安排。可见，东平的夏谢村的村庄比较强势，农民较为弱势。总体来看，山东东平的夏谢村为"强村弱民"的权力结构。

4. 湖南汉寿的湖村：村弱民强

湖南汉寿县的湖村也是一个典型的农业村庄，湖村农民以务工收

---

① 如果说星光村是动态的稳定，顺德的村庄则是静态的稳定。

入为主。村庄不仅没有集体经济,而且负债累累,大部分农民在外务工经商,土地大多让给亲朋好友耕种,或者只是简单的种植一季水稻。农民拥有土地承包权,即使土地交给其他亲朋好友种植后,仍然拥有承包权,无论什么时候回家均可以随时要回承包地。最近几年湖村的土地也开始有偿流转,只不过价格很低。湖村农民既拥有承包权,也拥有占有权、经营权、使用权、收益权,当然还具有承包权的处置权。租赁农户的承包权只有占有权和收益权。湖村的土地还是在20世纪90年代微调过,当时种田负担沉重,许多农户弃田抛荒,村庄为了不出现抛荒,承诺只要耕种,抛荒土地就属于他们了,这是一种占有获得法。从此以后土地都没有再调整过。

湖村集体经济不发达,只能依靠上级财政转移支付维持运转。村庄对农地既没有管理职能,也没有指导和干预的能力,另外村庄没有经济实力,也无法提供农民需要的公共服务。因此,村庄的要求或者安排的工作,对农民根本没有约束,很多需要农民参与的工作,根本无法推进。有些农民甚至公开与村干部叫板。湖村的土地产权向农民集中,产权也比较稳定,村庄无法干预农民的生活经营,甚至也无法组织公共服务,村庄比较弱势,农民比较强势。可以说湖村是"弱村强民"权力结构。

三 进一步分析和讨论

通过上述描述,我们可以从中提出若干变量来考察农民与村庄权力关系,以寻找影响或者决定村庄权力结构的变量。

1. 村庄经济发达程度

按照一般的政治理论,村庄越富裕,农民对权利的期待和要求就会越高,农民要求参与的愿望就会更高。从4个村来看,蔡甸星光村比较富裕,但是农民比较顺从,比较"听话"。这与传统的"富民要权"的政治观点相悖。所以,村庄的富裕程度与农民的强势与否没有相关性。

2. 农民组织化程度

按照政治学理论，农民的组织化能够增强农民的对抗能力，提高农民的谈判地位，有利于保障农民的权利。但是在4个村庄中并没有特别的组织，只有顺德的村庄有股份社，但这是一个类似集体经济组织的"全民社"。东平的夏谢村有经济合作社，但是即使有组织农民也比较"顺从""顺服"，何况经济合作社比较少，覆盖的农户少。汉寿的湖村根本没有组织，但是农民比较强势。可见，农民的组织化程度与农民的强势与否没有直接的关联。

3. 产权的市场化

按照政治学的一般理论，市场化程度、产权的个人化与社区的民主化有一定的关联，即市场化有助于提高个人的权利，促进社区民主的发育。从农民来看，湖村地权的市场化程度不太高，但是农民很强势，因此市场化与农民的强势之间并没有相关性。湖村地权的个人化程度最高，虽然农户比较强势，但不是强势民主，而是一种"不服从管理"的强势。因此，产权市场化、个人与村庄民主没有必然的联系，与村庄权力结构并没有固定的、规律性关联。当然也许4个样本比较少，暂时还无法观察产权市场化、个人化与村庄和农民之间的权力关系。

4. 村庄资源禀赋

按照一般的经济理论，资源禀赋越小，农民对资源的关注可能越多，即越少越珍贵，因而农民为了保护自己的生存资源会表现得更为强势。在4个案例村庄中，湖南的湖村人均耕地较蔡甸星光村要多，但是前者农民更为强势，后者表现得更弱，因此资源禀赋固然影响农民的关注度及其行为，但是受其他的因素影响，资源禀赋并不能完全决定村庄的权力结构。

5. 产权的稳定性

按照经济学理论，产权越稳定，产权主体的权利就越有保障。从产权的稳定程度可以发现，在产权集中于村庄的情况下，产权越稳定，村庄越强势，否则村庄则更弱势，山东东平的夏谢五村最不稳定，农民也最弱势，蔡甸星光村的产权不太稳定，农民也显得比较弱

第六章 产权发展与乡村治理：决定因素与模式

势，顺德村庄产权最稳定，农民也最强势。因此，在产权集中度一定的情况下，产权的稳定性与权力关系有一定的相关性。

6. 产权的集中性

从产权的集中程度来看，产权越集中于村庄，则村庄越强势，如顺德的村庄、蔡甸的星光村；产权越集中于农民，则农民越强势，如汉寿的湖村。但是如果产权集中于农民，同时产权不太稳定，则村庄会更强势，如东平的夏谢村。所以，产权的集中性也要与产权的稳定结合才能够发现其关联的规律性。

7. 产权的非农化程度

上述的分析都是在产权非农化、尊重农户承包权基础上得出的结论。当前的农村还有一个非常重要的现象，一些村庄土地面临着非农化，农民、村庄将永远失去土地，即农村的土地可能被国家征用的情况下村庄权力结构将会发生较大的变化。本章将这种产权的非农化称之为买断式的非农化。在产权非农化情况下，村庄资源增多，其权力会加大，村庄会变得越来越强势；同时农民面临失去生存资源，会更关注非农化土地的收益分配，农民也会显示出强势，如顺德很多农村都面临着产权非农化的问题，因此农民非常强势。蔡甸的星光村虽然土地被用来建设工业园，但土地仍然为村庄所有，农户法定的承包权还存在，所以这种非买断式的非农化只会更多地加强村庄权力。

因此，可以做出一个基本的判定，村庄与农民的权力关系主要受产权的集中性、稳定性的影响。其中，产权的集中性是最根本性的影响因素。产权的稳定性与村庄的权力结构有相关性，但是产权的稳定性要对村庄和农民的权力关系发挥作用必须与产权集中性组合。其中，产权的稳定性与集中性结合能够形成多种不同的权力结构。从极值来看，可以形成四种模式：即"强村强民"的顺德模式、"强村弱民"的星光模式、"强村弱民"的夏谢村模式以及"弱村强民"的湖村模式。再考虑产权的非农化程度，买断式产权发展因为产权主体完全失去土地，不属于本文研究的范畴，而非买断式的产权发展属于本文考察的范畴，可以用产权的集中性、稳定性来解释村庄权力结构的变化。

四 基本结论

通过上述描述和分析，可以从中得出几个基本的结论：

1. 村庄权力结构主要受产权的集中性和稳定性的影响

在村庄经济发展程度、产权市场化程度、农民组织化程度、村庄资源禀赋、产权的集中性、产权的稳定性、产权非农化七个因素中，每个因素都会对村庄权力结构产生一定程度的影响，但是只有产权的集中性和稳定性分别与村庄权力结构具有一定的相关性，当然在某些时候产权集中性和稳定性的组合方式对村庄权力结构有相关性。

2. 稳定性决定权利，集中性决定权力

从第二、三部分的描述、分析可以发现，产权的稳定性决定产权主体的权利，而产权的集中性则决定产权主体的权力，即在很大程度上，村庄和农民的权利由稳定性决定，权力由集中性决定，即权利是基础，产权的发展既改变权利，也改变权力。

3. 在村庄权力结构中集中性是决定性影响因素

通过第二、三部分的描述、分析可以发现，产权的稳定性非常重要，但是要对村庄权力结构产生影响，特别是相关性影响则需要在明确产权集中性的基础上才能够考察产权的稳定性作用，从这个意义上看，对于村庄权力结构的影响，产权的集中性是基础，产权的稳定性要通过集中性才能够充分体现，有时需要两者的组合才能够看到其影响规律。

4. 买断式产权的非农化对村庄权力结构有重大的影响

如果产权特别是村庄的所有权和农民的承包权全部转移给国家，其产权主体的突变对村庄权力结构会产生重大的影响。但是这种影响无法用产权的稳定性和集中性来解释，因为产权的集中性和稳定性只能够解释产权发展在村庄、农户以及从属于村庄的企业之间的变换，如果产权主体完全变成国家，而且土地还要非农化。这种突变对村庄、农户的权力是同向的，即增加村庄的权力，也会增加农民的关注度，但是权力增加是否同步则要具体问题具体分析。

第六章 产权发展与乡村治理：决定因素与模式

从本章来看，村庄的资源和利益并非在每一个村庄都能够对农民的参与产生影响，如蔡甸的星光村集体经济相当发达，但是农民参与的积极性并不高。对于中国而言，产权发展对民主化、市场化具有促进作用，但是否具有线性相关性则很难判断。除非产权主体突变，资源禀赋对于村庄权力结构的影响不大，产权突变对村庄和村民都有影响，其影响的程度则有待进一步的研究。经济发展水平对村庄权力结构有影响，但是影响的方向并不是特别明确，尚有待于进一步的研究。当然本文建构的解释框架和分析性概念只是对四个村庄的个案比较研究，是否具有普适性则需要更多的案例和样本进行检验。

下 篇
产权与政治制度

第七章 产权与政治研究：
进路与整合

——建构产权政治学的新尝试[*]

产权是新制度经济学研究的重要内容，也是许多政治问题研究的逻辑起点。对于产权与政治的关系，经济学家和政治学家都有很多研究，也有许多研究视角。例如，产权与民主，产权与自由，产权与市民社会，产权与国家，产权与意识形态，产权与法律，产权与阶级，产权与革命，等等。在各类研究中，产权也有不少变化或者说有不少称谓。例如，财产权，财产关系，私有制，所有权，所有制，资本主义，等等。其实，这些研究归纳起来主要有三种进路：一是产权与阶级、革命研究进路，以马克思和恩格斯等政治经济学、新政治经济学为代表；二是产权与法律、国家研究进路，以科斯、诺斯、奥尔森、巴泽尔等新制度经济学家为代表；三是产权与市民社会、民主研究进路，以霍布斯、洛克、休谟、斯密、哈耶克、阿尔蒙德等为代表。本文拟通过对产权与政治三种研究进路的梳理，分析现有研究的局限性和解释能力，并在此基础上尝试建构产权政治学。

一 产权与阶级、革命研究进路

在马克思的研究中，产权是所有权、占有权、经营权、收益权等权利的统称，但马克思一般是用所有权代替现代意义上的产权。马克

---

[*] 本章内容曾刊载于《学术月刊》2011年第12期，标题、内容均未做修改。

思以生产关系为研究对象,而在生产关系中又以最重要的因素——人、财、物的权利及相关的权利为核心。可以说,马克思的经济学在很大程度上是研究产权的经济学,产权是马克思经济学的核心。马克思没有像西方经济学家那样将产权研究停留在经济学层面,而是通过产权关系的分析将阶级、国家和革命联结起来,构成了一个逻辑严密的政治经济学学科体系。马克思将产权与阶级、革命关系的研究主要置于人类历史的变迁过程中来考察,置于生产过程中来讨论。他认为,人类历史以来,产权结构进行了三次大的转变:

第一次转变,产权从自然占有转向私人占有。马克思认为,在原始社会,家庭和氏族对财产"**只是占有,而没有所有权**"①。"人把他的生产的自然条件看作是属于他的、看作是自己的、看作是**与他自身的存在一起产生的前提**,把它们看作是他本身的**自然前提**,这种前提可以说仅仅是他身体的延伸。"② 但是,随着社会分工和劳动产品交换的发展,家庭和氏族对产权的自然占有变成了私人占有,出现所有权,"生产者——劳动者——是自己的生产资料的占有者、所有者"。③ 个人和家庭也拥有"对劳动条件的所有权或占有权"④。摩尔根和恩格斯也有类似的观点。例如,恩格斯在《家庭、私有制和国家的起源》中分析:"分工慢慢地侵入了这种生产过程。它破坏生产和占有的共同性,它使个人占有成为占优势的规则,从而产生了个人之间的交换"⑤,分工导致了私有制,私有制导致了国家的产生。⑥ 这是产权结构的第一次变化:从自然占有转为私人占有、从公有变为个人占有。产权的第一次大转变,产生了国家。

第二次转变,产权从私人占有转向资本主义私人占有。随着商品经济的发展和资本的积累,劳动者逐渐与生产条件分离,失去了生产

---

① 《马克思恩格斯全集》第30卷,人民出版社1995年版,第43页。
② 《马克思恩格斯全集》第30卷(上),人民出版社1995年版,第484页。
③ 《马克思恩格斯全集》第26卷Ⅰ,人民出版社1972年版,第440页。
④ 参见《马克思恩格斯全集》第40卷,人民出版社2003年版,第674页。
⑤ 《马克思恩格斯选集》第4卷,人民出版社2012年版,第191页。
⑥ 《马克思恩格斯选集》第4卷,人民出版社2012年版,第175—178页。

第七章 产权与政治研究：进路与整合

资料、劳动工具，而只拥有劳动力产权，资本家拥有一切生产条件，包括资本的产权。"个人的分散的生产资料转化为社会的积聚的生产资料，从而多数人的小财产转化为少数人的大财产，广大人民群众被剥夺土地、生活资料、劳动工具……形成资本的前史。"① 这是产权的第二次变化：资本主义的私有制取代了以个人和劳动为基础的自由私有制，劳动与生产资料分离。随着产权的变革和流动，"整个社会日益分裂为两大敌对的阵营，分裂为两大相互直接对立的阶级：资产阶级和无产阶级"，两者之间存在紧张的对立。马克思通过产权结构将研究视角从产权这个经济要素转向阶级、冲突等政治要素。

第三次转变，资本主义私人占有制转变为个人所有制。马克思认为，产权集中与劳动力社会化对立必然导致革命。"生产资料的集中和劳动的社会化，达到了同它们的资本主义外壳不能相容的地步。这个外壳就要炸毁了。资本主义私有制的丧钟就要响了。剥夺者就要被剥夺了。"② 随着无产阶级阶级革命，产权结构要进行第三次转变，即从资本主义私有制转变为个人所有制。"资本主义生产由于自然过程的必然性，造成了对自身的否定。这是否定的否定。这种否定不是重新建立私有制，而是在资本主义时代的成就的基础上，也就是说，在协作和对土地及靠劳动本身生产的生产资料的共同占有的基础上，重新建立个人所有制。"③ 马克思认为，资本主义生产的社会化和生产资料私人占有矛盾不可调和，最终只能是通过无产阶级革命推翻资产阶级的统治，重建个人所有制。

根据对马克思产权结构三次大转变的历史梳理，我们可以将马克思的产权与政治的观点归纳如下：

产权与政治是互为因果的关系。产权的第一次变革产生了国家；第二次变革产生了对抗性阶级和资本主义；由于生产的社会化和生产资料私人占有制之间不可调和的矛盾势必导致革命，推动产权的第三

---

① 《马克思恩格斯选集》第 2 卷，人民出版社 2012 年版，第 298 页。
② 《马克思恩格斯选集》第 2 卷，人民出版社 2012 年版，第 299 页。
③ 《马克思恩格斯全集》第 44 卷，人民出版社 2001 年版，第 874 页。

次变革——重建个人所有制。产权变革推动政治发展，政治发展反过来又推动产权的变革，两者互为动力，互为因果，推动人类的经济、社会、政治关系向前发展。

产权是一种社会关系。"在每个历史时代中所有权是以各种不同的方式、在完全不同的社会关系下面发展起来的。"① "他同他人的人的关系，是人同人的社会关系。"② 马克思认为分工导致了私有制和私有权，"分工的各个不同发展阶段，同时也就是所有制的各种不同形式。"③ 在完全不同的社会关系下面发展起来的。"分工和私有制是相等的表达方式，对同一件事情，一个是就活动而言，另一个是就活动的产品而言"④。

产权是一种法权关系。私有权是以法律形式存在的所有权⑤，财产关系"只是生产关系的法律用语"⑥，"民法不过是所有制发展的一定阶段……的表现"⑦。

产权表现为一种权力支配。"所有权似乎是以自己的劳动为基础的。……现在，所有权对于资本家来说，表现为占有别人无酬劳动或产品的权利，而对于工人来说，则表现为不能占有自己的**产品**。"⑧ "为了把资本同雇佣劳动的关系表述为**所有权的关系**或规律，我们只需要把双方在**价值增殖过程**中的关系表述为**占有的过程**。"⑨ "一个除自己的劳动力以外没有任何其他财产的人，在任何社会的和文化的状态中，都不得不为另一些已经成为了劳动的物质条件的所有者的人做奴隶。"⑩ 产权变成了一种工具，体现为一种权力的支配关系。

---

① 《马克思恩格斯文集》第1卷，人民出版社2009年版，第638页。
② 《马克思恩格斯文集》第1卷，人民出版社2009年版，第268页。
③ 《马克思恩格斯文集》第1卷，人民出版社2009年版，第521页。
④ 《马克思恩格斯文集》第1卷，人民出版社2009年版，第536页。
⑤ 岳福斌：《马克思的产权理论及其对实践的指导意义》，《中国社会科学院研究生院学报》2006年第2期。
⑥ 《马克思恩格斯选集》第2卷，人民出版社2012年版，第2、3页。
⑦ 《马克思恩格斯全集》第4卷，人民出版社1958年版，第87页。
⑧ 《马克思恩格斯全集》第44卷，人民出版社2001年版，第673—674页。
⑨ 《马克思恩格斯全集》第30卷（上），人民出版社1995年版，第463页。
⑩ 《马克思恩格斯文集》第3卷，人民出版社2009年版，第428页。

第七章　产权与政治研究：进路与整合

产权关系决定生产关系和社会关系。"决定个人在劳动材料、劳动工具和劳动产品方面的相互关系。"① 马克思在《〈政治经济学批判〉导言》中又分析了产权关系在整个社会关系中的地位："（1）生产工具的分配，（2）社会成员在各类生产之间的分配（个人从属于一定的生产关系）——这是同一关系的进一步规定。这种分配包含在生产过程本身中并且决定生产的结构，产品的分配显然只是这种分配的结果。"② 生产资料所有制形式决定着社会整个生产关系，并贯穿于生产关系的全部过程。也就是说，财产占有的社会结构制约着社会生产关系，它作为社会生产过程的前提条件和现实结果，只有通过生产关系的总体运动才能予以理解。③

马克思通过产权关系考察生产关系、社会关系、政治关系，而且将产权关系贯穿于各种关系之中，是所有关系的核心。马克思对产权与政治之间关系的研究，从微观到宏观，从个体到整体，从特殊到一般，步步深入，环环相扣，逻辑性强。但是从政治学的视角来看，马克思对产权的政治学分析也存在四个问题：一是产权关系没有单独剥离出来。马克思将产权关系等同于所有制关系、财产关系、私有制关系，而且还与生产关系有一定的交叉。马克思有时用财产权替代所有权，有时用所有权替代产权，有时又将所有制与所有权互用，甚至将产权关系与经济关系互用，没有专门将产权关系剥离开来研究产权与政治的关系。二是产权与权力之间的因果关系没有挖掘出来。因为马克思没从众多的关系中剥离出产权关系，这影响了他的后续研究，特别是产权与权力、政治、国家之间的因果关系和逻辑联系的研究，即产权对政治的影响无法单独考察。也就是说，产权对权力的因果关系、相关关系，没有完全、清晰地梳理出来。三是权力对产权压力的主动适应和调整没有反映出来。马克思分析了所有制关系对权力关系、政治关系的冲击和影响（包括直接和间接的影响），但是他没有

---

① 《马克思恩格斯选集》第1卷，人民出版社2012年版，第148页。
② 《马克思恩格斯全集》第30卷，人民出版社1995年版，第37页。
③ 庄培章：《马克思所有制关系理论的完成》，《华侨大学学报》1998年第3期。

考虑政治和权力的独立性、主动性。不管是"无国家社会"还是"国家社会",都存在产权压力。但是,两种社会中,权力和组织都会主动或者被动对社会施加于产权的压力进行调整,以提高生产效率和保持社会秩序的稳定。四是马克思关于产权与阶级、革命之间的关系并没有完全被证实。马克思有关产权与阶级、革命之间的理论可以部分解释18—20世纪初期的阶级发展和社会革命,但无法解释20世纪以来的产权与权力、国家之间的互动关系。也就是说,由于受时代的限制,马克思对产权与政治的研究并不全面,还缺少一部分内容。

二 产权与法律、国家研究进路

产权与阶级、革命研究进路假定国家、权力是一种静态的、没有适应或应变能力的独立利益主体。其实,在现实中,国家和权力也有自己的利益,会根据社会压力主动调整产权关系。鉴于此,有些学者则调整研究假设,假定国家、权力是一种独立的利益主体,能够主动适应产权变革的压力,调整法制,调整权力配置,缓解社会施加于产权的压力,提高管理效率和产权配置效率。这类学者是从产权与法制、国家关系的视角展开研究,代表人物是科斯、诺斯、巴泽尔等。

产权与法律研究。产权与法律之间的关系,英国的休谟研究比较多,但比较宏观,产权只是他研究政治哲学的一个起点,他并没有研究产权与法律之间的内在逻辑、内在因果关系。美国的科斯从微观入手,探讨产权与法律之间的关系。科斯的主要观点被概括为"科斯第一定理"和"科斯第二定理"。前者指如果社会中不存在交易成本,则资源的配置会实现最优;后者指如果社会的交易成本为正,则产权的界定会影响资源配置效率,但是主体之间可以通过合约找到最优的制度安排。[①] 科斯就此导出了产权与法律之间的关系,说明了法律对界定、保护、实施、变更、取消产权的重要性,否则资源配置无法达

---

① 盛洪:《社会成本问题的问题》,载《现代制度经济学》,北京大学出版社2003年版,第11—19页。

第七章　产权与政治研究：进路与整合

到最优。也就是说，法律制度的出现就是为了解决产权争端或者正交易费用问题的。同时，科斯定理在对"庇古问题"批评时也探讨了政府管制的问题，对政府干预和市场调节进行了比较。科斯的产权研究诞生了"法经济学"和"产权经济学"两门学科。虽然科斯提出了要依靠法律途径解决经济社会中的正交易费用问题，但是法律制度如何才能够形成或者说如何制定法律制度，科斯并没有提供解决思路。为了解决科斯的问题，布坎南、唐斯等公共选择派学者提出了立宪和代议制政府解决法律制度的制定问题。因此，从科斯到布坎南可以清晰地看到一条产权与政治研究的进路：私有产权——法律界定、保护、实施——立宪和代议制——制定法律、规则。产权与法律研究将产权与法律、代议制联结起来，建立了产权与法律的关系。

产权与国家研究。科斯理顺了产权与法律之间的关系，公共选择派学者解决了法律如何产生的问题，但是这些都是微观的、具体的研究。诺斯、托马斯则将产权理论与国家理论结合起来。在《西方世界的兴起》一书中认为，一个国家的经济增长在于包含财产关系在内的制度，而好的制度则源于国家。"有效率的组织需要在制度上作出安排和确立所有权以便造成一种刺激，将个人的经济努力变成私人收益率接近社会收益率的活动。"[①] 自愿组织、市场和国家都可以安排制度、创造所有权，但是，"很难想象没有政府权威而可以推广这种所有权的实施"。[②] 因此，可以把"政府简单看成是一种提供保护和公正而收取税金作为回报的组织，即我们雇政府建立和实施所有权"[③]。诺斯、托马斯从以财产为核心的制度变迁导出了国家，即国家起源于保护财产，推动制度变革，从而将财产关系与国家联结起来。

在《西方世界的兴起》中，产权只是制度集合中的一个子制度，

[①] [美] 道格拉斯·诺斯、罗伯特·托马斯：《西方世界的兴起》，华夏出版社1999年版，第5页。
[②] [美] 道格拉斯·诺斯、罗伯特·托马斯：《西方世界的兴起》，华夏出版社1999年版，第11页。
[③] [美] 道格拉斯·诺斯、罗伯特·托马斯：《西方世界的兴起》，华夏出版社1999年版，第11页。

是产权与国家众多关系中的一种关系,但在《经济史中的结构与变迁》著作中,诺斯简化了研究,比较集中地研究产权与国家的关系,从而使产权从"后台"走向"前台"。"我研究的重点放在制度理论上,这一理论的基石是:(一)描述一个体制中激励个人和集团的产权理论。(二)界定实施产权的国家理论。(三)影响人们对'客观'存在变化的不同反应的意识形态理论。"[1] 这就是诺斯著名的产权理论—国家理论—意识形态理论,国家创造、界定、保护产权,推进经济增长,即产权制度是推进经济增长的重要因素。在诺斯的模型中,产权是自变量,是冲击变量,影响因素。为了降低国家创造、界定、保护产权的成本,减少"搭便车"行为,需要对公众进行意识形态的教育和培育。[2] 诺斯从产权关系导出国家,即产权保护需要国家,又从国家治理的困境中导出了意识形态理论,从而成功地将产权与国家、意识形态联结起来。诺斯的研究还有一个问题没有解决——"国家的存在是经济增长的关键,然而国家又是人为经济衰退的根源。"[3] 这就是有名的"诺斯悖论"。他将这个问题留给了奥尔森和巴泽尔。

在《国家理论》一书中,巴泽尔从产权视角来探讨制度是如何产生的。[4] 巴泽尔讨论了两个主要问题:一是国家如何从制度提供中产生。"国家的建立及其功能的发挥是与个体(后来是团体)的保护需求紧密相连的。个体必须建立一种机制以使这种保护得到最好的利用,这种机制也确实在制度的形成上发挥了主要作用。"[5] 二是如何约束国家,使之提供好的制度。"人们要想控制掌握暴力的保护者,

---

[1] [美]道格拉斯·诺斯:《经济史中的结构与变迁》,上海三联书店、上海人民出版社1994年版,第7页。
[2] [美]道格拉斯·诺斯:《经济史中的结构与变迁》,上海三联书店、上海人民出版社1994年版,第49—54页。
[3] [美]道格拉斯·诺斯:《经济史中的结构与变迁》,上海三联书店、上海人民出版社1994年版,第49—54页。
[4] [美]约拉姆·巴泽尔:《国家理论:经济权利、法律权利与国家范围》,上海财经大学出版社2006年版,第2页。
[5] [美]约拉姆·巴泽尔:《国家理论:经济权利、法律权利与国家范围》,上海财经大学出版社2006年版,第12页。

第七章 产权与政治研究：进路与整合

那么他们必须建立一个机制。"以此机制约束、限制暴力者提供"好制度"。这样，"最初是'自然状态'的社会状态会逐渐演化为一个法治国"。[①] 巴泽尔从产权视角的政治分析，不仅解决了诺斯提出而没有解决的问题，而且将产权理论与国家理论联结起来。产权与法律、国家研究进路还有不少学者，如霍布斯、奥尔森等都探讨过产权与国家之间的关系，前者形成了著名的"霍布斯国家理论"，后者提出了著名的"搭便车"模型。

产权与法律、国家研究进路的学者主要是经济学家，特别是新制度经济学家。虽然他们都从产权视角或者将产权视为影响国家、权力的重要因素展开产权与政治的研究，但也应该看到他们的限度：一是没有脱离就经济学而论经济学的问题。产权与法律、国家研究进路的学者在经济学范畴内展开研究，运用经济学的分析方法，立足于经济学基本假定，如经济理性、效用最大化、资源稀缺等，这个研究进路虽然取得了较大的成绩，对许多与产权有关的现象进行了有力的解释，也产生了公共选择理论、规制经济学、政府经济学等学科，但是始终没有脱离经济学的方法论范畴。二是没有将政治和权力作为主要研究对象。产权与法律、国家进路的研究对象是产权对资源的配置效率，落脚点是资源配置的效率，对政治和权力的研究是顺带的，产权与权力关系研究服务于资源的配置效率的研究，没有专门研究产权对政治或权力的配置功能、配置过程、配置环境等，即没有将权力置于因变量的位置进行考察。三是对产权与权力内在关系的研究并不太详细、清晰。因为经济学家研究的目标是如何提高资源的配置效率，因此，经济学家并不在乎产权对权力的影响，而只在乎权力对资源配置的影响。可以说，产权关系是经济学研究的核心，产权与法律、国家研究进路的视角是产权视角，即从产权的角度研究资源配置，而产权与权力关系并没有成为经济学家的主要研究对象，特别是产权对权力的配置效应没有进行深入细致的研究。

[①] ［美］约拉姆·巴泽尔：《国家理论：经济权利、法律权利与国家范围》，上海财经大学出版社2006年版，第3、6、7页。

三 产权与市民社会、民主研究进路

产权与市民社会、民主的关系大致分为两类：产权与自由（市民社会）的关系；产权与民主的关系。产权与市民社会、民主的研究可以追溯到古希腊、古罗马，近代则起源于洛克、休谟的财产理论，现代的研究则较为多元，有意识形态化的趋势。

古希腊、古罗马的财产与权利观及其演变。古希腊最早从个人与社会、个人与国家来理解和界定权利，这一时期的权利观是一种契约主义的权利本位观。这种权利结构的实质是将个人视为一个独立的、自由的主体，有自己的权利和义务，国家必须尊重个人的权利。这一观念到中世纪时有了一些变化，财产权变为一种社会性的政治权利。从构成上看，古代时期的财产权一方面表现为人对物的占有，最主要的是地产，它是权力的直接来源；另一方面财产权利中的各项权利都统一于物的所有人的权利中。所有权是政治权利的最主要和最直接的来源。由此，生成了古典型权利观。这种权利观把古罗马的私人权利结构变成为全新的"自然权利"结构，人的一切权利被最终归结到财产权。也就是说，财产权处于绝对的至高无上的支配性地位，是社会的主要目的，高于生命与自由的价值。或者说，生命、自由、平等等各种权利是财产权的产物。[①]

以洛克为代表的权利论的财产权理论与政治理论。洛克从"自然状态"出发构建合理的政治秩序。[②] 洛克的"自然状态"包括三种自然权利：生命权、自由权和财产权。为了更好地保护这种自然权利，人们之间就要达成一种契约，组成公民社会，并成立政府，保护三种自然权利，从而构成了"政治社会"。洛克所说的政府是一种"有限的政府"，只用来保护自然权利，服务于财产权，而不能侵犯社会及

---

① 唐贤兴：《西方社会私人财产权的起源、发展及其政治后果》，《政治学研究》2000年第2期。

② 李强：《自由主义》，中国社会科学出版社1998年版，第55页。

第七章 产权与政治研究：进路与整合

其财产。政府使用权力必须受个人权利的制约、基于组成社会人们的同意。[①] 洛克所说的"政治社会"是由公民基于相互之间的契约所组成的社会共同体。可见，洛克从"自然状态"的财产权推导出了"公民社会"，从"公民社会"推导出"有限国家"，从国家使用权力推导了民主治理。显然，洛克的政治理论源于财产权理论，财产权也是公民社会、政治理论的基础。

以休谟为代表的规则论、财产权理论与政治理论。休谟与洛克不同，他不是从自然权利推导出市民社会和国家及民主治理。他认为，关键的问题不在人是否先天就具有占有物品的自然权利，而在于如何达到"稳定的占有"或持续的占有，但要获得这样一种稳定性的占有，就不能基于所谓的自然权利，而要寻求新的基础，这个基础就是规则或法律规则。[②] 这就使得人从自然状态进入到市民社会和政治社会。休谟认为，市民社会的正义基础首先在于确立个人对于财产的稳定占有，财产权可以说是正义的一个最重要的源头，只有确立了个人的财产权，才能够在社会划分你与我的区别，你的东西与我的东西的区别。[③] 休谟从财产权的持续稳定占有出发导出公民社会及在公民社会基础上的国家，制定规则来确保财产权的持续稳定占有。

作为市民阶级的思想家，休谟、洛克、康德、黑格尔等的社会政治理论毫无疑义地都把确立财产权规则视为政治社会的首要问题。他们认为，"个人财产权问题就不再是独立于政制之外的单纯民事规则问题，而是一个具有政治意义的社会问题，是一个支撑整个政治社会这个文明大厦的支柱问题。如果没有财产权，没有对财产的稳定性的占有，近代的政治社会是不可能建立起来的"[④]。

在洛克、休谟、斯密之后，哈耶克在产权与政治关系的研究方面也比较突出。哈耶克与洛克、休谟一样，他也从私人财产权出发研究公民社会和国家。哈耶克誓死捍卫私人财产权。他认为，财产制度或

[①] 李强：《自由主义》，中国社会科学出版社，1998年版，第58页。
[②] 高全喜：《休谟的正义规则论》（打印稿）。
[③] ［英］大卫·休谟：《人性论》（下），商务印书馆1980年版，第535页。
[④] 高全喜：《休谟的正义规则论》（打印稿）。

者说私有制是生命和自由的保障，离开了私有制、财产权，生命和自由就无从谈起。"不承认私有财产，公正也不可能存在：'无财产的地方亦无公正'。"① "在和平时期，一位自由的人不再受自己社团的整体的共同目标所束缚。要想实现这种个人决策的自由，就必须划定明确的个人权利（如财产权），并指定一些领域，每个人在这个领域的范围。"② "从休谟到哈耶克有一条基本的线索，那就是他们在强调私法，特别是财产权对于一个正义的市民社会或经济社会的形成的认识方面具有很大的一致性。"③ 哈耶克认为，财产是自由和公正的保障，是资本主义的共同价值信念和基础。哈耶克从私人财产权和私人所有权导出自由和市民社会以及最小职能的国家，没有私人产权必然会导致"致命的自负"，公有产权则"通向奴役之路"。

上述思想家并没有专门研究产权（包括财产权）与民主的关系，只是通过市民社会和有限国家的研究中论及财产权与民主有一定的关系。对于财产权与民主的研究主要是20世纪的政治学家。对于两者之间的关系研究主要有两种观点。

第一种观点，财产权与民主有着紧密的关系。这种关系既可是积极的，也可是对抗性的。亨廷顿坚持认为，只有私有财产权的确立才会产生民主；李普塞特通过计量实证证明了民主与私有财产权之间的正相关关系；巴泽尔则认为，"财产权是民主的提前，产权没有保障，而人们就会花费资源去争夺界定不清的产权，毫不奇怪，这些民主制度本身常常是短命的"④；万德威尔德认为，"财产的概念划定了个人自由的范围和国家权力的界限"⑤ 而要维护这一界限，就需要民主保证；⑥ 阿尔蒙德认为，资本主义私有制对民主有积极作用；熊彼特则

---

① ［英］哈耶克：《致命的自负》，中国社会科学出版社2000年版，第33—34页。
② ［英］哈耶克：《不幸的观念——社会主义的谬误》，东方出版社1991年版，第86页。
③ 高全喜：《休谟的正义规则论》（打印稿）。
④ ［美］巴泽尔：《产权与国家的演进》，《经济社会体制比较》1994年第1期。
⑤ ［美］万德威尔德：《十九世纪的新财产：现代财产的发展》，《经济社会体制比较》1995年第1期。
⑥ 唐贤兴：《产权与民主的演进：当代中国农村政治调控的变化》，《政治学研究》1997年第3期。

第七章 产权与政治研究：进路与整合

认为，两者互为因果，但是也存在对抗性。①

第二种观点，财产权与民主没有必然的联系。达尔认为，民主与所有制并无必然的联系，多元主义民主不取决于企业是私有的还是公有的，而是取决于决策权的分散，或者说取决于企业的自治程度。②奥肯从所有制角度分析得出结论："因为平等与经济效率之间的冲突是无法避免的。在这个意义上，资本主义和民主确是一种最不可能的混合物。"③ 奥肯的意义是，从资本主义私有制无法导出民主。福山也认为，资本主义制度与民主之间并没有必然的联系。④

财产权与市民社会、民主的政治学研究，其实并没有完全挖掘出产权与市民社会、民主的含义、因果关系、相关关系。一是政治学者将财产权等同于产权，没有对产权进行具体的类型学研究。其实，产权的分割也涉及不同权利、权力的配置。政治学研究简约化产权，以单一的财产权代替了所有的产权结构和产权体系，这显然难以挖掘产权结构、体系变动与政治、权力之间的关系。二是政治学家将财产权视为研究的起点，财产权与市民社会、民主的关系是一种很遥远的间接关系，两者之间有若干中间变量。也就是说，政治学者只将财产权视为市民社会、民主研究的背景或者前提条件，而没有将产权视为自变量，两者之间的因果关系、相关关系并没有建立起来。三是政治学者将"私人财产权""所有制""所有权""资本主义"等当成同一概念，以此分析与市民社会、民主之间的关系，忽视产权所特有的个性、功能，而将许多非产权的特点归属于产权，以此概念展开的研究并不是真正的产权与政治关系的研究。四是以财产权为研究起点的政治学大都从伦理哲学、政治哲学的视角研究两者之间的关系，因此，比较宏观，比较思辨，两者之间的关系没有挖掘出来。更重要的是，

---

① 唐贤兴：《财产权与民主政治：西方社会尚未结束的争论》，《东方论坛》1991年第1期。
② 转引于唐贤兴：《财产权与民主政治：西方社会尚未结束的争论》，《东方论坛》1991年第1期。
③ [美] 阿瑟·奥肯：《平等与效率》，华夏出版社1987年版，第105页。
④ [美] 福山：《资本主义与民主——消失的联系》，《现代国外哲学社会科学文摘》1993年第9期。

大部分的学者更注重市民社会、民主的具体制度，而不重视产权与市民社会、民主的相关性研究。

如果对产权与政治的三个研究进路作进一步梳理，还可以发现：（1）概念不统一。产权与政治关系研究缺少统一概念界定，产权有不同的定义、含义，政治也分解为多种因素，各类研究之间缺少学术积累和增量发展。（2）方法不统一。产权与政治关系的研究方法不同，有政治学的研究方法，也有经济学、法学的研究方法，即没有在同一平台上展开研究，因此对话和交流比较困难。（3）研究对象不统一。经济学主要是研究产权，其落脚点是资源配置；政治学主要是研究权力，其落脚点是国家、民主、市民社会，经济学和政治学都没有专门将产权与政治之间的关系作为研究对象。（4）研究目的不同。经济学研究产权的主要目标是资源配置效率，政治学研究产权的主要目标是提供研究前提和研究基础。所以，产权与政治的研究还需要进行学术整合，以搭建统一的平台和具有基本共识的分析框架，使研究两者关系的学者在同一平台上、运用具有可比性和知识递进性的分析框架进行研究，展开学术对话。

表7-1　　　　　　　　三大研究进路的比较与差异

	产权与阶级革命研究进路	产权与法律国家研究进路	产权与市民社会民主研究进路
代表人物	马克思、恩格斯等	科斯、诺斯、巴泽尔等	洛克、休谟、哈耶克等
研究对象	生产关系	产权关系	政治关系
研究落脚点	阶级和革命	产权	政治（包括民主、市民社会、国家）
研究目标		资源配置效率	权力配置效率
产权地位作用	起点、核心；产权贯穿两者关系始终	核心；政治对产权的影响	前提、基础；产权对政治产生的结果
主要研究方法	历史分析	实证研究	规范研究
主要学科	政治经济学	新制度经济学	政治哲学

四 产权政治学：产权与政治研究的整合

（一）产权与政治传统研究的局限

尽管以往的三种研究进路覆盖了产权与政治关系的方方面面，为人类认识经济与政治、社会与政治之间的关系提供了分析工具、分析路径和分析方法，但是，这些研究在理论和实践中尚存在三大问题：

第一，无法厘清产权与政治之间真正的关系。政治经济学坚持产权是政治的基础，新制度经济学认为产权是制度的核心，政治学认为产权是自由、民主、国家的起点；但是，产权与政治之间的关系究竟怎样，两者之间是一种什么样的关系——是因果关系还是相关关系？是直接关系还是间接关系？是背景、前提关系还是冲击关系？另外，政治（包括民主、自由、国家、意识形态）对产权的影响又是如何？这些问题几百年来并没有完全梳理清楚。已有的研究要么集中于产权的研究，要么集中于政治的研究，却很少有两者之间联结、联系的研究。如同盲人摸象一样，每类研究都只能够了解大象的一部分身体特征，无法窥见全貌。

第二，没有找到产权与政治相互影响的机制。从产权与政治关系的研究文献梳理来看，对两者关系的认识有三类：一是两者之间有关系，包括积极和消极的关系；二是两者之间没有关系；三是两者之间有微弱的关系，或者说关系不大，所谓关系仅仅是指产权起基础性、前提性作用。为什么学者之间会出现如此大的分歧，关键在于学者们没有真正研究产权与政治之间的互动机制。例如，产权对政治的功能究竟是什么，产权通过什么机制影响政治，产权如何激励、约束、配置、协调权力，政治通过什么机制反作用产权，包括产权的创造、实施、变更、取消，等等。对于这些问题，现有的研究尚无法作出圆满的回答。

第三，无法对产权与政治新变革作出合理的解释。现有的产权与政治关系的研究大多形成于20世纪80年代以前，而且理论也大多源于欧洲、美洲等发达国家的经验。80年代以来，东欧、俄罗斯、中国等国家的产权与政治及其关系发生了巨大变革，这些变革用传统的产权与政治研究成果很难得到合理的解释。因为传统的产权与政治研究要么从政治学视角考察，要么从经济学视角切入，虽然成果很多，但是很杂，无法从宏观上、整体上把握这种变化并对其作出合理的解释。因此，产权与政治变革的实践需要学术界从两者之间互动的视角对全球范围内的变化作出新的、合理的解释。

产权与政治关系研究的局限要求建立一个有着基本共识的平台，建立一个专门针对产权与政治关系特别是从政治学视角研究产权的分析框架来整合传统的研究；同时，对20世纪80年代以来产权与政治之间的演变关系作出新的、合理的解释。这个平台既不同于经济学范式，也不同于政治学、法学研究范式，而是一个集经济学、政治学、法学等学科于一体的跨学科研究范式。这种新的解释模式、分析框架，从内涵来看，就是产权的政治学分析；从学科来看，就是产权政治学；从视角来看，就是政治学与经济学的互动。

（二）建构产权政治学的尝试

产权政治学有狭义和广义之分，狭义的定义是指研究产权对权力配置的科学，广义的定义则是产权对权力的激励、约束、配置和协调的科学。① 产权与政治研究的三种进路表明，学者们对产权有多种定义，包括"财产权""所有权""所有制""私有制"等等。产权政治学的定义包括两层含义：一是产权界定、变更对权力的影响；二是权力适应产权变更的行为，或者说权力对产权压力的适应性调整。总括起来，产权政治学就是研究产权与权力之间互动关系的一门科学。

要清晰地定义产权政治学，还要明确"产权"与"权力"的定义。而"产权"的定义必须既明确又具有包容性——如果不明确，无法考察它与权力之间的关系；如果没有包容性，则无法对已有的研究

---

① 如同经济学一样，传统经济学是研究资源配置的科学，现代经济学是研究选择的科学。什么地方有选择，这个地方就存在经济学。因此，现代经济学的研究对象和范围大大拓展。

第七章 产权与政治研究：进路与整合

进行整合，也无法对当前的产权政治现象进行合理的解释及与各种解释对话。对于产权政治学中的"产权"，借用黄少安教授的定义，就是对财产的权利亦即对财产的广义的所有权，包括归属权、占有权、支配权和使用权。它是人们围绕或通过财产而形成的权利关系。①

产权政治学也涉及对"权力"的定义。根据三大进路研究的梳理，我们可以发现，政治的含义非常广泛，包括政府、国家、民主、自由、市民社会、法律、阶级、革命等内容，而且每一个方面都有不少学者研究。但是，从这些概念还可以提炼出一个共同的概念——权力，即这些内容都与权力有关。因此，产权政治学定义为产权对权力的激励、约束、配置和协调的学科，就是因为"权力"概念的包容性和对过去研究的继承性。权力也不仅仅指政治权力，还包括经济权力、社会权力等内容。

"产权"的定义是一种广义的权利及其结构，"权力"也是一种广义的概念及其结构，因此，产权政治学的实质是研究产权结构与权力结构之间的互动关系。产权结构其实就是一种附于物的权利结构，包括两种类型：一是横向的权利结构，即同一财产分割成不同产权的结构；二是纵向的权利结构，即同一财产在不同时期产权的变化导致的权利结构。前者将影响权利在不同的人群之间的配置，后者将影响权利在不同时期的配置。横向权利结构和纵向权利结构的变化都会对权力结构产生影响。因此，产权政治学其实就是从产权结构着手研究权力配置的一门学科。产权政治学的脉络就是：产权结构——权利结构——权力结构。因此，产权政治学离不开对权利和权力的研究，或者说产权经济学就是通过权利的实施、变更、取消来研究权力的变化。

（三）产权政治学研究的内容

产权政治学主要研究产权与政治之间的双向影响，不能再像传统的政治学、经济学和法学那样，要么从微观，要么从宏观，要么忽略

---

① 黄少安：《产权经济学导论》，经济科学出版社 2004 年版，第 65 页。

两者之间的具体联系，必须精细化，要将整个过程和影响机制展示出来。

从产权影响权力的过程来看，产权政治学主要包括三个方面的内容：一是产权对政治影响的过程研究。产权政治学要避免三种趋势——政治学将产权影响前提化、基础化，经济学将产权的政治影响边缘化，法学将产权的政治影响规则化；要研究产权创造、实施、变更、取消对政治（包括权力、国家、民主、市民社会、自由）的冲击、影响过程。二是产权对政治影响的结果研究。产权创造、实施、变更及取消对政治结果的研究比较多，但是这些结果没有过程做支撑，所以两者之间的关系相对比较弱或者说比较间接。产权政治学要在过程研究的基础上考察产权创造、实施、变更和取消对权力冲击的结果。三是权力对产权的反馈行动。产权政治学不仅要研究产权对权力的影响，还要研究作为权力主体对产权的适应性反应，即权力对产权的反馈行动。

从产权对权力的影响机制来看，产权政治学主要研究四个机制：一是产权对权力的激励机制。主要研究产权创造，改革对权力的推动、刺激、鼓励作用，促进其规范制度、降低管理成本和交易成本。二是产权对权力的约束机制。主要研究产权的实施、变更或者取消对权力的约束，划定政府与公民、政府与社会的边界，保护公民的利益。三是产权对权力的配置机制。产权对权力的最大功能就是产权能够配置权力，就像市场配置资源一样，产权的变革对权力有着配置作用，产权配置依赖于政治市场，只有充分竞争的政治，产权对政治的配置才会达到帕累托最优。四是产权对权力的协调整合。即产权的实施、变更和取消如何协调相关群体的关系，如何整合权力资源，提高制度效率和政治、组织的管理效率。

（四）产权政治学研究范围和方法

产权政治学是研究产权变动对权力配置及权力对产权再配置的科学，即产权政治学研究两个过程：一是产权变动如何影响权力配置，即产权对权力的冲击和影响；二是权力面对产权的变动的反应，包括权力对产权再分配。根据产权政治学的基本内涵，可以确定产权配置权力的主体，即产权分配和再分配权力的主体。产权配置权力的主体不仅包括国家，还包括宗教、习俗、团体等非国家组织。因此，产权政治学的研究范围可以概括为国家、宗教、习俗、团体等非国家组织以及市场组织创造、实施、变更和取消产权行为对权力的配置效应，即凡是有产权对权力产生影响和权力对产权产生影响的行为和活动均属于产权政治学的研究范围。

建构产权经济学分析框架就是改变政治学的"结果研究"、经济学的"导论研究"，重点研究"政治结果"与"产权变量"之间的影响机制和影响过程。"结果研究"适合政治学的哲学思辨，"导论与结果"之间的关系适应经济学的计量研究，但是没有学科专门研究"导论"产生"结果"的过程。产权政治学当务之急就是通过研究产权对权力的影响过程来研究产权变革的政治学内涵。因此，产权政治学的研究工具或者研究方法必须关照三个方面：一是产权与政治的关系研究；二是产权影响权力的过程研究；三是产权与权力的互动研究。因此，产权政治学首要的方法就是个案实证研究，了解产权与权力之间的互动过程；其次是博弈论方法，考察产权主体之间以及产权主体与权力之间的博弈过程；最后是计量分析，产权政治学同样要借助计量分析探讨产权与"政治结果"之间的关系。三种研究方法必须在"产权—政治"平台上运用"产权—权利—权力"分析框架进行。

（五）产权政治学与其他学科的关系

产权经济学是一门跨学科研究，属于经济学、政治学和法学之间的一门交叉学科，与其他学科有较大的差异（见表7-2）：一是研究内容不同。产权政治学是研究权力配置的科学，产权经济学是研究资源配置的科学，政治学则是研究政治关系及其发展规律的科学。二是研究对象不同。产权政治学研究产权与权力的关系，产权经济学研究产权与经济的关系，政治学则研究政治关系。三是研究假设不同。产权政治学主要假设是制度稀缺、经济人、有限理性，产权经济学则是资源稀缺、经济人、有限理性,政治学则是政治人和政治理性。四是研究的内涵不同。产权政治学是对产权的政治学分析,产权经济学是对产权的经济学分析,政治学主要是研究政治权力的配置问题。

表7-2　　**产权政治学与产权经济学、政治学的区别**

	产权政治学	产权经济学	政治学
研究内容	研究产权对权力配置的科学	研究产权对资源配置的科学	研究政治关系及发展规律的科学
研究对象	产权与权力的关系	产权与经济的关系	政治关系
研究假设	制度稀缺、经济人、有限理性	资源稀缺、经济人、有限理性	政治人、政治理性
研究内涵	产权的政治学分析	产权的经济学分析	政治权力的配置问题
研究落脚点	权力配置效率	资源配置效率	政治权力配置效率

(六) 产权政治学的价值和限度

产权政治学的建构有助于整合产权与政治之间的研究,为厘清产权与政治之间的关系提供分析框架和研究平台,为理解、解释产权与权力之间的互动关系提供分析工具,拓展了政治学与经济学的研究领域。但是,我们也必须看到,产权政治学对解释政治现象、产权与权力关系的演变存在限度和困难:一是从产权与权力关系的视角解释政治现象和政治变迁,虽然有助于厘清产权与政治之间的关系,但政治现象和政治变迁是一个多变量的综合结果,产权的政治学分析可能不足以解释政治现象和政治变迁。二是"产权"是一个微观层面的概念,而"政治"特别是"民主""国家""市民社会"却是一个宏观层面的概念,微观层面的概念通过"过程研究"导出宏观层面的结果往往会存在着惊险的跳跃和哲学难题。

第八章 土地政治：两种观点和两个视角

——农村土地与政治的相关性研究*

对于中国传统经济时期，土地与乡村政治之间是否有关系、是怎样的关系存在两种对立的观点：第一种观点认为，土地不是中国传统经济时期的问题，中国没有大地主，以自耕农为主，土地与乡村政治之间并没有直接的关系，可以称为"无关论"；第二种观点认为，土地是中国传统经济时期最核心的问题，土地与乡村政治之间有着紧密的关系，可以称为"相关论"。同时对于土地与乡村政治之间关系的研究还有两个视角：从宏观上进行分析和从微观上进行研究。

一 两种对立的观点

1. 第一种观点：土地与乡村政治无关

（1）土地占有不存在严重的不均问题。有不少学者认为，在中国传统社会大地主并不多，中国是一个以自耕农为主的社会，土地并不是一个焦点问题，也不是革命的理由。著名的美国农业经济家卜凯曾经解释，中国传统经济时期农村的基本问题与农村社会经济关系完全无关，中国农村问题在于缺少改进农业的技术和政府无力提供各种各样的援助，农民无法更加有效地经营土地。卜恺将中国农村发展的问

---

* 本章内容曾刊载于《社会科学》2012年第6期，标题、内容均未做修改。

题归结于"技术短缺"①。

马若孟赞成卜凯的观点,认为中国的问题不是土地问题,中国鲜有大地主,是小自耕农的天下,如果没有天灾人祸的影响,土地问题不会变得更加尖锐,"土地问题和农民的苦难只是在发生严重的天灾人祸干扰时才变得尖锐起来",他认为农村最关键问题就是"缺少促使农业技术迅速进步的制度",可以说他既是"技术派",也是"制度派"②。

秦晖也持此类观点,认为关中地区土地占有极为分散,"无地主""无租佃",是一个自耕农的世界③。费孝通先生认为,中国的确存在土地不均问题,但最大的问题不是土地分配问题,而是农业技术与农民组织问题④。费正清与费维恺也有类似的观点,晚清中华帝国"大地产的罕见、小块的家庭农田以及典型的土地小型化,都是传统继承习惯造成的部分结果"⑤。这些学者认为,传统中国根本不存在土地问题,土地占有也并非严重不均,甚至认为传统中国根本不存在大地产、大地主。学者们否认传统中国是一个地主制经济社会,地主制经济不是传统中国的经济基础⑥。

(2)土地占有与乡村政治没有必然的关系。许多学者认为,传统中国不仅不存在大地主、大地产,而且农民占有土地的数量与其在村庄的地位和权力也没有必然的关系。

张仲礼认为,绅士管理乡村的职责与其私人土地的占有及所在地

---

① [美]卜凯:《中国土地问题》,转引自马若孟《中国农民经济》,江苏人民出版社1999年版,第293页。
② [美]马若孟:《中国农民经济》,江苏人民出版社1999年版,第293—294页。
③ 秦晖、苏文:《田园诗与狂想曲》,中央编译出版社1996年版,第53页。
④ 费孝通:《乡土中国》,上海人民出版社2006年版,第172页。
⑤ [美]费正清、费维恺:《剑桥中华晚清史》下卷第一章《农业》,中国社会科学出版社1985年版。
⑥ 由于各个学派对于中国农村问题的基本认知不同,因此提供的解决方案也就有差异:卜凯主张技术解决中国的问题;马若孟认为技术重要,但首先要解决提供技术的制度问题;费孝通先生认为,要通过农村工业来救国,可以将此三派称为技术派、制度派和工业派。

第八章 土地政治：两种观点和两个视角

点无关①。绅士对土地的占有，是他们在社会上拥有权力的结果，而不是先决条件。弗兰兹·迈克尔在为张仲礼的《中国绅士研究》作序时说，绅士对中国社会的管理，包括经济方面的管理，并不是依赖于其对土地的占有。他认为，中国绅士在职责上也并不像英国乡绅那样与土地联系在一起，在一定意义上中国绅士并不是"地主绅士"②。在弗兰兹·迈克尔为张著再版作序时，仍然强调这一观点，"中国绅士的地位不是来自地产，而是出自对教育的垄断。由功名作为凭证的教育使绅士有资格向国家和社会提供重要的服务"③。黄宗智则从自耕农的角度说明了村庄内向性治理的形成，华北地区的农村商品化程度低、自耕农比重大，村庄与外部交往少，所以国家政权对村庄的影响大，国家通过税赋渗透进村庄，而村庄阶级没有分化，没有显赫的人物和组织抵抗国家政权，因此加剧了村庄的内向性④。李怀印则从生态环境角度说明了优越的生态环境、集体利益是形成乡村自治的原因，土地因素与村庄结构并没有明显的关系，士绅的治理主要依靠声望。⑤

（3）士绅的权力和权威来源于社会身份和地位。按照张仲礼与弗兰兹·迈克尔的观点，传统士绅对乡村的支配或者影响不是因为他们占有土地，而是因为他们拥有社会权利，对绅士而言是对教育的垄断和身份资格，尔后才获得土地。对于宗族头人而言，因为是宗族头人，尔后才有拥有土地。也就是说，士绅和宗族头人对村庄的支配和权力的拥有是社会因素，不是经济因素，更不可能是土地因素。土地占有并不是士绅和宗族头人拥有村庄权力的原因，而是拥有权力的结

---

① 张仲礼：《中国绅士研究》，上海人民出版社2008年版，第40页。
② [美] 弗兰兹·迈克尔：《中国绅士研究序一》，载张仲礼《中国绅士研究》，上海人民出版社2008年版，序一，第4、6页。
③ [美] 弗兰兹·迈克尔：《中国绅士研究序二》，载张仲礼《中国绅士研究》，上海人民出版社2008年版，序二第1—2页。
④ [美] 黄宗智：《华北的小农经济与社会变迁》，中华书局2000年版，第27—30页。
⑤ [美] 李怀印：《华北村治：晚清和民国时期的国家与乡村》，中华书局2008年版，第295—297页。

果。瞿同祖也持类似的观点，"尽管大多数士绅成员确实拥有财产，特别是土地，但人们却忽视了一点，即许多士绅像《儒林外史》所述，是在取得士绅身份后才获得土地的"。"中国士绅的特权地位并不纯粹取决于经济基础。士绅的成员身份，并不像有些学者推测的那样来自财富或土地拥有。"① 瞿同祖的观点是，士绅先有身份，然后再获得土地，土地与士绅身份有一定的关系，但土地与士绅拥有村庄权力之间并没有明显的因果关系。李怀印则认为士绅治理村庄是根据声望，但是对于其声望究竟如何来则没有做具体的分析。

"无关论"者认为，在中国传统社会，土地不是中国社会的根本问题，技术、制度和工业才是关键；中国是一个以自耕农为主的社会，大地主、大地产并不占主导；农民拥有土地数量与村庄政治之间并没有直接的因素关系；士绅依靠身份和功名等社会因素治理村庄。

2. 第二种观点：土地与乡村政治相关

土地与乡村政治相关关系，又可以分为三类：土地与乡村政治相关论、部分因果论、直接因果论。

相关论学者认为，传统中国最大的问题是土地问题，是土地分配不均的问题，土地分配问题构成了中国农村政治和革命的根源。李景汉在河北定县调查时说，"中国农村经济的难点在于土地短缺"②。陈翰笙通过调查得出结论：农村诸问题的中心"集中在土地之占有与利用"，"土地所有与土地使用间的矛盾，正是现代中国土地问题的核心"③。陈翰笙认为土地分配问题是中国的核心问题，同时他引用意大利学者托尼的话，证明土地与社会、政治之间的紧密关系：每当权利失去均等，土地转移到少数人手中的时候，社会与政治，必起绝大的变异。④ 陈翰笙只是说明了土地是中国的核心问题，土地不均会带

---

① 瞿同祖：《清代地方政府》，法律出版社2003年版，第285、287页。
② 李景汉：《定县土地调查》，转引自马若孟《中国农民经济》，江苏人民出版社1999年版，第249页。
③ 陈翰笙：《中国的农村研究》载《陈翰笙集》，中国社会科学出版社2002年版，第32页。
④ 陈翰笙：《中国的农村研究》载《陈翰笙集》，中国社会科学出版社2002年版，第59、36页。

第八章　土地政治：两种观点和两个视角

来重大的政治和社会效应，但是他没有明确说明土地占有与村庄权力的关系。在20世纪30年代的中国，李景汉、陈翰笙这一学派被称为土地"分配派"，即通过解决土地的分配问题而拯救中国。

（1）土地与乡村政治：相关论。这一观点认为，土地虽然重要但并非最重要的问题。费孝通先生指出："从基层上看去，中国社会是乡土性的"，"土是乡下人的命根子"，"直接靠农业来谋生的人是粘着在土地上的"，"以农为生的人，世代定居是常态，迁移是变态"。费孝通认为，"农业和牧业不同，它是直接取于土地的"，"乡土社会在地方性的限制下成了生于斯，死于斯的社会。常态的生活是终老还乡"①。费孝通先生上述论述表明了土地对农民的重要性，农民离不开土地，不能没有土地。费先生并也没有直接论述土地占有与政治和村庄权力之间的关系，只是在《乡土重建》中表明了土地占有与政治的相关性，他认为分配是从所有权上说的，中国土地分配不平均是事实。分配问题远没有技术及组织更为重要。分配问题在民生上有极严重的影响②。费孝通先生的观点也代表了20世纪30年代"技术派"观点，包括当时的美国学者卜凯等都持此类观点，他们认为通过农村技术革新可以为中国的现代化找到一条道路。

（2）土地与乡村政治：部分因果论。土地与政治之间有关联，土地占有的数量会影响农民对政治的态度和盟友的选择。亨廷顿在论述土地政治时说：没有哪一个社会集团会比拥有土地的农民更加保守，也没有哪一个社会集团会比田地甚少或者交纳过高地租的农民更为革命。亨廷顿因此得出一个结论，农村的作用是一个变数：它不是稳定的根源，就是革命的根源③。亨廷顿只是表明了土地与政治有关系，但土地与村庄之间的关系如何成为政治的变数，则没有明确提出。费正清在分析中国社会的本质时说，"在农民大众眼里，士绅还包括大地主，这是统治阶级的经济基础"，"士绅家族之所以能不断主宰农

---

① 费孝通：《乡土中国》，上海人民出版社2006年版，第2—8页。
② 费孝通：《乡土中国》，上海人民出版社2006年版，第172页。
③ ［美］亨廷顿：《变化社会中的政治秩序》，生活·读书·新知三联书店1989年版，第237、345页。

民，不仅依靠其拥有土地，而且由于这样一个事实：士绅中间主要产生出将来可以被选拔为官吏的土地士大夫阶级"。"士绅家族的最好保障并不只是靠田地，而是靠田地与官府特权的结合"，士绅能够凌驾于农民经济之上主要依赖于置田产和当官①。费正清认为决定村庄权力的不仅是土地，还有当官，土地是士绅及其家族主宰农民的重要工具，土地占有与政治之间有一定的因果关系，但是土地占有与村庄权力只有一定相关关系，也就是说土地并不完全是村庄权力的来源，还有其他因素影响着村庄权力。

（3）土地与乡村政治：直接因果关系。这一观点认为，土地占有数量决定着村庄的地位和拥有的权力。黄宗智先生主张，"经济地位和政治地位相互交迭"，他引用西德尼·甘布尔的研究证实自己的观点：在众多村庄中，财产是获得村中长老身份的一项资格。有时不限定数量，由最富裕的村户的家长充任。有时则规定要有一定数额的土地才可担任长老，……穷人绝对不会被任命，部分原因是土地太少。黄宗智得出一个结论：村庄政治领导权的延续和变化，反映了社会经济地位特别是土地数量的持续和流动②。黄宗智先生明确地提出了土地与村庄权力之间的因果关系，土地占有数量与权力大小、土地占有的时间长短与权力持久之间的关系，土地决定村庄权力，土地占有数量决定权力的大小。黄宗智先生用个案比较明确地说明了土地占有与村庄权力之间的直接因果关系，而且说明了土地占有是村庄政治的经济基础。

"分配派"是从农民角度来研究土地占有与变动对中国政治的影响，相关派、部分因果派及直接因果派都是从士绅占有土地角度探讨土地与乡村政治的关系。虽然研究的对象和视角不同，但是他们得出的结论有一个共同点：土地与乡村政治有关，至于这种关系是相关，还是部分因果或者直接因果则有一定的差异。

---

① ［美］费正清：《美国与中国》，世界知识出版社 2003 年版，第 33、38、50 页。
② ［美］黄宗智：《华北的小农经济与社会变迁》，中华书局 2000 年版，第 249—250 页。

第八章　土地政治：两种观点和两个视角

第一种观点否定土地与乡村政治有关系，第二种观点主张土地与乡村政治之间有一定的关系，土地占有数量决定村庄权力的大小，士绅能够不断地主宰农民、治理村庄在很大程度上是因为他们拥有土地。特别是马克思主义者认为，小农的土地是封建经济的基础，小块土地是政府的物质条件，小块土地是官僚立足的基础，小农与国家和村庄的关系都是通过土地而形成。同理也可以说，小块土地是乡村士绅治理村庄的基础，即小农的小块土地构成了村庄权力的"经济基础"，构成了传统村庄治理的基础，小块土地是村庄治理的"物质条件"，还是村庄得以施展权力的"生活来源"。笔者认为，农民的小块土地对村庄的生产方式、社会结构、政治传统都有着直接或者间接的影响，两者之间有着因果或者相关关系，小块土地构成了乡村政治的经济基础。

二　两种分析视角

在确定土地与乡村政治具有相关关系后，我们就要具体探讨土地与乡村政治之间影响机制或者连接机制。对于土地与乡村政治之间的互动影响机制，学界一般有两个视角或者两个传统：一个是从宏观的角度、整体的角度分析土地占有与乡村政治之间的关系；另一个是从微观的视角分析土地占有与乡村政治之间的关系。

1. 第一种视角：宏观分析

宏观分析视角是指从宏观层面、理论层面分析小块土地与政治或者乡村政治之间的关系的研究，马克思、费正清等是主要代表。马克思曾经从三个方面对此问题进行分析：

第一，小块土地与生产关系之间的关系。马克思认为，生产方式决定生产关系，有什么样的生产方式就会产生什么样的生产关系。小块土地的生产属于生产方式范畴，小块土地的生产方式决定村庄的生产关系：农民与土地、农民与农民、农民与地主之间关系。"一种一定的生产决定其他一切生产的地位和影响，因而它的关系也决定其他一切关系的地位和影响。"① "在所有以自然分工为基础的社会里，产品支配着生产因而在某种程度上，生产资料至少在某些场合也支配着生产者：在中世纪，土地支配着农民，农民只是土地的附属物。"② 在马克思看来，小块土地的所有制形式、生产形式决定着小农、地主的社会地位和他们在村庄中的作用，同时小块土地影响着农民和地主，它成为农民的主宰，成为地主的工具。

第二，小块土地与上层建筑之间的关系。马克思认为，经济基础决定上层建筑，有什么样的经济基础就会有什么样的上层建筑。小块土地所有制"是使法国封建农民成为小块土地的所有者，而使拿破仑成为皇帝的物质条件"③。小块土地"是行政权的整个机构的生活来源。强有力的政府和繁重的赋税是一回事。小块土地所有制按其本性来说是无数全能的官僚立足的基地"④。小块土地不仅是皇帝的物质基础，还是政府和官僚的立足基础，生产方式是政府和官僚的基础。农民"把全部注意力集中在一块小得可怜的土地上，静静地看着一个个帝国的崩溃、各种难形容的残暴行为和大城市居民的被屠杀，就像观看自然现象那样无动于衷"⑤。"随着小块土地所有制日益加剧的解体，建立在它上面的国家建筑物将倒塌下来"⑥。虽然小块土地所有制是皇帝和政府的基础，但是有时农民只关注自己的小块土地，并不太关注政治，小块土地所有制的解体，以它为基础的上层建筑也必将随之倒塌。小块土地的经济基础不仅支撑上层建筑，而且也决定上层

---

① ［德］马克思：《卡尔·马克思的遗稿》，载《马克思恩格斯全集》第30卷，人民出版社1995年版，第48页。
② ［德］马克思：《致卡尔·考茨基》，载《马克思恩格斯选集》第36卷，人民出版社1995年版，第169页。
③ ［德］马克思：《路易·波拿巴的雾月十八日》，载《马克思恩格斯选集》第1卷，人民出版社2012年版，第765页。
④ ［德］马克思：《路易·波拿巴的雾月十八日》，载《马克思恩格斯选集》第1卷，人民出版社2012年版，第766页。
⑤ ［德］马克思：《不列颠在印度的统治》，载《马克思恩格斯选集》第1卷，人民出版社2012年版，第854页。
⑥ ［德］马克思：《路易·波拿巴的雾月十八日》，载《马克思恩格斯选集》第1卷，人民出版社2012年版，第769页。

第八章 土地政治：两种观点和两个视角

建筑的兴衰、消长。

第三，小块土地与宏观政治之间的关系。马克思在《资本论》中也曾指出："自耕农的这种自由小块土地所有制形式，作为占统治地位的正常形式，一方面，在古典古代的极盛时期，形成社会的经济基础，另一方面，在现代民族中，我们又发现它是封建土地所有制解体所产生的各种形式之一。"① 也就是说马克思坚持自耕农的小块土地是传统社会的经济基础，又是封建制度解体后的一种形式。他认为，"小块土地所有制的经济发展根本改变了农民与其他社会阶级的关系"，"小农的政治影响表现为行政权支配社会"②。前一句话说明了小土地所有制经济决定农民与其他阶级的关系，即小土地所有制决定乡村的生产关系。后一句话说明，小土地所有者或者传统小农总是被行政权力所支配，变成了行政权力的俘虏。

另外，马克思在论述俄罗斯、印度、中国的小农时，明确提出小农是东方政治制度的经济基础。"这些田园风味的农村公社不管看起来怎样祥和无害，却始终是东方专制制度的牢固基础，它们使人的头脑局限在极小的范围内，成为迷信的驯服工具，成为传统规则的奴隶，表现不出任何伟大的作为和历史首创精神。……他们把自己的全部注意力集中在一块小得可怜的土地上。"同时，马克思也认为小农是东方政治制度的自然基础③。他认为，俄罗斯的小块土地的公社"就是东方专制制度的自然基础"④。

马克思的研究既微观，又很宏观，从微观层面来看，马克思只是说明了小块土地在村庄的社会影响，并没从社会影响上升到村庄政治。也就是说，马克思只是从小块土地的生产力上升到生产关系（小

---

① ［德］马克思：《资本主义地租的产生》，载《马克思恩格斯全集》第46卷，人民出版社2003年版，第911页。
② ［德］马克思：《路易·波拿巴的雾月十八日》，载《马克思恩格斯选集》第1卷，人民出版社2012年版，第765、763页。
③ ［德］马克思：《不列颠在印度的统治》，载《马克思恩格斯选集》第1卷，人民出版社2012年版，第853—854页。
④ ［德］马克思：《论俄国的社会问题》，载《马克思恩格斯全集》第25卷，人民出版社2001年版，第618页。

农的社会影响和地位），但是没有将生产关系展开到村庄政治层面，即马克思并没有将小块土地与村庄政治之间的关系理出来，显然既使是微观入手，其实目标仍然是宏观的。从宏观层面来看，因为农民只有小块土地而且与外界隔膜，小农只将注意力放在仅有的土地上，只会听任其他阶级和权力的调摆。这个特征构成了东方专制主义国家的经济基础和自然基础。马克思的理论关怀是小块土地的小农与国家的关系、与政权的关系，他并没有直接涉及到小块土地的小农与村庄权力的关系。对于前者，马克思非常明确地提出了小块土地的小农与政治、政权有着紧密的因果关系，前者决定后者，后者与前者表现为一种"支配关系"，即小块土地的所有者或者经营者变成了行政权力的支配对象。

中国传统的马克思主义者对土地占有与村庄权力的关系分析得比较多，他们坚持"租佃关系决定论"，这一理论将传统农村视为由土地租佃关系决定的地主—佃农两极社会。土地集中、主佃对立被视为农村一切社会关系乃至农村社会与国家之关系的基础，"土地兼并——农民战争"的叙述模式被用来解释历史上的各种政治事件[①]。秦晖先生这段话只是对传统马克思主义有关土地与政治关系的描述，其实中国官方正统的解释就是地主—佃农两极对立导致了中国近现代史上的一切问题。这种分析也只是将地主与佃农作为一个微观基础，但是其论证逻辑的跳跃性比较大，佃农与地主之间的对立与矛盾一下子上升到阶级对立，从而引发斗争、造反和动乱，即从主佃对立这个微观基础跳跃到宏观政治。这种观点也只是说明土地占有与国家政治有关系，并不能说明主佃对立与村庄治理的关系，更没有讨论主佃对立对村庄治理的影响机制。

费正清在《美国和中国》中曾经说到："中国家庭是自成一体的小天地，是个微型的邦国。社会单位是家庭而不是个人，家庭才是当

---

① 秦晖：《"大共同体本位"与传统中国社会》，载《传统十论》，复旦大学出版社2005年版，第63页。

第八章 土地政治：两种观点和两个视角

地政治生活中负责的成分。"① 费正清认为小农家庭构成了当地政治生活的基本单位，即小农家庭既是社会单位，也是政治单位。李根蟠也间接谈到小块土地的小农与政治的关系："规模狭小、极度分散的状态，铸就了小农经济上和政治上的弱势地位，许多问题即由此而生。中国传统社会最大的群体，何以长期处于经济上和政治上受剥削受欺压的弱势地位？根本原因就是小农经济的细小、分散和缺乏组织性。"② 对于中国传统社会的小块土地与村庄权力之间的关系，其他学者也做过探讨。毛泽东也提出了与马克思类似的观点：农民那"分散的个体生产，就是封建统治的经济基础"③。不管是马克思、毛泽东，还是费正清、李根蟠都没有将小块土地与村庄权力的关系说清，即小块土地如何影响村庄权力，其机制是什么？小块土地的生产方式如何决定村庄权力关系？

2. 第二种视角：微观分析

微观分析主要是从村庄层面探讨小块土地与村庄权力之间的关系，人类学家谢林曾经对此做过分析，"乡民的政治经济将社会关系和统治的网络连结于土地——乡民的福利和家庭地位的决定因素。乡民的土地代表人际关系的地图，而非西方观点中不带私情的地块。这个社会关系的网络是以社会控制的阶层制度加以组织"。他还总结到，"土地总是独具声望和影响力，不能以纯粹的经济观点解释。土地就是权力，而权力就是土地和地主所拥有的地位"④。沃尔夫、谢林对小块土地与乡村政治的关系论述是从微观角度的分析，但是他们在探讨两者之间的关系时并不比宏观分析学者更加明晰、更加具体。

黄宗智先生是将小块土地与村庄权力之间的关系论述完整的第一人。黄宗智先生从实证的角度，利用日本满铁的调查资料，通过对冷

---

① [美] 费正清：《美国与中国》，世界知识出版社2003年版，第22页。
② 李根蟠：《中国传统小农经济的两重性》，《中国社会科学院报》2006年7月8日。
③ 毛泽东：《组织起来》，载《毛泽东选集》第3卷，人民出版社1991年版，第931页。
④ [美] 谢林：《乡民经济的本质与逻辑》，载沃尔夫《乡民社会》附录，巨流图书公司1983年版，第179页。

◯◯ 中国产权改革：从权利到权力

水沟、沙井、侯家营三个村庄的数据，证明了凡是村庄的首事（指出头管其事的人或头面人物）都是有土地的农户，没有土地的农民几乎没有当首事的，而且当了首事后土地基本没有增加，相反还有一定比例的首事卸任后，土地有所减少。他用调查数据证伪了张仲礼、瞿同祖等人的观点——先有身份后有土地，土地并不影响村庄政治。同时他也用河北、山东6个村的数据证实了宗族头人能够主导支配村庄，与其拥有土地分不开。同时他利用这些数据证明了自耕农不仅是村庄治理的基础，而且本身就是治理的中坚。黄宗智先生的逻辑是：小块土地——农民分散——与外界隔绝——国家通过赋税影响村庄——没有显赫人物——国家在农民心中有较高的地位——但是国家财力不足——赋税通过士绅和头人征收或者代垫——从而士绅与头人成为村庄权力的核心——也成为沟通国家与农民之间的桥梁。由于自然村的闭塞性和内向集聚性，从而形成了士绅、地主和宗族头人主导、自耕农参与和支持的村庄政治权力结构。黄宗智还引用萧公权文中的一句话说明了村庄权力的形成机制：当时中国村庄的头头，多是该村公认的自生的领袖，一般来自村中最有势力的家庭[①]。"公认"是自耕农的公认，"自生的领袖"说明不是政权委派的，也不是竞争产生的，而是本身就具有影响力的人自然而然形成，或者小农拥护而形成。

小块土地与村庄治理之间的关系很少有直接的因果论证，要么如马克思从宏观层面、一般层面论述，要么为证论村庄与国家关系而间接涉及到小块土地与村庄治理之间的关系。为什么会形成这种研究格局呢？原因有两个方面：一是政治学、社会学、历史学都以村庄为研究单位，经济学以农民、农户为研究单位，但不考察政治问题，因此小块土地与村庄治理之间的关系不在考察之列；二是学者们大多论述经济与政治之间的关联性，解释小农受到外部冲击的集体行动——革命、运动、造反、起义等现象，很少有人关注小块土地与村庄治理之

---

① ［美］黄宗智：《华北的小农经济与社会变迁》，中华书局2000年版，第27、229、229—258页。黄宗智先生并不是为了研究农民与村庄的关系，而是为了研究村庄与国家的关系，前者是后者的附带产品，但是在附带产品中他论证地主在村庄中的支配作用、主导作用，中农与地主、村庄的关系以及中农对国家的冷漠。

第八章 土地政治：两种观点和两个视角

间的微观机制。这就导致了小块土地的生产方式与村庄治理之间关系研究的裹足不前，即使有学者意识到两者之间的关系，也只会借用马克思的观点或者不加实证的联想：小农与传统村治之间具有因果关系，并没有具体的经验材料和逻辑实证。

三 小块土地与乡村治理的基础

小块土地对乡村治理的影响有两个方面：一是小块土地直接对乡村治理的影响，这是直接影响；二是小块土地对乡村社会的影响，从而乡村社会再影响乡村治理，这是间接影响。

1. 小块土地的社会效应

小块土地不仅仅表现为经济层面的影响，对乡村社会特别是小农的心理、小农动机、小农行为都产生深远而重要的影响，从而形成了小农的"五种性格"。

内向性。小农只有一块能够养家糊口的土地，土地是家庭生存的基础，也是就业的载体，为了生存小农必须将所有的精力都花在小块土地上，甚至不惜"内卷化"。"乡土束缚，就是指种田的人，被土所束缚，一切农村社会，均有此限制。……乡土束缚从何而来呢？很简单，在土地上耕作的人，衣食等直接依赖土地。土地是直接维持生命的工具。因此人们就不能离开土地。这是农村社会的第一个特征。"[①] 为了就业，小农必须与土地绑在一起，同样土地与小农的家庭绑在一起，小农只将眼光盯在土地上，盯在土地上面的庄稼。对村庄的其他事务、对国家都比较冷漠。按照马克思的说法，小农可以看着帝国倒塌，可以看着皇帝被赶下台。中国有句俗话能够说明小农对社会和政治的冷漠：各人自扫门前雪，哪管他人瓦上霜。关注土地使小农眼光向内，只关注自己家里的事情，不关注社会和国家的事情，形成了内向性、内聚性的性格，所以小农的这种特点使乡村社会很难组织，很难实现跨区域的合作。

---

① 刘创楚、杨庆堃：《中国社会：从不变到巨变》，香港中文大学出版社1989年版，第82页。

保守性。小块土地使小农时刻面临着生存安全和社会风险，小农经营小块土地时，不是考虑能否获取最大化利润，也不是考虑获取长期利润，首先考虑的是家庭生存，小块土地提供的不是最大化利润而是最大化产量。因为要保证生存安全，小农不敢冒险、不敢创新，守旧是小农的最大特点。小块土地使小农应对风险的能力比较低，小农经不起折腾，因此小农最相信的是自己的经验，根据传统经验来经营。小农以经验来经营小块土地，长期对经验的依赖，加剧了其保守的性格，害怕外来新生事物。马克思指出："使人的头脑局限在极小的范围内，成为迷信的驯服工具，成为传统规则的奴隶，表现不出任何伟大的作为和历史首创精神。"[①] 费孝通说过："乡土社会是安土重迁的，生地斯、长于斯、死于斯的社会。不但是人口流动很小，而且人们所取给资源的土地也很少变动。……个人不但可以信任自己的经验，而且同样可以信任祖先的经验。"[②]

依附性。不管是佃农，还是中农都对支配、影响其生产的士绅与地主有依附性。马克思认为，"小土地所有制创造出了一个半处于社会之外的未开化的阶级，它兼有原始社会形态的一切粗野性和文明国家的一切贫困痛苦"[③]。虽然小农经营小块土地没有问题，也不需要求助社会和市场。但是小农的小块土地也决定了小农的能力，许多问题无法依靠自己解决，如水利灌溉问题，小农自己不能解决，需要依靠村庄或宗族；小农的资金融通，也只能依靠村庄的富裕农户或者宗族。在国家缺位的情况下，小农只能依靠村庄或者宗族提供生产方面的服务，小农需要村庄或宗族为其提供必要的安全庇护，因此这就使小农对宗族、村庄形成了一定依赖性，从而降低其自主性。另外，小农生产就像大海中的小船一样，有随时覆灭的危险，其危险来临时又加剧了对士绅和地主支配村庄和宗族头人控制宗族的依赖性。

---

① ［德］马克思：《不列颠在印度的统治》，载《马克思恩格斯选集》第1卷，人民出版社2012年版，第853—854页。
② 费孝通：《礼治秩序》，载《乡土中国》，上海人民出版社2006年版，第42页。
③ ［德］马克思：《资本主义地租的产生》，载《马克思恩格斯全集》第46卷，人民出版社2003年版，第919页。

第八章　土地政治：两种观点和两个视角

不流动性。"自给自足的乡土社会的人口是不需要流动的，家族这个社群包含着地域的涵义。"① 小农将精力放在小块土地上，没有时间、没有精力，也没有能力外出务工经商，而且小农回避风险，尽量避免与市场打交道，而且只有极少部分的产品在市场销售。前者使小农不能走出村庄，后者使小农不愿意与市场打交道。更为重要的是小农相信经验、守旧的心态使其自锁在村庄、自闭于社会。小农自锁和自闭的心理和行为使小农交往范围较小、交往能力差。所以传统小农的小块土地决定了小农的流动性低，小农的社会化程度低。

胆小怕事。小块土地及其生产方式也改变和影响着小农的社会心理。一是胆小，小块土地使小农的经济社会地位比较低，而且小块土地决定了小农的收入很低，能够支配的资源比较小，所以小农做事交往的胆子比较小，中国农村有句俗话，"口袋无钱胆子小"。二是不惹事，小农一般不会主动惹事，一则没有能力惹事，二则没有必要惹事，三则没有机会惹事。三是怕事，小农不仅不惹事，而且怕事，见到事情都要躲，中国农村也有句俗话，"树叶落下来打破脑壳"，农民最怕惹事上身，最怕麻烦。这种性格决定了农民不会主动参与社会，主动参与村庄政治。农民的不参与、怕麻烦又为士绅地主治理村庄、主导村庄提供了机会，也使农民成为最易治理的对象。

占有、经营小块土地的小农五种性格就形塑着传统乡村的权力格局。"社会结构与意识形成构成了国家赖以创建社会秩序的条件"，拥有小块土地的小农五种性格同样是传统乡村社会秩序的基础，同时五种性格也给士绅、地主、宗族头人发挥利用的空间。一弱一强，形成了乡村精英主导的村社自治结构。

2. 小块土地的政治效应

小块土地与村庄权力之间的关系主要体现在小块土地占有者、经营者对国家的冷漠与村庄的依赖两个方面：租佃者直接与地主发生关系，自耕农通过村庄和士绅向国家交纳赋税，小块土地的占有者、经

---

① 费孝通：《血缘和地缘》，载《乡土中国》，上海人民出版社2006年版，第57、58页。

营者都只与村庄打交道，不直接与国家打交道。国家权力只到达县级政府，无法直接影响、支配、控制农民。在国家不影响农民的情况下，村庄权力结构很大程度上受村庄内部事务影响，地主、士绅对小块土地的占有者、经营者的租佃影响、赋税代征影响，小块土地生产的水利等公共需求对村庄、宗族的依赖，另外小农的五种社会性格也使小农在与士绅地主、宗族头人的博弈中居于弱势地位。小块土地的乡村政治效应主要通过以下三个机制实现：

（1）利益机制：占有、经营小块土地的小农与村庄权力中心利益同源。中国传统乡村社会能够实现村社自治，它有一定的条件，这个条件就是小农与地主、士绅要有共同的利益。没有共同的利益，绝无可能实现自治。小农与士绅、地主的利益主要体现在两个方面：一是村庄耕地的灌溉问题，水利灌溉依靠一家一户的小农很难完成，仅依靠士绅地主也不行，需要村庄全体种田的农户共同努力；二是上交赋税方面，士绅与小农也有一致的地方，固然士绅地主有多收租税以自肥的动机，但是两者也有共同的一面，共同应对国家的赋税及其他的摊派，比如隐瞒应纳赋税的耕地面积、多报灾情、多申请国家灾粮等方面有着共同的利益。李怀印对华北的研究证实了这一点，"村民们一方面互相合作，共谋依靠个人力量无法得到的集体利益，并且接受在正常情况下能够有助于达到个人目的的村社集体安排"，"塑造社群是一套为了集体目标而把个人连接在一起的内生性惯例和制度，以及界定社群成员关系的观念和准则"[①]。泰勒教授也说过："农村社区是由从属于一个利益中心的当地人组成的。"[②] 显然小块土地形成的共同利益是形成村庄自治的基本条件。

（2）偏好机制：占有、经营小块土地的小农与村庄权利中心偏好同向。从结构主义的角度分析小块土地的小农与村庄精英的关系，并不是简单的支配与被支配、保护与跟从的关系。总体上精英处于强势

---

① ［美］李怀印：《华北村治：晚清和民国时期的国家与乡村》，中华书局2008年版，第19、296页。

② ［美］泰勒：《论农村重建》，北平燕京大学1934年，第9—10页，转引自杨懋春《一个中国村庄：山东台头村》，江苏人民出版社2001年版，第236页。

第八章 土地政治：两种观点和两个视角

地位，小块土地的小农处于弱势地位，但是也有一些差异。第一对关系，地主与佃农是一种经济关系，两者虽然在利益的分配上存在着冲突，但是两者也有偏好同向的地方，比如水利建设、租税征纳等。第二对关系，自耕农与士绅是一种文化跟从关系，自耕农跟从、模仿士绅的行为并拥护士绅对村庄的领导。第三对关系是小农与宗族头人或族长的关系，在尊重祖先、维护全族利益方面两者偏好是同向的。偏好同向为村社的自治打下了基础。同时，也必须看到，在村庄内部，农民没有组织化，无法通过组织与士绅、地主、宗族头人抗衡，因此分散的农民只能接受士绅、地主、头人的影响——领导、主导、支配地位。接受强者、智者或者权威的意见和指挥是弱者的一种普遍选择。这就形成了一种以士绅、地主、头人为主导的村庄权力结构。很大程度上士绅与地主、宗族头人是一体的。刘创楚和杨庆堃认为，中国传统农村社会的政治结构十分复杂，农村没有正式的政府，也没有正式的社会组织。"正式维持农村的社会秩序的，是村内的家族、乡村组织，以及阶级结构。""数千年来的农村，是在没有政府的情况下，由地主和士绅联合统治着，由财富和权力统治着。在农村，土豪代表暴力，士绅代表教育，地主代表财富，三头马车，三位一体的统治着。"[①] 笔者不特别赞成这种观点，但笔者认为小块土地的农民与地主偏好同向性建构着村社自治的基础，同时两者势力和地位的悬殊，为强者主导村庄提供了机会。

（3）权威机制：占有、经营小块土地的小农形塑"五种权威"。经营小块土地的小农以传统经验为技术支撑和思维源泉，小块土地的小农从事自然生产、自给生活，不仅村庄内部的社会化程度低，而且与村庄外部的社会化程度更低，农民只关心与自己家庭的事情，只关心与村庄内部有关的生产生活事情。这样的农民就只受"五种权威"的影响和领导：一是土地权威，土地租佃、赋税征收而形成的地主权威，当然有些地主是有权无威，有权有威的地主才能够称得上权威；

[①] 刘创楚、杨庆堃：《中国社会：从不变到巨变》，香港中文大学出版社1989年版，第86页。

二是长老权威，因为年龄优势和经验的传承与传递的影响而形成的权威，按照费孝通先生的话说"它是发生于社会继替过程，是教化性的权力，或是说爸爸式的"①。费孝通先生还指出，"那时的问题是谁知道规范？谁知道传统？他们服从规范和传统，像一个工匠服从技术一般，技术由师傅传授，师傅是知道技术的人，他具有权威。同样的，知道传统的人具有社会的威权"②。长老知道传统，懂得规范，所以他们自然形成权威。三是伦理权威，因为宗族血缘关系形成的权威，"中国的家族是着重祖先崇拜的，家族的绵延，团结一切家族的伦理，都是以祖先为中心"，家长权"强大而坚韧"，还"不可撼摇"③。在家长制下，"父母对子女拥有绝对的权威"、"父亲是儿子的绝对主人，只要他还活着，他就拥有这种专制权力"④。四是地缘权威，按照马克思的话说就是传统小农接受公认的、自生的领袖的领导，这是一种以村庄为单位形成的地缘性权威。五是以知识和国家身份赋予形成的权威，对于士绅来说，因为他们掌握着知识，有着广泛的人脉关系，而且国家通过科举考试而赋予其身份，使其在村庄中具有举足轻重的地位。五种权威在国家权力不在场，农民政治参与意识不强，服从意识、顺从思想比较强的传统村庄，形成以士绅地主为主导、小自耕农拥护、小租佃者顺从的村庄权力格局，即笔者所说的传统村庄治理结构。这种"主导—拥护—顺从"的权力结构植根于分散经营的小块土地制度，以小块土地为基础的小农经济正是传统村庄权力结构的经济基础和权威基础。

---

① 费孝通：《长老统治》，载《乡土中国》，上海人民出版社2006年版，第53页。
② 费孝通：《皇权与绅权》，载《乡土中国》，上海人民出版社2006年版，第91页。
③ 瞿同祖：《中国法律与中国社会》，中华书局2003年版，第6页。
④ ［美］何天爵：《中国人本色》，中国言实出版社2006年版，第27页。

第九章 产权的政治逻辑：产权怎样、如何影响政治

——从产权政治的功能视角考察[*]

产权与政治有千丝万缕的联系。马克思、霍布斯、卢梭等认为，国家源于产权；弗里德曼、布坎南认为，民主离不开产权；洛克、哈耶克认为，产权是自由的基础。此外，产权与宪政、产权与法律、产权与权力等都有着诸多的关联和影响。但是很少有学者考察产权对政治影响的类型、影响的程度，即产权对政治究竟有些什么样的影响，产权对政治影响的程度到底有多大，是直接的因果关系，还是间接的相关关系？有鉴于此，本文拟通过对相关理论和经验的梳理，考察产权对政治的决定逻辑——产权对政治的功能及功能作用的程度。

在本文的研究中，产权是自变量，政治是因变量，将重点考察产权对政治的影响及其程度。笔者认为，产权对政治的影响是非均质的，影响的程度不同，则影响的结果也不同。产权政治功能的发挥受政治的层次、规模和时间的影响，即后者决定政治功能的类型和影响的强度。从产权影响的类型来看，产权的政治逻辑体现为五大功能：产权的政治保护功能、产权的权力分配功能、产权的国家形塑功能、产权的政权构造功能、产权的制度创制功能。

---

[*] 本章内容曾发表于《学习与探索》2014年第9期，标题、内容均未做修改。

一　产权的政治保护功能

产权最大的功能就是政治保护功能。① 蒋永甫将产权的政治作用归纳为两点：一是限制政治权力的滥用，二是保障个人的自由②。其实从不同的视角来看，产权有不同的政治功能。从国家和个人维度来看，产权的政治保护功能分为两种：一是横向的保护，防止个人之间对财产权的侵犯；二是纵向保护功能，防止国家和政府对财产权的侵犯。有学者将财产权在国家和个人之间的保障和防御作用形象地比喻为"篱笆"和"栅栏"：宪法财产权构筑的是防御国家公权的"篱笆"，而民法财产权构筑的是防御邻居的"栅栏"③。即产权的横向政治功能和纵向功能是有差异的，前者由民法调整，后者由宪法调整且由宪政来保证执行。在国家产生以后，财产权的政治保护功能主要是防卫国家和政府权力的侵犯。从产权主体防卫的维度来看，可以分为划界作用、限权作用、对抗作用和保障作用。

1. 产权的划界作用

财产权最大的作用就是确定了国家和个人之间的权力边界。美国学者詹妮弗·内德尔斯基指出："私人财产权至少150年间是作为政府权力之界限的个人权利的最典型例证。财产权划定了受保护的个人自由与政府合法范围之界限。"④ 他还进一步指出财产权与民主之间的关系，"财产划定了个人自由的范围与国家权力的界限，民主则维护了这一界限，规定了人民与政府的权力范围"。财产权划定了国家权力的边界，其边界的维护则需要借助外力——民主来实现。也有

---

① 本文所说的政治保护功能，是产权自身具有的或者借助于外部条件所具有的保护功能，都是从财产及其主体出发的政治保障功能。
② 蒋永甫：《西方宪政视野中的财产权研究》，中国社会科学出版社2008年版，第5页。
③ 王士如、高景芳、郭倩：《宪政视野下的公共权力与公民财产权》，法律出版社2011年版，第58页。
④ [美]埃尔斯特等：《宪政与民主》，生活·读书·新知三联书店1997年版，第279页。

第九章 产权的政治逻辑：产权怎样、如何影响政治

人将产权的划界作用比喻为一个圈，私人财产权就为个人及家庭画了一个圈，圈的边界就是国家与个人之间的边界，圈内是私人空间，实施个人、家庭自治，国家要进入必须征得私人同意；圈外是公共空间，个人要进入并干预要征得大家的同意。因此，有人说"私人财产权制度划定了国家权力的最后边界，限制了政府行动的范围和统治者的专横意志"[①]。产权划界功能就以财产权为载体在个人微观的权利与国家的宏观权力之间建立制衡、协调关系。

2. 产权的限权作用

产权政治保护功能的第二大作用是，产权可以限制国家、政府权力的滥用。杰恩·博丹认为，"国王权力无边，但私人财产不得侵犯"[②]。18世纪中叶英国首相老威廉皮特在一次演讲中也讲过类似的话："即使是最穷的人，在他的寒舍里也敢于对抗国王的权威。风可以吹进这所房子，雨可以打进这所房子，房子甚至会在风雨中飘摇，但是英王不能踏进这所房子，他的千军万马也不敢跨进这间门槛已经破损了的破房子。"[③] 中国学者刘军宁将此概括为：风能进，雨能进，皇帝不能进。这说明王权虽然大无边，但是不能侵犯个人的财产权。浦鲁东说得更加到位，唯有财产和家庭是能够遏制专制统治的有效堡垒[④]。其实，确定产权的边界就是对国家权力的一种限制，是对国家和政府权力的制约，国家不能凭借强大的暴力侵犯私人财产权。

产权除了划定国家和个人之间权力边界外，还对国家权力进行了诸多限制。经济学家弗里德曼就曾说，"资本主义和私有财产的存在给国家的集中权力提供了某些限制"[⑤]。米瑟斯认为，"私有制为个人创造了一个不受国家控制的领域，它对政府的意志加以限制……成为所有不受国家和强权控制的生活基础"[⑥]。哈耶克则认为产权的确定

---

① 胡戎恩：《走向财富：私有财产权的价值与立法》，法律出版社2006年版，第71页。
② [美] 理查德·派普斯：《财产论》，经济科学出版社2003年版，第32页。
③ 唐清利、何真：《财产权与宪法的演进》，法律出版社2010年版，第63页。
④ [美] 理查德·派普斯：《财产论》，经济科学出版社2003年版，第30页。
⑤ [美] 米·弗里德曼：《资本主义与自由》，商务印书馆1986年版，第11页。
⑥ [奥] 路·米瑟斯：《自由与繁荣的国度》，中国社会科学出版社1995年版，第104页。

中国产权改革：从权利到权力

是个人对付强权的第一步，也是防止强制的根本条件，"承认所有权是确定个人权益领域以保护我们对付强制的第一步"①。"承认私有财产权或是个别的所有权，是防止强制的根本条件，即令不是唯一条件"②。普遍的、平等的、个人化的财产权与专横的政治权力是完全对立的，承认每个人的财产权就意味着统治者的权力要从根本上受到限制③。也就是说，财产权的确定本身就是对专制、专横权力的一种限制。同时，产权的确认还对政府及其公职人员行使职权进行了限制，"财产权是个人自由的源泉。财产权既限制公职人员监守自盗，又限制其随意没收，因而使普通公民和公职人员都比较可能倾向于更负责地行为。"④ 其实，产权的限权功能还有很多，主要是规范产权主体与国家、政府相关主体交往过程中的关系，保护产权主体的权利，维护产权主体的利益。限权功能也在个人微观权利和国家宏观权力之间建立了一种联结机制，通过这种联结机制将国家与个人连接起来。

3. 产权的对抗功能

财产权也是公民对抗政治权力的工具⑤。但是必须看到产权的划界、限权只是一种消极的保护，何况划界、限权都是国家自己设定的，如果没有其他的手段配合、没有其他的保障机制，其效果可能非常有限。因此，必须在划界、限权的同时赋予产权以对抗功能。这种对抗是产权保护的最后手段，也是产权主体一种自我维护的机制。英国法律史专家霍斯沃斯认为，所有权"是一种针对整个世界的绝对的权利"，它是"能有效地对抗整个世界的所有权"⑥。总体而言，产权

---

① ［英］哈耶克：《自由宪章》，中国社会科学出版社 1999 年版，第 200 页。
② ［英］哈耶克：《自由宪章》，中国社会科学出版社 1999 年版，第 199 页。
③ 蒋永甫：《西方宪政视野中的财产权研究》，中国社会科学出版社 2008 年版，第 4 页。
④ ［美］史·霍尔姆斯、凯·桑斯坦：《权利的成本——为什么自由依赖于税》，北京大学出版社 2004 年版，第 107 页。
⑤ 蒋永甫：《西方宪政视野中的财产权研究》，中国社会科学出版社 2008 年版，第 4 页。
⑥ 赵文洪：《私人财产权利体系的发展》，中国社会科学出版社 1998 年版，第 266 页。

第九章 产权的政治逻辑：产权怎样、如何影响政治

的对抗功能大体可以分为三类：其一是以暴力手段对抗，即以暴力对抗侵犯。胡格·格劳秀斯在《论战争与和平法》中指出："因为维护我们自己的财产是合法的行为，当有人来掠夺财产时，必要情况下可以将之杀死。"[1] 其二是以宪政和法律手段对抗。宪法确认财产权的意义在于把权利与自由赋予个人，把限制加诸国家，使个人有独立于国家公权力的私有财产。……公民财产权在一国法律体系中地位的确立，绝不仅仅是简单地对私人权益的保障，相反以此为起点开启的是一种通过保障个体安全进而推进到保证社会安全的宪政之路[2]。布坎南认为："私人财产或几个人共同占有的财产起到自由的保证作用，在很大程度上不受政治决策或集体决策方式的影响。当然，其直接的隐含意义是，必须存在有效的宪法限制，这样的限制将有效地制止对法律界定的财产权的公开的政治性侵犯，对涉及财产转移的自愿契约性安排的公开的政治性侵犯。"[3] 法律也是对抗国家侵犯的重要手段，里弗表示，"每一个人都拥有一种所有权和权利，即法律允许他保护其生命、自由和财产；如果此权利受到侵犯，它将导致一场司法诉讼，以纠正侵害行为，惩罚侵害者"[4]。三是以革命手段对抗。"当立法者们图谋夺取和破坏人们的财产或贬低他们的地位使其处于专断权力下的奴役状态时，立法者们就使自己与人民处于战争状态，人民因此就无须再予以服从，而只有寻求上帝给予人们抵抗强暴的共同庇护。"[5] 人们还可以"以新的立法机关重新为自己谋安全"[6]，也"可以反抗他们的非法暴力"[7]。

暴力对抗是前国家时期的一种对抗手段，国家产生以后主要有两

---

[1] ［美］理查德·派普斯：《财产论》，经济科学出版社2003年版，第32页。
[2] 王士如、高景芳、郭倩：《宪政视野下的公共权力与公民财产权》，法律出版社2011年版，第106页。
[3] ［美］布坎南：《财产是自由的保证》，载罗利《财产权与民主的限度》，商务印书馆2007年版，第75—76页。
[4] 赵文洪：《私人财产权利体系的发展》，中国社会科学出版社1998年版，第269页。
[5] ［英］洛克：《政府论：下卷》，商务印书馆1964年版，第139页。
[6] ［英］洛克：《政府论：下卷》，商务印书馆1964年版，第142页。
[7] ［英］洛克：《政府论：下卷》，商务印书馆1964年版，第143页。

种对抗手段：法律对抗手段和革命对抗手段。法律对抗手段又分为个人之间的对抗和个人对国家的对抗，前者由私法调节，后者由宪法及宪政调节。仅有宪法，没有宪政，也无法保护公民的财产权，所以财产权的对抗要求得到宪政的支持，必须有宪政为后盾。"就对抗公权力而言，私有财产权是公民公法上的权利，是公民对抗国家的一种权利，反映了公民与国家的关系，就对抗私权利而言，私有财产权排除了私人侵犯权利的可能性与资格。"①

国内学者也曾经论述过产权的对抗和保障功能。如陈端洪教授曾说，私有财产权对权力分配以及权力观念的影响使它直接与国家权力构成对峙。财富本身就是一种力量，它与政治权力分享了对社会的支配，私有财产权不容许国家全权化②。

4. 产权的保障功能

其实产权的保障功能就是划界、限权、对抗的结果，即划界、限权、对抗最后的结果是财产权益得到了保障。财产权还是一种安全的装置，它能够自动起保障作用。蒲鲁东认为："财产就是保障，就是消除自己有切肤之感的生存上的不安全"，"自由主义崇尚个人，它用以支持这种个人的是一种安全手段——财产，即作为安全装置的财产。"③布坎南认为："在财产权还没有建立以前，不可能有什么政府。政府的目的在于保障财产，保护富者不受贫者侵犯。"④

财产权的保障分为积极保障和消极保障。有人将自由与财产权联系起来谈保障，"'积极的自由'表现为'自主'，'消极的自由'表现为'防御'。财产权既是公民积极自由的渊源，也是消极自由的保障。也就是说，没有财产权，公民就没有任何资源可资自主；没有财

---

① 蒋永甫：《西方宪政视野中的财产权研究》，中国社会科学出版社2008年版，第170页。
② 陈端洪：《财产权与宪政》，《中国社会报》2003年11月8日。
③ [美] 乔·萨托利：《民主新论》，东方出版社1998年第427页。
④ [美] 布坎南：《亚当·斯密关于法律、警察、岁入及军备的演讲》，商务印书馆1962年版，第42页。

第九章　产权的政治逻辑：产权怎样、如何影响政治

产权，公民就没有任何机会可资防御。"① 可见，财产权既是一种安全设置，也是一种消极的保障。

同样，张五常先生也指出，私有产权的界定及保障越清楚，非市场的决策就越难引起重大的分配转变。就算决策者是一个未经选择的、无知无能的、驱之不去的独裁者，也难以对社会造成重大损害②。还有人将财产权与自由比喻为矛和盾"自由就像矛，具有攻击性；财产权就像盾，具有防御性。如果盾不能抵御矛的攻击，它立即就会被刺得千疮百孔，盾将不盾。"③ "财产权应被看作是一项政治权利，这项权利可以减少个人对国家的依赖，并创造一种安全感，这对民主社会中纯正的公民身份是必不可少的。"④ 可见，财产权是一种较被动、消极的安全保障，也是抵抗专横、强制的最后堡垒。

二　产权的权力分配功能

产权的权力分配功能其实是指产权的权力配置功能、规制功能，即如何根据产权来确定每个人在政治社会中的地位，每个人能够享受的政治权利和能够行使的政治权力。产权的权力分配功能主要表现在三个方面。

1. 产权决定着公民的资格和政治权利

在西方历史上，财产还有一种重要的功能，即它是确定公民资格和政治权利的依据、标准。有财产才有公民资格，或者有财产才有政治参与的资格。古代希腊雅典的城邦公民资格就是以财产来确定的，只有拥有一定的财产才能够成为雅典的公民。柏拉图认为城邦的公民资格是"一种根据财产资格的制度"⑤，恩格斯在评论梭伦改革及

---

① 王士如、高景芳、郭倩：《宪政视野下的公共权力与公民财产权》，法律出版社2011年版，第94页。
② 刘承韪：《产权与政治：中国农村土地制度变迁研究》，法律出版社2012年版，第25页。
③ 杨支柱：《博客主人删帖的权利》，《南方周末》2008年7月17日。
④ 刘军宁：《自由与社群》，生活·读书·新知三联书店1998年版，第141页。
⑤ [古希腊]柏拉图：《理想国》，商务印书馆1972年版，第550页。

《十二铜表法》时也说,"公民的权利和义务,是按照他们的地产的多寡来规定的"①。"在历史上的大多数国家中,公民的权利是按照财产状况分级规定的,这直接地宣告国家是有产阶级用来防御无产阶级的组织。在按照财产状况划分阶级的雅典和罗马,就已经是这样。在中世纪的封建国家中,也是这样,在那里,政治的权力地位是按照地产来排列的。现代的代议制的国家选举资格,也是这样。"② 按照恩格斯的研究,财产数量、财产权利决定公民资格。唐贤兴在研究财产与民主的关系时指出,"成为城邦公民的资格并非根源于人的自由意志和人的独立自主,而是人的身份地位和财产所规定的"③,拥有财产权,才能取得在城邦公共生活的资格,才有政治权利。在古雅典,财产权是取得城邦公民资格和参与政治生活的一种手段、一种凭据。

2. 产权决定着公民的政治地位和社会等级

财产的有无、多少决定了公民在国家、社会中的政治地位和社会等级。"罗马人最先制定了私有财产的权利,把私人权利看成是国家权利的最高准则"④。在中世纪的封建国家中,政治的权力地位也是按照地产来分配的。即使是元老院的元老也不例外,"当元老院成员拥有的土地低于规定的最低数目时,他们就会失去元老院的地位,而非贵族如果有足够的土地财富就能成为元老院成员。"⑤ "无依赖性的私有财产,即抽象的私有财产以及与之相适应的私人,是政治国家的最高构成。政治的'无依赖性'被构思为:'无依赖性的私有财产'和'拥有这种无依赖性的私有财产的人'。"⑥

3. 产权决定公民的选举权和被选举权

财产曾经与政治权利直接相关。罗马人的百人团就分为六个等级,最富有的而人数较少的那部分人划归了最高团,把那些不怎么富

---

① 《马克思恩格斯选集》第4卷,人民出版社2012年版,第130页。
② 《马克思恩格斯选集》第4卷,人民出版社2012年版,第189页。
③ 唐贤兴:《产权、国家与民主》,复旦大学出版社2001年,第87—88页。
④ 唐贤兴:《产权、国家与民主》,复旦大学出版社2001年版,第88页。
⑤ [美]史·霍尔姆斯,凯·桑斯坦:《权利的成本——为什么自由依赖于税》,北京大学出版社2004年版。
⑥ 《马克思恩格斯全集》第3卷,人民出版社2002年版,第129—130页。

第九章 产权的政治逻辑：产权怎样、如何影响政治

有而人数较多的人划分在次等的团中，所有赤贫的人置身于最次的一个团。"与其说是选举，还不如说是资产与财富的选举"①。财产与选举权的关系十分密切，17世纪的英国以财产决定政治权利，特别是将土地所有权设置为选举权的前提条件。这就使得政治权力依赖于土地所有权，（在雅典模式下）没有土地的人被排除在政治权力之外。"这个时候人们普遍形成了这样一种共识：既然政治是财产的一个功能，那么唯有财产所有者才有合法的权利去参政"②。1867年英国通过改革法案之前，享有选举权的人仅仅被限定为拥有或租赁乡村或城市地产的人，而且这些地产的价值必须达到某一特定数量的金钱或者能够带来特定数量的收入③。在农业时期的英国，曾经认为，地产是权力的直接来源。这种观念根深蒂固，以至于地产与政治权力的密切联系直到资产阶级革命后200年仍然存在④。

就持有财产者公民模式来说，洛克认为只有拥有财产的人才能参与政治，无财产的人则应当被排斥在政治之外。洛克模式反映当时英国两大党的广泛政治主张。托利党认为社会的自然统治者是地产拥有者，辉格党人也强调只有财产所有者行使权威治理国家，财产权才能够得到保障。无独有偶，在赢得独立后的美国，所有13个殖民地都将拥有财产作为享有选举权的先决条件，其观点是只有有产者才会关心国家的利益，无产者与国家、政府没有利害关系，容易受人操纵。在此时，财产权被普遍认为是选举权的基础⑤。

从18世纪的法国来说，虽然有很多人抨击财产权，但是也有人坚持财产权与政治之间的关联。重农学派就有学者建议"国家应该由土地的所有者来统治，因为他们是独一无二的，只有他们可称得上是祖国的拥护者：祖国和世袭财产是同一个概念"⑥。可见，重农学派

---

① ［法］孟德斯鸠：《论法的精神》，中国社会科学出版社2007年版，第25页。
② ［美］理查德·派普斯：《财产论》，经济科学出版社2003年版，第44页。
③ ［美］理查德·派普斯：《财产论》，经济科学出版社2003年版，第55页。
④ 唐贤兴：《产权、国家与民主》，复旦大学出版社2001年版，第95页。
⑤ 刘承韪：《产权与政治：中国农村土地制度变迁研究》，法律出版社2012年版，第187—189页。
⑥ ［美］理查德·派普斯：《财产论》，经济科学出版社2003年版，第53页。

将财产提高到了国家高度。还有学者将公民分为"积极公民"和"消极公民",前者关心国家利益,后者不太关心国家利益,而"积极公民"都是财产的拥有者。从三个国家、三个世纪的历史中可以发现,英国、法国和美国都曾经将财产权作为选举权的基础。

不少政治思想家也持类似的观点。马克思从更加宏大的视角论证了生产力决定生产关系、经济基础决定上层建筑。他认为有经济实力、有财产的资产阶级掌握着国家的政权,是统治阶级;而没有财产的无产阶级没有政治权力,是被统治阶级。"一个除自己的劳动力以外没有任何其他财产的人,在任何社会的和文化的状态中,都不得不为另一些已经成为了劳动的物质条件的所有者的人做奴隶。"[①] 美国学者派普斯认为,既然政治是财产的一个功能,那么唯有财产所有者才有合法的权利去参政[②]。贡当斯坚持,"只有财产才能够使人们具备行使政治权利的能力"[③],"只有拥有了能够摆脱外部意志而独立生存的必要收入时,它才能够行使公民权"[④]。

三 产权的国家形塑功能

产权与国家的起源也是学者研究比较多的领域,即认为产权是国家产生的根本原因,国家因财产权的保护而建立。产权与国家关系主要有三种研究进路:一种是马克思以阶级为中介机制的"产权——阶级——国家"进路;另一种是霍布斯和洛克以契约为中介机制的"产权——契约——国家"进路;还有一种是诺斯以协调或者说交易成本为中介机制的"产权——交易成本——国家"进路。产权与国家关系的三种研究进路能够在一定程度上解释近代国家的产生以及相应的政

---

① 《马克思恩格斯文集》第3卷,人民出版社2009年版,第428页。
② [美] 理查德·派普斯:《财产论》,经济科学出版社2003年版,第44页。
③ [法] 贡当斯:《古代人的自由与现代人的自由》,上海人民出版社2003年版,第130页。
④ [法] 贡当斯:《古代人的自由与现代人的自由》,上海人民出版社2003年版,第133页。

第九章 产权的政治逻辑：产权怎样、如何影响政治

治发展。

1."私有财产——阶级——国家"这种研究进路的主要代表人物是马克思、恩格斯。马克思认为，所有制的最初形式无论是古代世界或中世纪都是部落所有制，而个人所有权仅限于简单占有，且仅涉及地产。他认为，真正的私有制只是随着动产的出现才产生的。部落所有制先经过了几个不同的阶段——封建地产、同业公会的动产、工场手工业资本——然后才变为大工业和普遍竞争所产生的现代资本，即变成了抛弃共同体的一切外观并消除了国家对财产的任何影响的纯粹私有制，现代国家是与这种现代私有制相适应的。"由于私有摆脱了共同体，国家获得了和市民社会并列的并且在市民社会之外的独立存在；实际上国家不外是资产者为了在国内外相互保障自己的财产和利益所必然要采取的一种组织形式"，"国家只是为了私有制才存在的"[①]。马克思认为，产权从部落占有制到纯粹私有制的变化、从地产到动产的发展推动着国家产生，国家随私有制的发展而产生，它是与私有制相适应的一种组织形式。

恩格斯在《家庭、私有制和国家的起源》一书中提出，分工导致了交换和生产力的发展，氏族产生了剩余产品，而剩余产品的继承需求导致了父权制代替母权制，从而产生了家庭，而家庭的产生又促进了私有制出现。"随着贸易的扩大，以及货币和货币高利贷、土地所有权和抵押的产生，财富便迅速地积聚和集中到一个人数很少的阶级手中，与此同时，大众日益贫困化，贫民的人数也日益增多。"社会分化导致穷人和富人两大阶级的产生及其不可调和的对立。氏族制度已经过时，不能再依靠它来处理公共事务。按照恩格斯的话说，氏族制度"被分工及其后果即社会之分裂为阶级所炸毁"。为了使经济利益相互冲突的阶级不致在无谓的斗争中把自己和社会消灭，就需要一种凌驾于社会之上的第三种力量来缓和冲突、控制冲突和保护财产。这种从社会中产生但又自居社会之上并且日益同社会脱离的力量，就是国家。恩格斯始终将财产关系作为研究核心，家庭是财产继承的产

---

① 《马克思恩格斯选集》第1卷，人民出版社2012年版，第147—149页。

物，私有制是剩余财产的产物，而国家则是私有制财产关系的自然产物①。此研究进路从阶级冲突的视角来研究国家的起源，具有一定的解释力。

2. "私有财产——契约——国家"这种研究进路的主要代表人物是霍布斯和洛克。霍布斯和洛克都是自然权利观点的持有者，但是两者之间有一定的区别。霍布斯认为，在自然状态下，因为财产的争夺，人与人之间处于战争状态，要消除战争，就需要让出部分主权组成国家，赋予国家以权力保护财产。关于私有财产制度，"在没有国家的地方，便存在着每一个人对其他人的永久战争状况。这既不是私有制，也不是公有制，而是动荡不定的状况。"② 为了保护自己的财产、维护自己的主权，"人们相互达成协议，自愿地服从一个人或一个集体，相信他可以保护自己来抵御所有其他的人。后者就可以称为政治的国家。"③ "既然私有财产权是建立国家的结果，而国家除了通过其代表外不能做任何事情，所以建立私有财产权便只是主权者的一种行为，具体表现为法律，而法律则是不具有主要的人所不能制定的。"④ 不过霍布斯还认为，国家这个"利维坦"可以国家名义、以共同利益的名义来侵犯私人的财产。国家起源的契约论者卢梭也持类似的观点。

洛克也持自然权利观点，他认为人们通过放弃自己的部分权利结成契约组成国家，以保护人们的财产。"任何人放弃其自然自由并受制于公民社会的种种限制的唯一的方法，是同其他人协议联合组成为一个共同体，以谋求他们彼此间的舒适、安全和和平的生活，以便安稳地享受他们的财产并且有更大的保障来防止共同体以外任何人的侵犯。"⑤ 人们"一起加入社会，以互相保护他们的生命、特权和地产，

---

① 唐贤兴：《财产权利与作为政治妥协的民主》，《中共福建省委党校学报》1999年第8期。
② ［英］霍布斯：《利维坦》，商务印书馆1985年版，第192页。
③ ［英］霍布斯：《利维坦》，商务印书馆1985年版，第132页。
④ ［英］霍布斯：《利维坦》，商务印书馆1985年版，第193页。
⑤ ［英］洛克：《政府论》下篇，商务印书馆1964年版，第59页。

第九章 产权的政治逻辑：产权怎样、如何影响政治

即我根据一般的名称称之为财产的东西"。"人们联合成为国家和置身于政府之下的重大的和主要的目的，是保护他们的财产"①，"如果不是为了保护他们的生命、权利和财产起见，如果没有关于权利和财产的经常有效的规定来保障他们的和平和安宁，人们就不会舍弃自然状态的自由而加入社会和甘受它的约束"。但洛克与霍布斯的观点略有不同，他认为，国家和政府的权力以人们让渡的权利为边界，不能超越人们让渡的权利，否则就是侵权。在洛克看来，国家产生就是人们为了保护财产而签订契约的结果。

3. "产权——交易成本——国家"这种研究进路的代表人物是科斯和诺斯。他们认为，为了节约交易成本，需要界定产权、保护产权，而保护产权需要制度，制度的建立则需要国家。其演进逻辑是：从交易成本到产权界定、从产权界定到制度供给、从制度供给到国家。这为科斯、诺斯建立了产权与国家之间的因果关联。科斯的研究表明，如果没有交易成本，产权归属不会影响效率，但是如果有交易成本，产权的初始界定就非常重要。因此，需要通过产权界定以降低交易成本。诺斯则在科斯的基础上以交易成本为中介建立了国家与产权的关系。界定产权离不开国家，保护产权少不了制度。自愿组织、市场和国家都可以安排制度、创造所有权，但是"很难想象没有政府权威而可以推广这种所有权的实施"②。因此，可以把"政府简单看成是一种提供保护和公正而收取税金作为回报的组织，即我们雇政府建立和实施所有权"③。另外，诺思还指出，希腊城邦和罗马共和国的演进发展基本上是由军事安全需要和内部争夺土地所有权分配（财富的基本来源）之间的紧张关系制约的④。显然，在诺斯的研究中，产权的界定、保护离不开国家，而且产权与国家相互演进。

科斯、诺斯研究了产权——交易成本——制度——国家之间的关

---

① [英]洛克：《政府论》下篇，商务印书馆1964年版，第77页。
② [美]诺斯、托马斯：《西方世界的兴起》，华夏出版社1999年版，第11页。
③ [美]诺斯、托马斯：《西方世界的兴起》，华夏出版社1999年版，第11页。
④ [美]诺思：《经济史上的结构和变革》，上海三联书店、上海人民出版社1994年版，第129页。

系，但是他们并没有探讨国家的起源问题，也没有表明国家起源于产权的保护。两位学者是经济学家，关注的是效率，即国家出现的目的是制定、实施制度，保护产权，提高产权的使用效率。经济学家虽然不直接研究国家起源问题，但我们能够从新制度经济学家的研究中发现产权、交易成本、制度与国家之间具有因果关系。不管国家是否因产权而产生，但是没有国家，产权保护就很成问题；没有国家保护产权，其交易成本就会极为高昂，甚至可能回到霍布斯的"人与人战争"的丛林状态。所以，新制度经济学家的研究虽然不能确定产权与国家之间的因果关系，但是在某种程度上可以说产权间接促成了国家产生，交易成本是联结产权与国家的中介。

四　产权的政体定性功能

产权不仅与国家有着一定程度的因果关联，而且产权也在一种程度上决定了国家政权的性质。按照唐贤兴的研究，在古希腊和古罗马，财产权是一种私人的权利，与国家政治结构没有太直接的关系。到了中世纪的封建时代，这种情况有所改变，财产权变成了一种社会性政治权利[1]。掌握了所有权就掌握了统治权。按照理查德·派普斯的观点，财富在谁手里，主权迟早会到谁手里。"财富孕育着统治权"，而统治者与民众之间的财富分配决定了政府的构成[2]。

其实，有不少历史学家和人类学家认为，正是古希腊和古罗马的土地所有制造就了当时的政治体制或者政权形式。古希腊特别是雅典是一个农业邦国，90%以上的人口依赖土地生活，加上希腊缺水，耕地比较稀少，这使得土地虽然属于私人所有，可以继承，但是很少买卖，其原因是失去了土地就变成了无产者，进而会失去城邦的公民资格。有学者认为，"在拥有主权的城邦与完全拥有土地所有者和耕种者之间有着直接的联系"，"正是古希腊那种对外不承担任何责任的

---

[1] 唐贤兴：《产权、国家与民主》，复旦大学出版社2001年版，第92页。
[2] ［美］理查德·派普斯：《财产论》，经济科学出版社2003年版，第40页。

第九章 产权的政治逻辑：产权怎样、如何影响政治

私人土地所有权的出现才促成了世界上第一个民主政体"①。按照笔者的研究，小规模的土地所有权和不承担任何责任的独立的公民成就了古希腊的民主制度，即民主与产权有着直接的因果关联。理查德·派普斯也认为，"财产，尤其是以作为生产性资产为主要来源的土地财产的广泛分布，使得人类历史上第一个民主政体在雅典产生成为可能"②。

如果说小块的私人土地且在土地上不附加任何责任可以产生民主体制的话，那么土地垄断的地区会形成什么样的国家制度呢？马克思曾经以亚洲作为研究对象，将这种体制概括为"亚细亚生产方式"，即生产者不完全拥有土地，君主拥有最后的所有权，可以随时没收个人的财产。魏特夫也持类似的观点，认为"东方专制主义"是由地理环境决定的，他没有直接阐明财产与国家政体之间的关系，但是他认为"软弱的财产"是与专制国家相伴随的，即在专制国家中只能是"软弱的财产"。中国传统的"普天之下莫非王土，率土之滨莫非王臣"的理念便是例证。理查德·派普斯认为，俄罗斯没有如英国一样成为议会制的民主国家就在于财产权不完备，君主对财产拥有众多的干预权、没收权。在这种国家，人们只拥有耕作权，没有所有权，君主可以随时没收土地。也就是说，这种土地产权的"软弱"其实就是一种"皇权垄断"，"皇权垄断"的本质就是一种专制主义。还有不少学者将这种君主拥有所有的土地或者拥有所有的土地控制权的国家称为专制主义国家。可以说，君主拥有所有的土地、甚至可以最终处置臣民的财产这种财产权结构决定了专制主义政权形式。

哈林顿曾经建构"产权均势"概念来解释所有权与国家政体之间的关系。他认为，本土国家是建立在所有权之上的，产权的均势或地产的比例决定国家的性质。如果一个人占有大部分的土地，则这个国家就是君主政权；如果少数人占有的土地超过人民占有的土地，这样的国家就是混合君主政体；如果全体人民都是地主，这个国家就是一

---

① [美]理查德·派普斯：《财产论》，经济科学出版社2003年版，第40页。
② [美]理查德·派普斯：《财产论》，经济科学出版社2003年版，第123页。

个共和国。如果用武力来对上述三种政体进行干预，则不是自然产生的政体，而是暴君政体①。地产之所以重要，在于土地的分配和政治结构之间是否相互适应决定了国家的稳定。一旦土地的分配发生了变化，统治集团的结构就要发生变化，这就是说，土地这一最主要的财产分配决定了政府的形式②。哈林顿将财产看作是政府的基础，"产权的均势或地产的比例是怎样的，国家性质也就是怎样的"③，认为国家权力是"财产的自然产物"，国家性质和政府的形式由"产权均势"决定④。

14世纪至15世纪民族国家的兴起影响着所有权的性质，所有权性质的变化也影响着国家的性质⑤，即以财产为核心的所有权制度的性质决定着民族国家的性质，而且两者相互影响。根据唐贤兴的研究，在中世纪欧洲的民主国家形成过程中，所有权的性质及其变化对民族国家的性质有着重要的影响。诺斯和托马斯在《西方世界的兴起》一书中展示了财产权变化与国家兴起（经济发展）之间的关系，尤其展示了财产权变化对国家政体的影响。法国和西班牙的国王为了应付财政危机、强化王权而夺得了征税权，弱化了财产权，从而确保了国家的和平和秩序，这就导致了三级会议被取消，形成君主制。荷兰（尼德兰）、英国的有财产者则通过强化议会形式，对国王的特权和征税权进行制约，从而为代议民主制政治制度的产生创造了条件，夯实了基础⑥。归纳起来就是，法国和西班牙通过强化王权对财产权的控制而使政权演变成了君主制，而英国和荷兰（尼德兰）则开始在民主制上迈出了重要的一步，不同的财产权变化产生了不同的政治结果。其实，派普斯在《财产论》中也得出了同样的结论。他比较了俄罗斯和英国对于产权的不同干预形式的政治结果，英国因为逐渐

---

① ［英］哈林顿：《大洋国》，商务印书馆1996年版，第10页。
② 唐贤兴：《产权、国家与民主》，复旦大学出版社2001年版，第92页。
③ ［英］哈林顿：《大洋国》，商务印书馆1996年版，第10页。
④ 唐贤兴：《产权、国家与民主》，复旦大学出版社2001年版，第145页。
⑤ 唐贤兴：《产权、国家与民主》，复旦大学出版社2001年版，第103—105页。
⑥ ［美］诺斯、托马斯：《西方世界的兴起》，华夏出版社1999年版，第124、150—192页。

第九章 产权的政治逻辑：产权怎样、如何影响政治

限制王权，强化产权的保护，逐渐走上了代议民主制的道路；而俄罗斯则强化沙皇的权力，强化了国家对产权的干预，而走上了与英国相反的道路——君主专制。

对于产权与国家政体之间的关系，不少政治思想家也进行了分析。私有财产产生国家，"人们最初不是出于上帝的命令，而是出于自愿，在通过经验得知孤立的家庭不能使他们自己免受暴力之侵害，他们结合而成了公民社会，从这一契约当中产生了政府权力。"[1] 洛克认为，"政治权力是当人们享有归他们自己处理的财产时才会存在；而专制权力是支配那些完全没有财产的人的权力。"[2] 人们只有拥有财产权，才具有分享政治权力的资格，没有财产权就会被人统治，如果大部分人没有财产就是一种专制社会。美国学者詹妮弗·内德尔斯基指出，"私有财产权形塑了美国政治体系的结构"，即美国的私有财产权确定了美国的民主政体，财产权与民主政体有一定的因果关联[3]。施瓦茨认为，"建立共和国便是为了确立财产权的最高地位，因为如果个人不享有财产权，人身权便没有实际的内容。"[4] 马克思说："无依赖性的私有财产即抽象的私有财产以及与之相适应的私人，是政治国家的最高构成。政治的'无依赖性'被构思为：'无依赖性的私有财产'和'拥有这种无依赖性的私有财产的人'"[5]。"一种政体在一个国家长期存续下去的可能性取决于财产的分配，尤其取决于地产的分配"[6]。不管是洛克、内德尔斯基，还是施瓦茨、马克思，都认为财产权与国家性质之间有一定的因果关联，即有什么样的产权占有形式就会有什么样的国家性质。

20 世纪后，产权开始受到限制，即财产的绝对私有、神圣不可侵犯、行使的经济自由原则有所削弱[7]。国家开始对产权进行约束、

---

[1] 徐大同：《西方政治思想史》第3卷，天津人民出版社2006年版，第131页。
[2] [美] 洛克：《政府论：下卷》，商务印书馆1964年版，第107页。
[3] [美] 理查德·派普斯：《财产论》，经济科学出版社2003年版，第154页。
[4] [美] 施瓦茨：《美国法律史》，中国政法大学出版社1997年版，第24页。
[5] 《马克思恩格斯全集》第3卷，人民出版社2002年版，第129—130页。
[6] [美] 萨拜因：《政治学说史：下卷》，世纪出版集团2008年版，第181页。
[7] 赵文洪：《私人财产权利体系的发展》，中国社会科学出版社1998年版，第34页。

限制，这种约束的程度也决定着国家的性质。苏联、东欧、中国等取消了私人财产，从而建立起了社会主义国家。公有制是社会主义国家的主要标志。同时，主要资本主义国家也逐渐看到了产权不受限制所导致的贫富差距等社会问题。"凯恩斯革命"以后，美国、英国等加大了对产权的干预和限制，主要是通过征税来限制私人财产，其完美的结果是丹麦、挪威、瑞典等北欧国家成为福利国家。福利国家是处于纯粹的资本主义国家和社会主义国家之间的一种政体。从总体上看，国家的性质和产权的性质有一定的关联，且后者决定前者。

五 产权的制度创制功能

产权的性质、结构决定国家的性质、结构，决定着公民的政治权力、权利。当然，产权对政治的影响并不仅仅停留在这些宏观的形式、载体方面，还决定、影响着制度的创制。正如洛克所说，"如果把财产看作是一棵树，那么，社会制度就是从树干生发出来的枝条。"这也说明，产权与制度之间有着渊源。从产权的制度创制功能来看，产权与制度的关系主要体现在两个方面：一是产权与民主的关系，二是产权与宪政的关系。

从民主产生的历史来看，古希腊的雅典能够成为民主政体，与地产的分散和私人占有有着极大的关系，分散、私人所有造就了雅典的民主治理方式。英国的代议制也与财产关系紧密相连。1215年英国的"大宪章"规定，国王不经贵族的同意就不能随便征税。如果国王违背了诺言，贵族就有权起来反抗。为了获得纳税人的支持，爱德华一世决定建立一个机构对财政收入和支出进行管理，这个机构就是议会。这就是代议制和西方民主的萌芽。可见，从英国来看，财产的保护与议会之间有着直接关系，财产保护需求创制了议会这种财产权的管理机制和保护机构。唐贤兴认为："在西方社会，民主制起源于既有的政治权力对增长着的经济权力的妥协，在某种程度上是财产权结构变化的政治性结果，同时又是政治制度自身在某种程度上做出调

第九章 产权的政治逻辑：产权怎样、如何影响政治

整的产物。"①

从美国的情况来看也是如此，1787年的制宪会议就是财产权对国家政治结构、政权结构的塑造。1783年美国摆脱英国的殖民统治后，州议会的权力很大，联邦一盘散沙，有产者的财产不断受到法律和债务人的侵犯。因此，有产者有强烈的意愿建立一个强大的国家以提供财产保护、维护社会秩序等公共产品。1787年召开制宪会议，确定了以联邦制和三权分立为主要构成的民主体制。这个民主体制既照顾了动产集团的利益，也照顾了不动产集团的利益，从而建立起了立宪主义的政治秩序。这种政治秩序是以保护有产者为己任的。可见，1787年的美国制宪会议及其政治秩序的建立是有产者要求的结果，同时这个政治结构也以保护有产者的财产为己任。显然，财产权与政治结构有直接的关系，而且有财产权主体的想法直接建构着政治制度。

不仅英美的政治制度由财产权及其主体形塑，而且政治制度演变也是由财产及其分配而导致的。康芒斯曾经分析过行政权、立法权、司法权分别主导政治秩序的三个时期。第一个时期：行政权主导，因为国王是唯一的财产所有者，此时统治权与财产权是同一的、不分的。中世纪的欧洲以及专制主义主导时期的亚洲都是如此。第二个时期：1689年光荣革命后，因土地所有者和资产阶级的要求，财产权与统治权分离，有产者构成的议会地位提高，主导着英国的政治结构，其地位高于国王和他的司法及行政官员。第三个时期：1787年后的美国发展时期，按照有产者的要求建立了联邦制和三权分立制度，但是如何确定财产安全还需要有一个最后的保障机制。因此，美国人决定将自由和财产的解释权授予最高法院管辖②。可见，英国和美国的政治制度的演变是有产者推动的，而且这种变化推动着财产权与统治权的分离。

产权制度不仅决定着民主制度，而且还决定着维持民主的宪政制

---

① 唐贤兴：《产权、国家与民主》，复旦大学出版社2001年版，第103页。
② ［美］康芒斯：《制度经济学》下，商务印书馆1962年版，第349—357页。

度。美国学者詹妮弗·内德尔斯基认为,"一旦放弃了私有财产权,宪政本身就受到威胁。没有财产,公民权利和政治权利之间的区别就会消失,而宪法与民主之间的'必要张力'也会受到威胁。"财产权虽然属于不可剥夺的权利,但从功能上来说,私有财产权对民主和宪政的作用不同,它制约着民主、确认宪法的要求。内德尔斯基认为,"私有财产权具有一种重要的有序化功能,它制约着民主,并确认宪政的要求。"①"人们要想控制掌握暴力的保护者,那么他们必须建立一个机制",并以此机制来约束、限制暴力者、提供"好制度"。这样,"最初是'自然状态'的社会状态会逐渐演化为一个法治国家"②。

刘军宁认为,"财产权是一切政治权利的先导,宪政民主的基石"③。"公民财产权就是现代宪政的社会根基,它在自由、人权和法治等方面推进和实现着宪政理想,落实着宪政实践。"④ 可见,财产权与宪政有着直接的关联。

六 结论与进一步讨论

通过上述的理论梳理和经验考察我们可以清楚地看到,产权对政治具有五种功能,即产权保护功能、权力分配功能、国家形塑功能、政权构造功能、制度创制功能,同时也能够发现产权的政治功能或者产权对政治的影响是非线性的、非均质的,产权对不同层次、不同规模的政治实体的影响是不同的,而且随着时间的推移,产权对政治的影响也在发生变化。

如果将产权对政治的影响分为因果性作用、基础性作用和条件性

---

① [美]埃尔斯特等:《宪政与民主》,生活·读书·新知三联书店1997年版,第389页。
② [美]巴泽尔:《国家理论:经济权利、法律权利与国家范围》,上海财经大学出版社2006年版,第6—7页。
③ 刘军宁:《自由与社群》,生活·读书·新知三联书店1998年版,第141页。
④ 王士如、高景芳、郭倩:《宪政视野下的公共权力与公民财产权》,法律出版社2011年版,第93页。

第九章 产权的政治逻辑：产权怎样、如何影响政治

作用，我们可以看到，产权的政治保护作用、权力的分配功能是一种因果性影响，即前者决定、影响后者；产权的政权构造功能、制度创制功能是一种基础性作用，即产权的性质是决定政体、建构制度的基础；产权的国家形塑作用则是一种条件性作用，即产权的形成为国家的形成、产生提供了一定的条件。

从政治的层次来看，产权对微观层次的政治有直接影响，如产权对个人权利、个人自由、政治权利以及对政府的限制有着直接影响，但是产权对国家、政体、宪政的影响需要一种中间转换机制。也就是说，产权对宏观层次的国家产权、政体性质、宪政形成只有一种间接的作用。

从政治的规模来看，规模比较小的政治实体受产权的影响比较大，如古雅典、古罗马、威尼斯、尼德兰（荷兰）等；规模比较大的政治实体受产权的影响则相对较小，或者说对于规模比较大的政治实体，产权与政治之间的关系可能需要一定的中间转换机制，产权与政治之间的关系可能不太直观。

从时间维度来看，产权对政治的影响也会发生变化。总体来看，在以土地为财产、财富的时期，在财产类型比较少的时期，产权对政治的影响比较直接、比较大。随着商品经济的发展，财产形式多元化，产权从地权向资本产权、金融产权扩展，这就导致产权对政治的影响也是多元化、多层化、隐性化的。同时，随着社会的发展，人们对产权的消极作用也有了一定的认识，政府开始对产权进行一定的限制，这使产权对政治的影响也受到了一定的限制，与古雅典、古罗马以及欧洲十七八世纪相比，产权对政治影响的程度有所下降、方向有所变化。如果说古典时期的产权的政治逻辑是"定海神针"，那么当代、特别是当前的产权的政治逻辑则是"增长发动机"。

综上可见，产权对政治有巨大的影响，但影响并非均质的，也并非线性扩大的，产权对政治的影响与政治的层次、政治实体的规模以及经济社会发展的时代有关系。这些因素共同决定和塑造着产权的政治功能，决定着产权对政治的影响结果。

第十章 产权与利益：集体经济有效实现形式的经济基础[*]

集体经济是人类的理想经营方式和组织方式，从经典作家到空想社会主义者，从马克思主义到新马克思主义无不崇尚集体经济。虽然集体经济是"理想类型"，但人类社会却总是以家庭经营为主要组织方式。原始集体经济解体，空想社会主义集体实验失败，中国、前苏联大规模的集体化也走向个体化、私有化。人们对集体经济能否存在以及持续发展开始质疑，有些还完全否定，批评其为"乌托邦"，甚至"谈集色变"。在古代的、当代的、现代的集体经济走向衰落、解体的同时，广东省顺德、南海等地的股份社，山东东平的土地股份合作社却悄然形成，运作良好。这些发展的个案，为我们重新认识集体经济，探寻集体经济有效实现形式和条件提供了很好的研究样本。本文主要从产权和利益两个维度回答两个问题：一是集体经济（组织）如何才能够形成；二是集体经济如何才能够有效实现？笔者认为，产权与利益是集体经济（组织）形成和有效实现的最重要前提条件和经济基础。

一 产权、利益与集体经济

集体经济是指共同体成员共同占有生产资料、共同生产经营、共

---

[*] 本章内容曾发表于《山东社会科学》2014年第12期，标题、内容均未做修改。

第十章 产权与利益：集体经济有效实现形式的经济基础

同分配或共同生活的一种组织方式和经营方式。① 除了原始公社以及中国农村人民公社的大食堂具有共同生活的经历和实践外，集体经济主要是指共同占有生产资料、共同生产经营，按照生产资料、资本共同分配成果的组织体和经营体。集体经济是一种与私人或者家庭所有和经营相对应的组织方式和经营方式，它的形成和发展与产权、利益密不可分。产权的共占性、相关性和利益的共同性、关联性是集体经济或者共同体形成的重要条件。

（一）产权与集体经济

早期的经典作家都讨论过产权与共同体的关系。柏拉图认为，建立理想的城邦应该实行财产公有，土地公有，共同分配，共同生活。② 他建构的"理想国"就是一种典型的集体经济。亚里士多德也研究理想国，他的理想国与柏拉图相反，在财产私有的基础上进行合作，即以土地、财产私有为基础建设共同体。前者认为，产权公有才会有"良善"的共同体；后者认为，产权私有也会形成好的共同体。③

恩格斯在《家庭、私有制和国家的起源》中通过对易洛魁人、希腊人、罗马人、克尔特人、德意志人的历史研究，得出了结论：原始公社或者氏族部落与土地共同所有、占有有一定的相关性。④ 马克思在《政治经济学批评》中对产权与共同体也做了深入的研究，他认为，"部落共同体，即天然的共同体，并不是共同占有（暂时的）和

---

① 传统集体经济从所有权上定义，认为集体经济是共有所有权基础上的共同占有生产资料、共同生产、共同经营、共同分配，即共有、共占、共产、共荣、共享等"五共"，理想主义者甚至提出了共同生活。其实，只要是共同占有生产资料、共同生产、共同经营，按照生产资料、资本共同分配成果就是集体经济。共有产权可以形成集体经济，私有产权只要能够以占有权经营权组成共同体，由共同体占有这些权利，共同生产经营、共同分配就是集体经济，笔者在本文中的集体经济主要有"四共"：共占、共产、共荣、共享，不包括传统定义的共有。当然，产权共有与否对集体经济的形成会有一定的影响。

② 在本文财产共有与产权共有经常互用，另外产权共有和财产公有也经常互用。

③ 笔者认为，两者的分野产生了两种类型的集体经济，以产权公有为条件的理想国建设之路形成了中国、俄罗斯的集体经济；以产权私有为基础的理想国建设之路形成了西欧、美国以股份制为形式的集体经济。

④ 《马克思恩格斯选集》第4卷，人民出版社2012年版，第95—162页。

利用土地的结果,而是其前提。"显然,马克思不同意产权公有决定部落共同体或者原始公社的存在,但他认为,在"农业公社"中,土地是"共同体的基础"。①"公有制以及公有制所造成的各种社会联系,使公社基础稳固",②"土地公有制,一看就很清楚是构成集体生产和集体占有的自然基础。"③ 产权公有或者国有是发展社会主义集体经济的重要条件,"要使集体劳动在农业本身中能代替小地块劳动这个私人占有的根源,必须具备两样东西:在经济上有这种改造的需要,在物质上有实现这种改造的条件。"④

其实,以地权共有,家庭占有、使用的俄罗斯的公社(又称米尔)和以产权共有、共同分享成果的中国传统家产制(家族共有财产)能够长期存在,说明了产权共有性质对共同体有着重要的基础性作用。与此相反的是西欧,产权从部落或者家族共有转为家庭私有,这种过渡炸毁了"旧的共产制家庭公社",也炸毁了"为这种公社而实行的土地的共同耕作"。⑤ 西欧的历史说明,产权共同占有,公社、集体就存在;产权私有,公社、集体就被"炸毁"。这充分说明了两者之间有一定的关联性。⑥

最早将产权与集体经济结合起来的是空想社会主义者。莫尔认为,乌托邦应该"实行财产公有,按需分配"。⑦ 傅立叶、欧文则通过自己的社会实验,建设合作社以试验共同生产、共同生活。空想社会主义者痛恨私有制和资本主义,其实验就是在财产公有的基础上的共同劳动、共同分配。这种将产权与集体经济联结起来的实验虽然失败,但是它给社会主义者提供了一种思考的方向。

---

① 《马克思恩格斯全集》第30卷,人民出版社1995年版,第466页。
② 《马克思恩格斯选集》第3卷,人民出版社2012年版,第824页。
③ 《马克思恩格斯选集》第3卷,人民出版社2012年版,第437页。
④ 《马克思恩格斯选集》第3卷,人民出版社2012年版,第828页。
⑤ 《马克思恩格斯选集》第4卷,人民出版社2012年版,第180页。
⑥ 马克思提出过"共同私有制"这个概念。他认为,产权发展经历了三个阶段:共同所有制、共同私有制、私有制。这三个阶段对应着氏族公社、部落公社和奴隶制社会。他认为产权与社会形态有一定对应关系。
⑦ [英]托马斯·莫尔:《乌托邦》,商务印书馆1982年版,第50—51、160页。

第十章　产权与利益：集体经济有效实现形式的经济基础

如果说空想社会主义只是小范围的、小单位的实验，前苏联和中国则进行了大规模的国家实践。列宁认为，公共的、集体的、共耕制的、劳动组合制的耕种方法具有优越性，能够吸引农民参加集体经济。① 斯大林更是认为产权公有是集体经济的前提，"我国没有土地私有制，土地是国有的，这大大有助于集体化。"② 毛泽东也认为，合作社内部的矛盾要通过集体所有制才能够解决。③ 他还认为，土地产权决定集体经济的形式，"合作社有低的，土地入股；有高的，土地归公，归合作社之公。"④ 苏联、中国也按照上述观点进行了以国家为单位的集体经济试验，取得了国家试验样本。

经典作家的理论分析、空想社会主义的理想设计以及两个民族长期的自然演化历史和两个国家的巨大社会试验都说明了一个问题：产权与共同体、集体经济有着重要的内在关联。公有产权是形成共同体、集体经济的重要条件。经典理论、理想设计和社会试验具有时代的局限性：产权公有以"公"的程度为好坏的依据，集体经济则以"统"的程度为好坏的标准，具体来说就是"越公越好，越统越好"，导致两者之间的关联、组合趋于僵化、生硬和单一。经典理论、理想设计和社会试验只是试验了最理想或者最极端的情况，没有考虑到产权公有的各种类型和集体经济的多种形式及其组合，没有探讨两者发生关联的条件。经典理论、理想设计和社会试验及其建立的理论，无法解释中国山东东平、广东顺德、南海等地的土地股份合作社这类集体经济的繁荣与发展。因此，研究产权与集体经济需要跳出"产权越公越好、集体越统越好"这种思维定势，对产权公有类型和集体经济形式进行深入分析，寻找两者之间多种内在关联以考察集体经济实现的可能性。

产权类型多种多样，集体经济实现形式也各不相同。因此，不同的产权类型可以形成不同的集体经济实现形式（见表10-1）。

---

① 参见《列宁选集》第4卷，人民出版社2012年版，第81页。
② 《斯大林全集》第13卷，人民出版社1956年版，第199页。
③ 《毛泽东选集》第5卷，人民出版社1977年版，第120—12页。
④ 《毛泽东选集》第5卷，人民出版社1977年版，第119页。

表 10-1　　　　　　　产权形式与集体经济实现形式

类型	产权形式 产权构成	集体经济实现形式 集体经济特征	集体经济实现形式	集体经济紧密和开放程度
第一种类型	共同所有、共同占有、共同经营	共同生产、共同生活、共同分配	传统性集体经济 Ⅰ1	紧密
	共同所有、共同占有、共同经营	共同生产、共同分配	传统集体经济 Ⅰ2	紧密
	共同所有、出租经营	共同分享成果	传统家产制经济统分结合下集体经济 Ⅰ3	不太紧密
第二种类型	共同所有、家庭承包、家庭占有、家庭经营	共同所有单位提供一定的公共设施、安全保障等公共服务	松散性集体经济 Ⅱ1	松散
	共同所有、家庭承包、家庭占有、家庭经营	在某些生产环节如购买、销售等进行合作	经济协作、合作社 Ⅱ2	
第三种类型	共同所有、家庭、承包、流转经营	共同占有、共同使用、共同劳动或非共同劳动、按资或按约分配	合伙或合作经营 Ⅲ1	多元型
	共同所有、家庭承包、流转经营	共同占有、使用产权、按照股份分配	股份制经营 Ⅲ2	
第四种类型	个人所有、产权合作，集体共同占有和经营	共同占有产权、共同经营产权、按照产权数量分配成果	合作经营 Ⅳ1	多元型
	个人所有、产权入股，集体共同占有和经营	共同占有产权、共同经营产权、按照股份分配红利	股份经营 Ⅳ2	

第一种类型，产权共同所有、共同占有或出租经营、共同分配。在共有产权下，共同体或者集体选择共同占有、共同生产经营、共同

第十章　产权与利益：集体经济有效实现形式的经济基础

生活、共同分配，即"五共"型的集体经济（Ⅰ1）。这种集体经济只在具有"共产主义性质"的原始公社、氏族部落、家族家产制或者1958年的实施"大食堂"的农村人民公社存在，它是一种紧密型的集体经济，也是一种要求特别高、极难实现的集体经济形式。如不共同生活，则形成非"大食堂"时期的人民公社的集体经济（Ⅰ2）。如既不共同生活，产权也不共同生产和经营，而是出租经营，集体成员共同分享成果，则可以形成中国传统式的家产制集体经济、统分结合条件下集体经济出租、集体控制的集体土地、资产的组织形式都可以归为这种类型（Ⅰ3）。

第二种类型，产权共同所有、家庭占有或承包、家庭经营。这可以延伸出两种类型，一是家庭自我经营，在这种经营形式下，集体或者共同体因为土地共同所有而提供一定的公共建设、安全保障等服务，形成一种较为松散性的集体经济。改革开放初期，统分结合条件下的集体经济就属于这种类型（Ⅱ1）。二是生产协作经营，产权家庭占有、经营，但是在生产的某些环节，如生产资料购买、产品销售等环节进行合作。这会形成一种经济协作或者经济合作社。在这种条件下，集体经济只有一定的服务功能或者一定的协作功能，属于一种松散型的集体经济（Ⅱ2）。当前各地的一些生产、销售合作社属于这种类型。

第三种类型，产权共同所有、家庭承包、流转经营。流转经营又可分为两大类，一是将土地拿出来与其他主体合作经营，合作共同体共同占有、使用产权，共同经营、共同分配。可以共同劳动，也可不共同劳动。如果是共同劳动构成合伙经营集体经济，如不是共同劳动构成合作经营集体经济（Ⅲ1）。二是产权占有人以产权入股形成集体经济，集体占有、使用产权，产权占有人按股份分配红利，集体经济实现的形式是股份制经营（Ⅲ2）。在产权集体所有条件下，这种形式较为灵活且与市场经济要求相一致。它要求：产权可以多元分割、多个主体共同占有，特别是家庭要有承包权（社区资格性质），承包权可以经营权分享，经营权可以有偿流转，否则难以形成多元化的集体经济形式。

第四种类型，产权私有，集体共同占有或者经营，按约或按股分红。这有两种形式，一是按照产权数量，或者约定的方式分配经营成果，这形成私有条件下的合作经营型集体经济（Ⅳ1）。二是按照出资的股份分配经营成果，这形成股份制集体经济（Ⅳ2）。也就是说，集体经济可以在产权公有基础上形成，也可以在产权私有基础上形成。两者的区别是：在公有基础上比较容易形成，因为本身就有产权相关、利益相联，特别是有共同利益和共同需求的优势；产权私有则没有这种先天的优势，需要相关主体自己创造条件，以利益需求来吸引，与前者相比，少了产权相关的优势。西欧、美国的股份合作制属于这种类型的集体经济。

从以上的分类可以看出，产权公有易于形成集体经济，但是仅有产权公有还不足以形成集体经济，还需要产权的多元化，即要有承包权或占有权，而且产权可以分离流转。产权私有也能够形成集体经济，但是流转出的经营权必须为集体共同占有，否则无法形成集体经济。不管是产权公有还是产权私有要形成比较有效的集体经济都需要创造出两类产权：个人产权（如承包权）和集体占有权。从经典理论、理想设计和社会试验来看，倾向于将集体经济等同于传统的集体经济实现形式，即第一种类型的集体经济。这种集体经济实现形式，要求最高、条件最苛刻，而且与人类的自由的个性不太相适宜，最不容易实现。理想设计与社会试验的失败均源于此。其实，产权类型多样，集体经济也可以有多种形式，最容易实现的第三、四种类型的产权结构，可以形成多样化、多类型的集体经济形式。东平土地股份合作社、珠三角的股份社属于第三类集体经济，欧美的股份制经济属于第四类集体经济。

（二）利益与集体经济

利益也是集体经济或共同体形成和实现的重要条件。共有产权只是为形成集体经济提供了可能，但是要形成集体经济，还需要利益因

第十章　产权与利益：集体经济有效实现形式的经济基础

素。马克思认为，"人们奋斗所争取的一切，都同他们的利益有关。"① 恩格斯也认为，"每一既定社会的经济关系首先表现为利益。"② 集体经济、共同体是一种经济关系，要通过利益来吸引。人们组织起来共同生产、共同生活、共同活动也是为了利益。马克思认为，部落集体生产是利益需求的结果，"这类原始类型的合作生产或集体生产显然是单个人的力量太小的结果，而不是生产资料社会化的结果。"③ 毛泽东在鼓励初级合作社向高级合作社过渡时曾经论述过利益与集体经济的关系，"人们看见了大型社和高级比小型社和初级社更为有利的时候，……他们就会同意并社和升级的。"④ 集体经济作为一种经济组织、一种组织形式，它需要有一定的利益吸引，否则难以形成。

共同利益是集体经济形成的前提条件。集体经济和共同体的形成仅有利益还不行，还要有共同利益（参见图 10-1）。马克思认为，"公社成员不是通过创造财富的劳动协作来再生产自己，而是通过为了对内对外方面保持联合体这种共同利益（想像的和真实的共同利益）所进行的劳动协作来再生产自己。"⑤ 共同利益，包括"想像的"和"真实的"共同利益决定公社这个共同体的存在。马克思还多次讨论了共同利益对共同体的作用，"个人利益总是违反个人的意志而发展为阶级利益，发展为共同利益，后者脱离单独的个人而获得独立性，并在独立化过程中取得普遍利益的形式。"⑥ "普遍利益"就是一种共同体的利益。马克思还反证了利益的同一性与共同体的关系：农民没有"利益的同一性"，因此无法"形成共同关系"，无法形成"一个阶级"。⑦ 虽然马克思没有直接讨论共同利益与集体经济的关系，但是他分析了共同利益与阶级共同体、宗族共同体以及其他共同

---

① 《马克思恩格斯全集》第 1 卷，人民出版社 1956 版，第 82 页。
② 《马克思恩格斯选集》第 3 卷，人民出版社 2012 版，第 258 页。
③ 《马克思恩格斯选集》第 3 卷，人民出版社 2012 年版，第 824 页。
④ 《毛泽东选集》第 5 卷，人民出版社 1977 年版，第 259 页。
⑤ 《马克思恩格斯全集》第 30 卷，人民出版社 1995 年版，第 471 页。
⑥ 《马克思恩格斯全集》第 3 卷，人民出版社 1960 年版，第 273 页。
⑦ 《马克思恩格斯选集》第 1 卷，人民出版社 2012 年版，第 762 页。

体的关系。集体经济作为一种共同体的形式，同样离不开共同利益，或者说集体经济要形成必须以共同利益为前提条件。

比较利益是集体经济形成的经济基础。经典作家、理想设计和国家试验都看到了集体经济形成的现实条件——利益，前提条件——共同利益，但是他们忽视加入集体成员还应该获得比较利益。没有这个比较利益，既使有共同利益、共有产权，集体经济也难以持久，难以有效实现（参见图10-1）。所谓比较利益或者比较收益，就是产权占有人从集体获得高于产权人自主经营收入的收入，即如果产权占有人从集体获得的收入不能大于自主经营的收入，就不会自愿参加集体经济，而是选择个人经营或者家庭经营。所以，集体经济要形成，产权占有人要能够获取比较收益。比较收益是产权人加入集体经济的"门槛"，即要形成集体经济必须有"门槛收入"。

集体经济有效实现的比较利益必须适度。比较利益是集体经济形成的经济基础，但是比较利益必须适度。从产权占有人来看，比较利益越大越，加入集体经济的意愿越强。从集体经济可持续的运转和发展来看，比较利益必须有度，适可而止。比较利益的最高限额是可以确保集体经济扩大再生产时的利润分配。所以，比较利益的最低限度是产权占有人自主经营获得的平均收益（可以用土地出租的平均租金来代替），最高限度是能够确保集体经济扩大再生产时在利润分配中所能够获得的收益。比较利益位于这个区间时，集体经济能够有效实现（参见图10-2）。

（三）产权、利益与集体经济有效实现

共有产权为集体经济形成提供了条件，共同利益为集体经济形成提供了经济基础，比较利益则为集体经济有效实现提供了动力基础。仅有共有产权不足以形成集体经济，需要利益诱因；仅有共同利益也不足以形成集体经济，需要共有产权这一关联因素。仅有共有产权、共同利益有可能形成集体经济，如果没有比较利益，形成的集体经济也无法持久，无法有效实现。20世纪五六十年代，农村人民公社只有共同利益、共有产权，而没有比较利益，所以集体经济无法持久、

第十章　产权与利益：集体经济有效实现形式的经济基础

无法有效实现。在此，我们可以假设：集体经济是共有产权、共同利益和比较利益的函数，即集体经济的有效实现取决于共有产权、共同利益和比较利益。

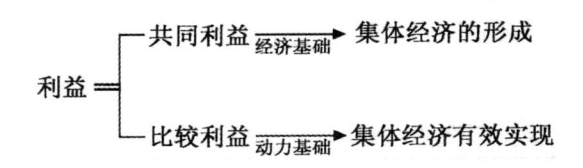

图 10-1　利益、共同利益与比较利益的关系

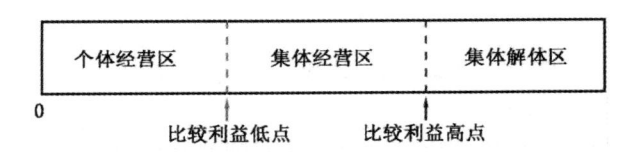

图 10-2　比较利益与集体经济的有效区间

产权与比较利益的组合决定集体经济的实现形式。虽然集体经济取决于共有产权、共同利益和比较利益，但只要有比较利益就会有共同利益，因此可以将模型简化为产权与比较利益双因素模型。在此将产权定义为集体共有基础上的个人化程度，它与比较利益一起决定集体经济的模型。从极端值来看，可以形成四种比较极端的模型（参见图 10-3）：第一种模型，产权个人化程度低、比较利益也比较低时，将形成传统的集体经济，即前面所说的紧密型的集体经济，产权占有人对产权控制比较弱或者没有，从集体获得的收益比较低。第二种模型，产权个人化程度高、比较利益也很高，这种情况就能够形成现代的集体经济，也就是在表一中的多元型集体经济。第三种模型，产权个人化程度低，或者个人对产权没有影响力，但比较利益较大，这属于集体比较强势的一种集体经济，可以说是"超级集体经济"，如河南的刘庄、天津大邱庄等。第四种模型，产权个人化程度高，但是几乎没有比较利益，这其实就是一种集体经济不发达的个人经营方式，

中国产权改革：从权利到权力

或者说集体不发达的双层经营——集体统一经营，农户分散经营。另外，在实践中，在这四种模型之间还有很多不同的集体经济实现形式。

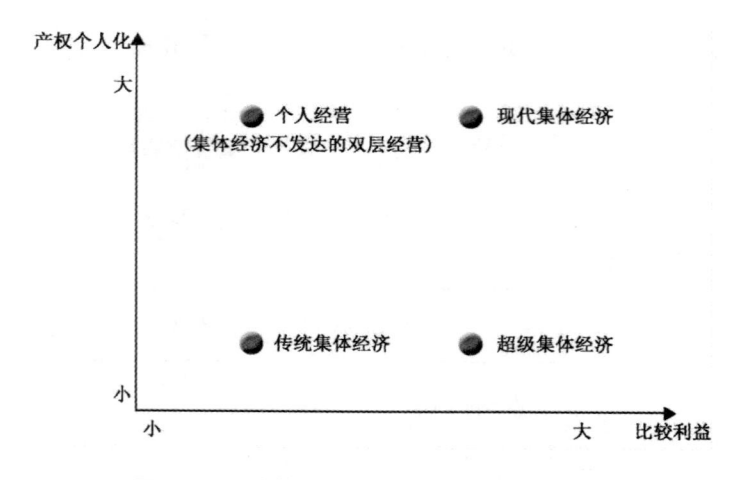

图 10-3　集体经济有效实现的形式（模型）

产权与比较利益决定集体经济有效实现的区间。前面我们已经从比较利益的角度确定了集体经济的上限和下限，如果将产权因素考虑进来，将会进一步界定集体经济有效实现的区间（参见图 10-4）。随着产权发展，共有产权的其他权利如承包权、占有权、经营权、分配权会逐渐个人化，将这种产权可控制程度称之为个人化程度，其对应的是集体化可控程度，它们与比较利益一起构成了集体经济有效实现的区间。产权个人化程度犹如一枚硬币的两面，一面它是个人对产权的控制程度；另一面它又是所有者——集体对产权的影响程度或可控程度，两者决定集体经济在产权因素方面的上限和下限，加上比较利益所确定的上限和下限，集体经济能够有效实现的区域就是图 4 的斜线部分。所以，我们可以说集体经济有效实现的区间就是产权个人化程度（集体可控程度）和比较利益大小所围成的区域，产权的个人化、比较利益的大小决定了个人经营和集体经营的边界。

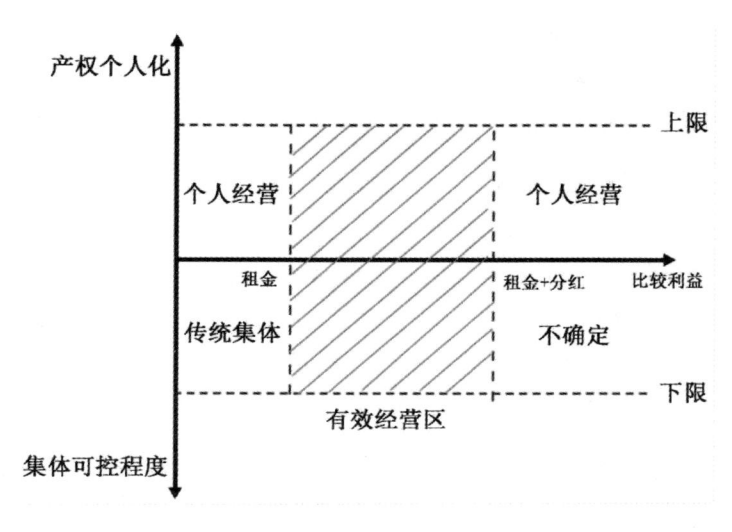

第十章 产权与利益：集体经济有效实现形式的经济基础

图 10-4 集体经济有效实现的区间

综合上面的分析，我们可以得出如下结论，集体经济有效实现取决于共有产权、共同利益和比较利益，或者说前者是后三者的函数。其中，在集体共有基础上的产权个人化程度是集体经济形成的充分条件；共同利益是集体经济形成的必要条件和经济基础，在共同利益中的比较利益是集体经济有效实现的动力基础。在集体共有基础上产权个化程度和共同利益决定集体经济能否形成，比较利益确定集体经济有效实现的区间，也可以说决定其持续性、有效性。

二 产权、利益决定集体经济的历史演变

产权、利益及集体经济的关系还需要从历史实践中得到检验。不管东方还是西方，利益的内涵和功能大体一致。对集体经济的影响而言，利益因素最大的差别就是共同利益、比较利益的多少问题。相对于利益的普适性，产权则有着东西方之别，中国传统的土地产权制度被马克思称为"亚细亚生产方式"，其重要特点为：个人不直接所

· 215 ·

有，只是占有人，土地产权为其他更大的"共同体之父"所有。① 马克思认为，这种地权产权制度决定东方实行专制主义。其实，这种特殊的产权制度还是中国集体主义、集体经济形成的重要因素。② 下面笔者就从"中国式产权制度"与利益来考察"中国式共同体"——集体经济的历史演变和发展。③

（一）传统家产制集体经济

中国传统的土地制度是私有的，但是这个私有程度受到的约束比较多。一是受到家族、村庄的影响，如土地转让有邻里、家族优先权。农民将土地出卖时，优先卖给族人、邻里。二是受到国家的约束，皇帝有最终的所有权，因为国家都是皇家的，属于私人的土地也应该是皇帝的，"溥天之下，莫非王土，率土之滨，莫非王臣"就是这种所有制的一种体现，就是说天下都是皇家的。马克思引用贝尔尼埃的话语坚持这种观点，"国王是国中全部土地的唯一所有者"④。虽然中国并非如此，但是这两个问题说明了中国的土地私有权受到了一定约束，并非是完整的私有权，在某种程度上为其他人所共同享有。

在传统中国，大部分的家族、村庄有一定的族田、祠田、学田、庙田、坟地等公共土地、公共资源。这些产权为同族共同所有、占有，其收益主要用于：一是祭祀活动。二是慈善和福利，家族以这些集体资产及其收益为同族中的弱者提供一定程度的生活保障和社会求救济。三是资助年轻族人的教育。四是编辑、修订族谱。⑤ 五是如果家族与村庄重合，家族还具有安全、纠纷调整及生产公共设施建设、

---

① 参见《马克思恩格斯全集》第30卷，人民出版社1995年版，第467页。
② 集体经济也是一种对生产、生活共同体的一种中国表达。
③ 中国式产权制度的两种形式：一是传统时期，个人所有，大共同体最终所有，不能定期分配，与俄罗斯的米尔不同，也不同于马克思所说的亚细亚生产方式；二是家庭承包经营时期，家庭占有，集体所有。前者与印度、俄罗斯、波斯、埃及等东方国家不同；后者则为中国所独创。
④ 《马克思恩格斯全集》第49卷，人民出版社2016年版，第414页。
⑤ 萧公权：《中国乡村：论19世纪的帝国控制》，台北：联经出版事业股份有限公司2014年版，第392页。

第十章 产权与利益：集体经济有效实现形式的经济基础

维修等保障功能，其支出主要源于家族产权的收益或者农民集资。

中国传统乡村的土地制度与俄罗斯的公社（米尔）不同，共同体中有私有土地，也有公有土地，而且私有和公有都不能进行再分配、再调整。① 土地的公有性质从两个方面得到体现：一是家族所拥有的土地是公有的；二是私人土地因为邻里权利、家族权利而带有些许公共性。从利益来看，共同体成员从公有产权获得共同利益，但是比较利益获得比较少。当然如果从归属、认同感来看，也有一定的精神利益。② 从集体经济实现形式来看，公有的产权共同所有、共同占有，但是采用出租经营、委托经营方式（Ⅰ3）。这种集体经济无论从家族共同体来看，还是从家族成员来看，并非是以经济利益为目标，而是以信仰、精神利益为目标。所以，家产制集体经济是一种以精神为目标的共同体，其存在源于产权共有和共有产权收益资助的活动。可以说，家产制集体经济因为有共同产权、共同利益的条件，形成没有问题，至于是否有效实现则取决于家产制集体经济为成员提供的比较利益。因为家产制集体经济不以利益为目标，而是以家庭以及整个家族共同体的存在为目标，所以家产制集体经济就只能形成，勉强维持而无法有效实现和持续发展。可以说传统家产制集体经济的特点是"多而不强，凝而不聚，成而不久"。在传统经济时期，家产制集体经济只是家庭制经济的一种补充，而非主流。

（二）合作社式的集体经济

1950 年的土地法的实施，标志着土地改革的全面实施，1953 年土地改革基本完成，建立起了农民个人所有制，但是农民个人所有、农户经营无法解决公共设施问题，也无法制止农户之间的两极分化问题。因此，国家决定推进农户间的互助合作，1951 年颁布了《中共

---

① 马克思的亚细亚生产方式可以解释原始社会部落时期的中国社会，但是无法完全解释中国传统的土地制度。俄罗斯的米尔的土地属于公社，在一定时间内是可以在农户之间进行调整的。中国家族、村庄的土地不能在农户之间进行再调整。

② 马克思称之为想象中的收益，会计学中称之为或有收益，胡平江博士称之为潜在收益。

●○ 中国产权改革：从权利到权力

中央关于农业生产互助合作的决定》，要求大力推行互助合作，发展互助组。① 1953 年底毛泽东决定，把合作化的中心由发展互助组改为发展合作社，并通过了《关于发展农业生产合作社的决议》。决议加速了合作化的进程，1954 年春合作社从 1 万个左右发展到 7 万个，1954 年底达到了 60 万个。② 快速推进产生了不少问题，各地出现了新建合作社垮台散伙、社员退社以及大批出卖牲畜、杀羊、砍树的现象，中央决定出台文件进行整顿。③ 但是由于各方面的原因，调整中断，1955 年夏季以后，中央又掀起了以建立高级社为目标的"农村社会主义高潮"运动。高级合作社推行非常快，1956 年底参加农业合作社的农户，已占农户总数的 96.3%，其中参加高级合作社的农户，占农户总数的 88%。④ 高级合作社并没有带来预期的效益，1956 年的粮食反而减产，这是 1949 年以来的第一次减产。⑤

在短短的五六年中，中国农村的经济体制经历了家庭单干、互助组、初级合作社、高级合作社四种形式。这四种形式也是从个人经营向集体经营的一个快速发展过程。互助组只是生产环节的互助，生产资料、生产成果均由农户支配，属于劳动或者生产工具方面的合作，只能算是劳动合作组或者生产资料合作社，还算不上比较典型的集体经济。

初级合作社则是一种典型的集体经济（Ⅳ1），农民拥有土地所有权，合作社控制、占有、经营土地，农民共同劳动，即农民拥有土地所有权，合作社控制土地占有权和经营权，农民按照劳动、入社土地

---

① 陈锡文、赵阳、陈剑波、罗丹：《中国农村制度变迁 60 年》，人民出版社 2009 年版，第 12 页。
② 《杜润生自述：中国农村体制变革重大决策纪实》，人民出版社 2005 年版，第 45 页。
③ 《杜润生自述：中国农村体制变革重大决策纪实》，人民出版社 2005 年版，第 46 页。
④ 陈锡文、赵阳、陈剑波、罗丹：《中国农村制度变迁 60 年》，人民出版社 2009 年版，第 13 页。
⑤ 《杜润生自述：中国农村体制变革重大决策纪实》，人民出版社 2005 年版，第 77 页。

第十章　产权与利益：集体经济有效实现形式的经济基础

分配成果。初级合作社控制的产权具有公共性。从制度设计层面讲，初级合作社具有共同利益和比较利益。由于在执行过程中存在强迫、命令情况，初级合作社运行得不太好。如1954年浙江省耕牛减少了5.7万多头，猪、羊减少了1/3—1/2，卖家具、吃种子粮、逃荒、要饭、卖子女、老弱饿死等现象累有发生。[①] 另外，1953年实施统购统销，当年比上年增购30%，1954年又增购超过了12%，买"过头粮"现象普遍。[②] 合作社不仅没有比较利益，连共同利益都受损，有些地方甚至连农民的"口粮"都不能保障，利益因素从吸引因素变成了排斥因素，与集体经济有效实现的条件背道而驰。

高级合作社则将土地等生产资料变成集体所有，统一经营、共同劳动、统一分配。集体是土地的所有者、占有者、经营者，也不再按股分红，农民与土地之间的联系从此不再存在。这是一种典型的、理想型的，与空想社会主义者的构想大体一致的集体经济形式。从集体经济解释模型来看，产权共有、共占、共营为集体经济打下了基础，但是必须看到这个基础是强制形成的；理想主义的高级合作社并没有给农民带来共同利益和比较利益。可见，高级合作社只有"强制创造"的集体经济形成的条件，并没有共同利益和比较利益。高级合作社式的集体经济只能在"强制力"下存在，一旦强制力不存在就会解体。因此，强制形成的高级合作社只是一种生产资料的简单联合，而不是以产权、利益为内在纽带的共同体，不是集体经济的有效实现形式。

（三）统制型的农村人民公社

初级合作社是以自然村或者生产小队为单位的集体经济，高级合作社是以行政村或者生产大队为单位的集体经济。决策者认为这种集体经济规模太小、公有的程度不太高，希望在农村建立规模更大、公

[①] 《杜润生自述：中国农村体制变革重大决策纪实》，人民出版社2005年版，第49页。

[②] 《杜润生自述：中国农村体制变革重大决策纪实》，人民出版社2005年版，第41页。

有化程度更高的集体经济。1958年中共中央颁布了《关于在农村建立人民公社问题的决议》，要求一乡一社，2000户左右为宜，进一步发展可以县为单位组成联社。1958年9月底，全国已建立了23384个人民公社，加入公社的农户占总农户的90.4%，每社平均4797户。农村人民公社的特点可以概括为：一大二公、政社合一。所谓"大"是规模大，以乡甚至数乡为单位；所谓"公"就是生产资料归公社所有，公有化程度高。所谓"政社合一"就是以乡为单位的农村集体经济组织与以乡政府为单位的管理组织合二为一，即政权组织、经济组织、社会组织统一起来。① 简单点说，农村人民公社是生产资料的所有者，统一经营、统一分配，甚至在大跃进期间实施过"大食堂"，即共同生活，不过很快集体食堂就解散（Ⅰ1）。

以公社为单位的集体经济组织、社会管理组织，单位太大，实施困难，而且存在生产资料平调现象，平均主义严重。1960年11月国家对农村人民公社制度进行调整，提出"三级所有，队为基础，是现阶段人民公社的根本制度"。"队为基础"是指生产大队，即大队为生产资料的所有者、占有者和经营者，以大队进行成果分配，大队是生产经营核算单位。这种调整在一定程度上缓解了规模过大问题、平均主义问题。为此，1962年中共中央又发出了关于改变人民公社基本核算单位问题的指示，把基本核算单位从大队下放到生产小队。② 生产小队成为了生产资料的所有者、占有者、经营者，也是成果的分配者，这使生产资料占有单位和生产、分配单位相对一致，从而使生产、分配统一起来了（Ⅰ2）。

从集体经济解释模型来看，集体产权的公有化程度更高了，土地、牲畜和农具全部为集体所有。当然这种产权的公有是强制的。在农村人民公社期间，农民也没有获得实质性的收益。1957年到1978年农民人均分配收入只增加了33.3元，年均增加1.59元。农民人均

---

① 陈锡文、赵阳、陈剑波、罗丹：《中国农村制度变迁60年》，人民出版社2009年版，第13—14页。
② 陈锡文、赵阳、陈剑波、罗丹：《中国农村制度变迁60年》，人民出版社2009年版，第17—19页。

第十章 产权与利益：集体经济有效实现形式的经济基础

粮、油消费水平，折成贸易粮和食用植物油之后，实际是下降。① 也就是说，农村人民公社是一种强制性的集体经济，强制形成后并没有带来共同利益，更没有比较利益。所以以强制性的集体公有、占有、经营生产资料，以共同劳动、共同分配为特点的集体经济因为共同利益和比较利益不存在而无法有效实现。这就说明了以强制为手段创造可以形成集体经济，但是不可能持久，加上共同利益、比较利益无法保障，根本无法有效实现。② 正如马克思所说的，这种集体"表现为一种**联合**而不是**联合体**"。③

（四）统分结合的集体经济

虽然农村人民公社的体制进行调整，最后变成了"三级所有，队为基础"，治理单元与文化单元、产权单元逐渐趋同，但是这种集体经济始终存在三个无法克服的问题：一是强制的组合，恩格斯曾经精辟的分析，不能强制搞国家社会主义，否则"人们多半只是自觉地或者完全机械地行动，而不知道他们做的是什么。"④ 二是平均主义问题，即"大锅饭"的问题，导致集体成员的积极性不足。⑤ 三是"搭便车"问题。⑥ 另外，再加上国家通过集体经济组织来强制征购粮食，农民不仅无法获得比较利益，而且连共同利益也无法保障。因此，农村人民公社的改革势在必要。

1978年安徽、四川、贵州等地借灾荒开始实施"借地度荒"、"包产到户"。这一政策得到了中央政府的认可。1978年中共中央召

---

① 陈锡文、赵阳、陈剑波、罗丹：《中国农村制度变迁60年》，人民出版社2009年版，第19页。
② 这里有一个问题无法证实，也无法证伪，如果强制形成的集体经济，能够带来大量的共同利益、比较利益是否可以保障集体经济的有效实现呢？
③ 《马克思恩格斯全集》第30卷，人民出版社1995年版，第474页。
④ 《马克思恩格斯全集》第22卷，人民出版社1965年版，507—508页。
⑤ 陈锡文、赵阳、陈剑波、罗丹：《中国农村制度变迁60年》，人民出版社2009年版，第20页。
⑥ 林毅夫：《制度、技术与中国农业发展》，上海三联书店、上海人民出版社1994年版，第68页。

开十一届三中全会，制定了《中共中央关于加快农业发展若干问题的决定（草案）》。文件规定，尊重生产队的自主权；恢复按劳分配，实行定额制或大包干，允许"包工到组"，但不许"包产到户"、不许"分田单干"。1979年9月中央召开十一届四中全会，通过了十一届三中全会提出的《中共中央关于加快农业发展若干问题的决定》，提出"不要包产到户"，但是少数地方的村庄可以"包产到户"。1980年9月中央召开各省区第一书记座谈会，形成了《关于进一步加强和完善农业生产责任制的几个问题》的会议纪要，这个纪要简称"75号文件"，文件规定"应当支持群众的要求，可以包产到户，也可以包干到户"。1982年中央颁布了《全国农村工作会议纪要》，这也是有关三农问题的第一个中央一号文件，明确了包产到户是一种社会主义经济，承认了其合法性。1983年10月中央、国务院印发《关于实行政社分开建立乡政府的通知》，废除了政社合一的体制。从此建立起了土地集体所有、农户分户承包、家庭自主经营、农民自负盈亏的经营体制，也称为农村集体土地"以家庭承包经营为基础、统分结合的双层经营体制"（Ⅱ1）。

土地所有权是集体的，农户拥有承包权、经营权，收益分配采取"交足国家、留足集体、剩下是自己的"分配原则。同时，集体因为土地所有关系和共同体的管理关系，为农民提供一定的公共服务，如水利服务、信息服务等，此外部分村庄还有集体经营的经济。产权的公有为集体经济的形成提供了条件，集体统一经营及水利服务等提供了共同利益，集体经济可以形成，但是能否有效实现取决于集体能够给成员提供的比较利益。大部分的村庄将土地承包给农户，集体收益所剩无几，无力给农民提供比较利益。因此，不能提供比较利益的家庭承包经营，集体统一经营只能是一种"形式的集体经济，实质的家庭经营"。另外，承包土地可以定期调整或者"微调"的村庄，集体经济则体现为一种类似原始公社的共同体形式，即集体拥有所有权，农民拥有占有权，占有权可以定期调整。集体经济或者集体共同体是一种松散性经济组织，其共同性体现在产权的共有和少许的共同服务。

第十章　产权与利益：集体经济有效实现形式的经济基础

（五）产权多元下的现代集体经济

虽然产权集体公有，但是共同利益少、比较利益更少，这种集体经济实质上是形式上的，无法实现合作办大事，共同抵御风险的作用小，也缺少一种再分配功能。因此，集体经济需要重新"找回集体"。"找回集体"则需要进一步完善农村土地产权制度。国家从稳定家庭承包制度的角度对土地产权制度进行创新，为找回集体经济提供了经济基础。

1986年通过、1987年实施的《民法通则》，从法律上明确了农户的承包经营权，即农户的承包经营权是受法律保护的。在此承包权与经营权是一体的。1986年全国人大通过，1988年再次修订的《土地管理法》，也从法律上对农民承包责任制作出了法律方面的规定和解释。从法律上确认了承包责任制的合法性及土地承包经营权的个人性。1993年全国人大通过的《农业法》则有重大的突破，该法案明确了承包农户对土地产出品具有处分权和收益权，对承包土地具有一定的处置权利，承包者对原有承包地有优先承包权。从法律上明确了承包权可以分为承包权和经营权，而且经营权可以流转，但是流转有偿的问题没有明确。2002年九届全国人大通过了《农村土地承包法》，明确规定承包农户对土地具有经营决策权、产品的处分权、使用权的处置权和继承权，并且规定承包土地可以有偿流转，明确规定承包土地可以折价入股。可以说，第一次细分了土地的子产权，而且规定经营权可以有偿流转，还可以通过土地入股的形式发展股份制经济。

农村土地产权制度的改革对于集体经济发展有重大的意义：一是创造了可流转的产权，即土地产权分为所有权、承包权、经营权，不仅承包权可以流转，经营权也可以流转；二是流转按照市场原则进行；三是土地可以折价入股。所以，产权制度的改革为改变形式化的集体经济提供了条件。一是承包权与经营权的分离，能够在保证承包农户权益的前提下以经营权从事集体经济；二是按照市场原则组织集体经济，确保各主体参与自愿，权利平等；三是可以折价入股，体现

· 223 ·

了最高的合作——生产要素的合作，保证劳动力与生产资料的分离。这些条件都带有西方股份制的特点，创造了在公有产权制度下的若干个人权利，相对于传统的集体所有、集体经营、集体分配则更具有合作、股份制的特点，因此按照这些原则组织起来的集体经济可以称之为现代集体经济。

在20世纪90年代，珠三角的南海、顺德等地在土地集体所有、农户承包经营的前提下探讨发展集体经济：集体将承包土地收回，按照人均分配股份，集体统一经营土地，按照股份分配红利，即集体所有、集体占有、集体经营，但是农民拥有集体的股份，共同分配。新世纪初期，南海、顺德又将农民拥的集体股份进行固化，而且随着村改居的发展，村庄逐渐社区化，① 政府推动了政经分离，社区居委负责对整个社区居民，包括原有村民和迁入的居民进行管理；原有集体经济剥离，以单独的股份社来所有、营运和进行分配——按股分红。珠三角的股份社是一种新型的集体经济，其特点为：一是集体成员是平等的产权主体；二是股份社拥有共同的产权，股民拥有相应的股权；三是股民根据股份获取红利。从建构的集体经济解释模式来看，集体的土地、资产为股份社全体股民共有，股份社统一占有、统一经营，股份社所有的财产、经营都是公共利益，而且每年年底按照股份分红，具有比较利益。集体经济有效实现的程度取决于比较利益——分红的多少。从南海、顺德来看，分红的数量决定股份社的认同程度、发展程度，即决定集体经济有效实现程度。可以说，股份社属于集体经济有效实现的一种形式（Ⅲ2）。

无独有偶，最近山东省东平县也在推进土地股份合作社经营，主要有三种形式：一是农民之间的自愿组合，农民将土地入股成立股份合作社，合作社统一经营、统一分配，这种合作社是一种在集体经济组织内部的一种自愿性的合作组织；二是农户和村集体各拿出部分土

---

① 村改居后，村庄变成了社区，除了管理原有的村民外，还有户口迁入本社区的居民。这就迫使村庄进行政经分离，即社区居委会变成一个社区管理机构，集体经济变成股份社，由原有居民所有、共同经营、按股分红。

第十章 产权与利益：集体经济有效实现形式的经济基础

地入股，成立股份合作社，由合作社统一经营、分配，农户和集体的土地按照股份分红；三是以村集体为单位，农民保留承包权，将经营权交给村集体，村集体再按照股份合作的营运方式进行股份制经营，村庄大部分农民加入股份合作社。三种形式有共同的特点，以经营权入股，合作社统一经营、统一分配，农民能够获得保底的收入——相当于土地出租价格，而且还有分红，目前分红还较低。这些股份社均有一位经济能人，而且经营的是高附加的经济作物，发展形式都比较好。从集体经济有效实现的解释模式来看，产权集体占有，成员之间有一定的产权相关性；经营权平等入股，体现了市场的原则；经营权为集体经营、按照股份分红，股份社成员有共同利益，还有一定的比较利益。因此，集体经济能够形成且在一定程度上有效实现。

三 探索集体经济有效实现的产权与利益组合

（一）基本结论

1. 集体经济的形成和有效实现是有条件的。集体经济是一种要素组合经济，它的形成需要一定的条件。只有条件具备后才可能实现，条件不具备强制推行一定会失败，或者导致形式化，或者是联而不合。马克思、恩格斯曾指出，东方落后的国家进行社会主义建设，不能超历史阶段实施"国家社会主义"，否则会得不偿失。[1] 20世纪五六十年代，我国强制推行的集体经济就是忽视了集体经济形成的条件，从而导致成效低下而解体。改革开放初期，统分结合的集体经济的形式化也是因为条件不具备。因此，集体经济的形成和有效实现是有条件的。

2. "中国式产权制度"为集体经济提供整合前提。从珠三角、山东东平的股份社和土地股份合作社来看，产权共有是集体经济形成的前提条件。中国农村产权是集体所有，而且在有些地方还在维持习惯性"微调"，这种集体所有类似于原始公社的产权性质或者如马克思

---

[1] 孙承叔：《打开东方社会秘密的钥匙》，东方出版中心2000年版，第201页。

所言"亚细亚生产方式"的特点，具有中国独特性。仅有产权集体所有，只能够形成传统的集体经济。产权改革和发展使土地在集体所有的基础上，农民拥有承包权，而且承包权又分离出了经营权。集体所有权使成员之间有了产权关联，为集体经济形成、整合农户的经营权提供了潜在的可能性。承包权是一种资格权，使农民拥有了土地的占有权，这种占有权具有财产性质，它具有收益的功能。经营权的可转让性，使所有权潜在关联、承包权的收益性转化为集体化的现实可能性。农村土地集体所有、承包权及衍生出的经营权都是中国农村所特有的权利。这种"中国式产权制度"使中国比其他国家更容易形成集体经济。

3. 利益为集体经济提供形成的经济基础。从中国集体经济的演变历史和现实发展来看，"中国式产权制度"只是给集体经济形成提供了整合的可能性，但是要真正形成还需要走两步：第一步，要有共同利益，即集体经济的形成要么有共同的利益需要，要么它形成后能够产生新的共同利益。第二步，在共同利益的基础上，还需要有比较利益，即集体成员除了能够获得共同利益外，还要有新增加的利益，而且比较利益的高低决定集体经济的有效实现程度。归纳起来就是，"中国式产权制度"为集体经济形成提供了整合的可能性，共同利益为集体经济提供了经济基础，比较利益为集体经济提供了经济或者现实动力。

4. 产权和利益组合决定集体经济有效实现的形式和区间。从前面的分析可以看出，产权私有可以形成集体经济，产权公有及其产权的发展也可以形成集体经济。产权结构与利益组合可以形成不同的集体经济形式，可以是传统的集体经济，也可以是股份制集体经济，还可以是要素的简单合作，最有效的实现形式是具有退出权、治理权的股份制形式。可见，产权结构与利益分配方式的不同组合决定集体经济的具体形式。同时，产权与利益的组合还能够确定集体经济有效实现的区间。当集体的增量收益超过个体经营的年平均收益（市场条件下的土地租金收入）时，集体经济有了实现的可能；当比较利益是集体可持续发展的最大分配额时，这是集体经济有效实现所能分配给成

第十章 产权与利益：集体经济有效实现形式的经济基础

员的最高收入。具体说集体经济能够有效实现的成员收入是大于租金，小于租金与最大分红之和。这个区间就是集体经济能够有效实现的区间。

5. 集体经济形式多种多样，私有、共有均可以形成集体经济，后者比前者更易形成。首先集体经济形式多样。产权结构和利益分配结构决定集体经济的有效实现的区间，在这个区间有很多不同组合形式的集体经济。所以，集体经济的有效形式多种多样，不仅仅只有前苏联、中国高级合作社和农村人民公社这种比较理想、比较极端的集体形式。同样这种集体经济形式的解体、失败并不表明其他类型的集体经济无法实现。其次产权私有和公有均可以形成集体经济。前者可以形成西方以私有制为基础的股份制经济；后者可以形成以公有产权为基础的股份制或者合作经济，可以说所有制并不是集体经济形成的必要条件。最后公有产权更易形成集体经济。虽然私有、共有产权均可以形成集体经济，但是公有产权天然所具有产权相关性、利益关联性，使其比产权私有更易形成集体经济。

（二）以产权和利益推进现代集体经济的发展

集体经济因为其规模效应、合作功能和再分配功能，可以解决分散的小规模农户面临的诸多问题，加上"中国式产权制度"使其有生长、发育的可能性，因此可以产权和利益推动现代集体经济的发展。

1. 充分认识当前集体经济价值与功能。原始公社时期的集体经济是为了解决生存问题；传统社会时期的集体经济是为了解决共同的困难问题，如灾害、水利建设等；当前中国的集体经济并不是为了解决生存问题，也不是为了解决灾难问题，而是为了解决小规模农户分散经营的低效率、低收入问题和农户生产经营的高成本、高代价问题，通过合作实现自身经营无法达到的目标。因此，在集体经济中，利益因素可能更为突出，利益需求是集体经济形成的最重要的需求。各地可以利用这种利益因素，因势利导推动集体经济的形成和发展。

2. 在尊重农户承包权的基础上推进集体经济。传统集体经济的失败就是忽视了农民的土地权利，无法保障农民对集体经济组织的参与和监督。当前发展现代集体经济一定要吸取以前的教训，充分尊重农民的承包权，一是承认农民承包权的财产性质，具有收益功能；二是承认农民承包权的财产性就必须尊重农民的选择，不能行政命令，也不能强迫，要在自愿地基础上推动集体经济的有序发展；三是尊重农民的承包权要承认集体成员之间的平等性，集体经济是一种平等主体的自愿合作，不是一种等级经济；四是按照市场经济的原则组织集体经济，按照市场机制分配集体成果。概括起来就是：自由选择、平等参与、公平分配、市场调节。

3. 寻找、建构集体经济成员的共同利益。传统集体经济之所以失败就是忽视了集体成员之间的共同利益。因此，推进现代集体经济必须让农民看到共同利益，以共同利益来吸引农民参与。为此，一是激活共同的利益需求。在产权公有和共同治理单位下，肯定有共同的利益需求，只是没有发现和激活，需要将这种潜在的共同利益激活。二是建构共同利益。集体经济形成后要能够给农民带来一种共同利益，这种共同利益要么是集体经济的发展，要么是集体经济提供成员的服务，还可以是集体经济给成员带来的一种安全、秩序等。通过激活、建构集体成员之间的共同利益可推进现代集体经济的形成。

4. 以合理的比较利益保障集体经济实现。传统集体经济失败最重要的原因是过于依赖农民的自觉性和直接热情，忽视了农民的利益需求。列宁在反思集体经济中指出，"不能直接凭热情"，要"靠个人利益，靠同个人利益的结合，靠经济核算"。[①] 发展现代集体经济更是如此，因为中国农民的需求是一种利益需要，一种发展需求。发展集体经济就是为了解决这种利益需求、增收需求，所以在共同利益的基础上还必须有一定的比较利益。只有一定的比较利益，集体经济才能够持久，才能够发展壮大并有效实现。当然比较利益要"合理"，其分配既要保证吸引农民参与，也要保证集体经济的可持续发展。

---

① 《列宁选集》第 4 卷，人民出版社 2012 年版，第 570 页。

第十一章 农地改革的逻辑、路径与模式

——农村土地改革 30 年[*]

1978 年中国以农地为突破口拉开了市场经济改革的序幕，回首农地改革 30 年，它是在曲折中前进，在争论中发展，在困难中完善，它以特有的逻辑与路径而变迁，它以边际与增量的策略而创新。总体而言，中国农地制度变迁经历了为吃饭而"变法"、为效率而"修法"、为权力而"立法"的三个阶段。

一 为吃饭而"变法"

（一）从"穷思变"到"饿思田"

1949 年前后，全国各地进行土地改革，3 亿农民获得了近 7 亿土地，[①] 1952 年开始社会主义改造运动，农民开始组织互助组，随后将互助组改造为初级合作社，1955 年将初级合作社过渡到高级合作社，1958 年高级合作社过渡到农村人民公社。历史给农民开了一个大玩笑，从获得土地到失去土地，一切又回到了"起点"。1958 年以后，推行"总路线""大跃进""人民公社化""三面红旗"，这个时期又经过了"大食堂"试验、整风整社和社会主义教育运动、"文化大革命"及与之兴起的农业学大寨，政治运动与经济、社会管制导致了农

---

[*] 发表于《中国农村研究》2008 年卷。
[①] 吴象：《中国农村改革实录》，浙江人民出版社 2001 年版，第 3 页。

村经济的凋敝。饥饿、贫穷与停滞是集体化时期的主要概括。1978年全国人均占有粮食318.7公斤,人人平收入133.6元,分别比1957年增长年增加12.7斤和60.6元,年均分别增长%和%,收入中90%是物质,货币收入不足10%。其实,这是算得总账,如果剔除上缴国家部分,农民消费的粮食和从人民公社获得的收益更少。据杜润生研究,"中国实行社会主义近30年,农民一天吃不上1斤贸易粮,1958—1978年全国农村人民公社社员平均收入增长只有1元"。[①] 1978年城乡居民每人每天摄入热量只有2311千克(世界平均为千克),乡村人口均消费贸易粮199公斤,食用油1.1千克,与1957年相比,分别下降3%和42%。1977年安徽芜湖有1/5的人口,口粮不足300斤。[②] 当时有2.5亿人处于饥饿状态,占农业人口30%以上。[③]

吃饱饭成了此时农民的最大心愿。万里在安徽调研时曾经问一个农民有什么要求,农民回答,"没有别的,只要吃饭肚子",又拍拍肚子说,"这里少装些山芋"。[④] 杜润生在河北调研时,农民说,集体将大家拴在一个槽上,挤在地儿吃那点草,管吃不管饱,自己找点东西都不让,只能一起饿肚子。[⑤] 面对饥饿,农民第一个反应:自救,搞单干。合作社时期就有农民"牵牛退社",1956年浙江永嘉县为了缓解入社的矛盾,实施过土地"包产到户";1962年安徽、浙江、湖南、四川、河北等地为了解决饥荒问题,推行"责任田",也就是"包产到户";1976—1977年许多地方为了解决当时的粮食短缺的问题,开始向农民"借地度荒",有些地方明是集体,实为单干。"包产到户"三起三落,但是仍然在不少地方顽强生长,可以说是"野火烧不尽,春风吹又生"。

[①] 杜润生:《杜润生自述:中国农村体制变革重大决策纪实》,人民出版社2005年版,第126页。
[②] 张广友:《改革风云中的万里》,人民出版社1995年版,第139页。
[③] 郑有贵:《家庭承包经营:制度创新的动因》,载《中国共产党"三农"思想研究》,中国农业出版社2002年版,第182页。
[④] 吴象:《中国农村改革实录》,浙江人民出版社2001年版,第108页。
[⑤] 杜润生:《杜润生自述:中国农村体制变革重大决策纪实》,人民出版社2005年版,第125页。

第十一章 农地改革的逻辑、路径与模式

(二) 从"不许"到"不要"

1978年夏秋之交,安徽发生了百年不遇的特大旱灾,全省6000多万亩农田、400多万人口受灾,安徽省委决定"借地种麦",来安县魏郢生产队实施"包产到组"、天长县新街公社"联产计酬""责任到人"。与政府有组织的推动相比,嘉山、凤阳、肥西农民则走得更远,1978年冬偷偷进行"包产到户"。1978年底,安徽农民与政府从"借地度荒"到"包产到组",再从"包产到组"到"包产到户",迅速突破《农村人民公社条例(试行草案)》(即六十条)的约束,实施了制度创新。其实,"包产到户"的第一把火则是山西省闻喜县南郭村,早在1978年初该村19户社员,就已经偷偷"包产到户"。[①] 同年,内蒙古、四川、贵州等省也出现了"借地""口粮田""包产到组""包产到劳"等责任制形式。

面对风起云涌的"包产风",当时政策及中央领导是反对"包产到户"的。这一点也从十一届三中全会有关土地制度的规定得以证明。1978年底召开十一届三中全会,提出要集中主要精力搞好农业,并制定了《中共中央关于加快农业发展若干问题的决定(草案)》。文件规定,尊重生产队的自主权;恢复按劳分配,实行定额制或大包干,允许"包工到组",但不许"包产到户"、不许"分田单干";恢复自留地和集贸市场。虽然决定总的精神倡导思想解放,但是仍然给土地制度改革设定了"禁区"。

对于决定,农民和基层政府都不满意。安徽有农民说:"早也盼,晚也盼,盼到现在搞了两个不许干"。[②] 农民和基层干部纷纷要求去掉"两个不许"。1979年安徽在肥西县山南公社搞"包产到户"的试点,另外,安徽的全椒、广东的博罗、四川的广汉也进行了"包产到户"的改革。1979年底,安徽"包产到户"的生产队有51%,"包产到户"的生产队有10%,贵州也达到了10%,全国包产到户的大

[①] 吴象:《中国农村改革实录》,浙江人民出版社2001年版,第162页。
[②] 张广友:《改革风云中的万里》,人民出版社1995年版,第181页。

约有9%，① 包产到组的大约有3亿农户。② 1980年贵州、内蒙古、四川农民自发包产到户的越来越多。尽管政策不允许，各级政府也派出不少工作队和干部下乡纠偏，但是要么就是工作队被老百姓说服，要么就是农民"明全暗分"，有些地方的农民甚至公开抵制。面对这种情况，1979年9月中央召开十一届四中全会，通过了十一届三中全会提出的《中共中央关于加快农业发展若干问题的决定》，③ 与十一届三中全会的提交的农业发展若干问题的决定草案相比，四中全会的决定有所进步，两个"不许"变成了一个"不许"，一个"不要"，即不许分田单干，除某些副业生产的特殊需要和边远山区交通不便的单家独户外，也不要包产到户。④ 虽然只是从"不许"变成"不要"，但是它毕竟从政策上承认了某些地方、某些农户的"包产到户"行为，确立了少数生产队"包产到户"的合法性。1980年9月中央召开各省区第一书记座谈会，形成了《关于进一步加强和完善农业生产责任制的几个问题》的会议纪要，这个纪要简称"75号文件"，文件仍然坚持集体经济，但是"群众对集体丧失信心，因而要求包产到户的，应当支持群众的要求，可以包产到户，也可以包干到户"，这一政策又扩大了允许包产到户的范围，过去是"老、少、边、穷"的生产队，现在扩大到对集体"丧失信心"的生产队，而且"丧失信心"是主观认定的，可以无限扩大。"千里之堤，溃于蚁穴"，正是少数地区、少数农民、"丧失信心"生产队的"包产行为"终结了人民公社制度，摧毁了"队为基础，三级所有"的体制。

（三）从"有条件"到"无条件"

1980年的"75号文件"打开了"包产到户"之门，但是仍然有

---

① 杜润生：《杜润生自述：中国农村体制变革重大决策纪实》，人民出版社2005版，第107—108、114页。

② 吴象：《中国农村改革实录》，浙江人民出版社2001年版，第144页。

③ 十一届三中全会提出了《中共中央关于加快农业发展若干问题的决定（草案）》，规定"两个不许"，十一届四中全会正式通过的《中共中央关于加快农业发展若干问题的决定》，"两个不许"改成了"一个不许"、"一个不要"，体现草案与正式文件的区别。

④ 吴象：《中国农村改革实录》，浙江人民出版社2001年版，第150页。

第十一章 农地改革的逻辑、路径与模式

不少约束,主要体现在两个方面:一是先进地区、发达地区不允许"包产到户",即只允许"三靠"地区实施"包产到户",经济比较发达、水利设施比较完善的灌区、产量高征购地区受到了约束;二是允许"包产到户",但是农户经营权和产品处置权仍然没有交给农民。农民和基层干部群众仍然不满意,他们继续在既有的政策框架内,不断打"擦边球",边际推进。有些比较发达的村庄,通过种种方式突破界限,推进包产到户。江苏无锡县洛社、武进县雀桥等公社率先试点,宜兴、江阴也逐步跟进,实施联产到劳,同时他们摸索出了适合发达村庄的"专业承包、包干分配"的方法,突破了发达村庄不能包产到户的禁区。[①] 安徽地区继续推广凤阳小岗村的分配经验:交足国家的、留足集体的、剩下是自己的。这一分配方式打破的产品处置权的禁区,农民有权利处理剩余农产品。包产到户的方式逐渐为包干到户所替代。包产到户调动了农户的积极性,增加了产量,农民和基层干部呼吁承认包产到户的合法性,进一步扩大农户的经营自主权,面对农民的实践,1982年中央颁布了《全国农村工作会议纪要》,俗称第一个"中央一号文件"。

1982年的中央一号文件规定,"目前实行的各种责任制,包括小段包工定额计酬,专业承包联产计酬,联产到劳,包产到户、到组,等等,都是社会主义集体经济的生产责任制。不论采取什么形式,只要群众不要求改变,就不要变动"。明确了包产到户是一种社会主义经济,承认了其合法性,同时也突破了发达地区不允许包产到户界限,农民与生产队有选择的权利。同时规定包产到户不能一个模式,允许群众根据实际情况具体选择。"适于个人分散劳动的生产项目,可以包产到劳力、到户;需要协作劳动的生产项目,可以包产到组……宜统则统,宜分则分"。中央一号文件还充分尊重农民的意愿、选择和首创精神。

1982年的中央一号文件正式确立了包产到户的合法性,同时也完善了75号文件中的两个禁区,包产到户使得家庭分散经营与集体

[①] 吴象:《中国农村改革实录》,浙江人民出版社2001年版,第169页。

统一经营结合，农地的经营权与所有权分开，农民拥有了剩余劳动的处置权。1982年中央一号文件几乎又回到了50年以前的经营形式，这次回归是以生命和血的代价来实现的，饥饿是回归的主要动因。农民没有什么豪言壮语，也没有什么深层的动机，吃饱饭是唯一的动机。

二 为效率而"修法"

第一阶段是农民为了吃饱饭而与政府博弈，第二阶段则是为了提高农业生产效率而与政府讨价还价。第一阶段主要参与者为农民，第二阶段的主要参与者则是农民与基层政府。

（一）从"紧"到"松"

1982年中央一号文件以后，包产到户迅速推广，而且还出现了专业大户，而且其他一些非耕地，如林地、草场等都面临着责任制的动力与压力。为了进一步完善包产到户的责任制，1983年1月第二个中央一号文件——《当前农村经济政策的若干问题》正式颁布。这个文件主要有三个方面的作用：一是肯定。从理论上说明了家庭联产承包责任制"是在党的领导下中国农民的伟大创造，是马克思主义农业合作化理论在我国实践中的新发展"。二是完善。"稳定和完善农业生产责任制"、"林业、牧业、渔业、开发荒山、荒水以及其他多种经营方面，都要抓紧建立联产承包责任制"，农村与耕地有关的所有的产业都允许实施责任制。三是改革。"人民公社的体制，要从两方面进行改革。这就是，实行生产责任制，特别是联产承包制；实行政社分设"。完善与改革的目标是巩固包产到户、提高政策的制度效率。

1983年出现了土地调整的问题、土地分散经营低效的问题，以及专业大户的合法性和合理性问题，亟须出台新的政策解决新问题。1984年初期出台了《中共中央关于一九八四年农村工作的通知》，即中央的第三个一号文件。文件进一步完善和创新了农村制度：一是稳

第十一章　农地改革的逻辑、路径与模式

定农户的土地预期，"土地承包期一般应在十五年以上。生产周期长的和开发性的项目，如果树、林木、荒山、荒地等，承包期应当更长一些"；二是促进土地流动，但不是有偿，"鼓励土地逐步向种田能手集中。社员在承包期内，因无力耕种或转营他业而要求不包或少包土地的，可以将土地交给集体统一安排，也可以经集体同意，由社员自找对象协商转包，但不能擅自改变向集体承包合同的内容"、"自留地、承包地均不准买卖，不准出租"；三是肯定新事务，"农村在实行联产承包责任制基础上出现的专业户，带头勤劳致富，带头发展商品生产，带头改进生产技术，是农村发展中的新生事物，应当珍惜爱护，积极支持"。

（二）从"粮"到"效"

经过包产到户及三个中央一号文件，农村经济得到了飞速发展，但是出现的问题也不少，特别是粮食产量大增，从过去"粮食不足"转向"供求平衡"，粮食供求平衡导致粮食价格下降，农业的比较效益下降，农民的生产积极性受到打击，国家不能完全承担增产的粮食，因此，增加农民收入，减轻政府负担实在必行。1985年春中央颁布了第四个一号文件——《关于进一步活跃农村经济的十项政策》就是针对这些问题。1985年的一号文件涉及土地制度有关的内容主要有三个方面：一是取消统购统销制度，"改革农产品统派购制度，国家不再向农民下达农产品统购派购任务，按照不同情况，分别实行合同定购和市场收购"。二是调整产业结构，增加农业效益，"要继续贯彻决不放松粮食生产、积极发展多种经营的方针"。允许农业结构调整是充分赋予农民产业、产品的决策权，农地生产目标开始兼顾安全与效益。三是放宽林地和山地政策，"国营林场，也可以实行职工家庭承包或同附近农民联营"。可以说，1985年的中央一号文件是新中国成立以来，乃至中国传统社会以来的一个大转折点，因为土地政策从强调粮食、强调增产转向强调效益、强调增收。

1985年的中央一号为土地政策从"粮"转到"效"迈出了第一步，但是没有涉及更深层的问题。特别是随着包产到户政策的深入以及农村市场的放开，越来越多深层次的问题涌现出来：首先，家庭承包经营的投入出现的问题，虽然粮食不断增收，农民收入绝对值不断上涨，但是国家、集体和个人对农业特别是基础设施的投入越来越少，农业发展的基础和潜力受到了市场和包产的挑战。其次，向城市倾斜的农产品交易政策损害了农民的利益，特别是国家为降低本身的成本，取消了超购加价50%的政策。再次，农业效益继续下滑，在市场和自然的冲击下，小农分散经营的风险性和弱质性显露无遗。这些问题是包产到户以后，遇到最棘手的问题：谷贱伤农、贴多伤政。面临着这两难境地，中央再次颁布一个一号文件，即连续第五个中央一号文件，其核心仍然是通过调整土地及其相关政策提高农业的效益，帮助农民增收。一是增加农业的投资，确保农业的基础地位，特别整治土地，改造中低产田；二是鼓励扩大耕地经营规模，鼓励大户经营；三是调整农业产业结构，发展经济作物。三项内容都是一个目标：将耕地从粮食约束中跳出来、从确保承包土地的小农经营中跳出来，允许种植经济作物，允许规模经营，在既有的土地制度框架内最大能力促进农民增收。同时，通过增加财政投入的力度，弥补家庭分散经营没有能力、没有积极性投入的不足，这也是在既有的土地制度框架内通过外部力量的干预，确保农业发展的自我平衡。

1986年和1987年农业和农村中遇到了比较严峻的困难，首先小农与大市场的矛盾，即小农如何进入市场的问题；其次小农的生产服务供给问题；最后是农业效益继续低位徘徊的问题。当时有人质疑承包责任制，认为这都是包产到户、分户经营的结果，要求回到集体经营体制上去。针对这种局面，中央决定通过深层次的改革，将发展中的问题通过改革来解决，而不是退回到集体化。因此，1987年初通过了《把农村改革引向深入》的文件，这个文件本来是要以一号文件出台的，但是由于各方面的原因，变成了五号文件。1987年的中央五号文件涉及土地制度方面的内容主要有三个：一是完善双层经营，稳定家庭联产承包制。主要包括发展乡村合作组织、进一步稳定土地承包关系、理顺各方面的关系、尊重集体经济、理顺土地纠纷关系；二是进一步改革土地产品的征购关系；三是加大以土地为中心的农业结构调整力度，转移农村剩余劳动力。1987年中央的五号文件对土地制度功能主要有三个：总结过去的改革、布置未来的创新；巩固改革成果、进一步明晰政策内容；围绕农业增效、农民增收出台政策。

（三）从"被动"到"主动"

1978年到1987年十年的土地制度改革都是农民与基层政府推着中央政府创新，中央政府的政策都是针对问题进行被动式的调整和改革。1987年的五号文件要求成立农业改革试验区，将新政策和新制度先在试验区试验，然后再向全国推广，中央政府的制度变迁从被动接纳变成主动探索。与土地制度有关的试验区有五个：一是贵州眉潭地区，实验承包地15年不变动的政策，坚持"生不添，死不减"的原则。二是山东平度地区，实行"两田制"，将承包地分为"口粮田"和"责任田"。三是北京顺义地区，试验土地规模经营。四是湖南怀化、山西吕梁、陕西延安地区，进行荒山拍卖的试验。五是广东南海地区，实验土地股份制合作。五个试验区的五种土地制度创新性试验的成果，大多数在全国推广，变成了正式的政策和制度安排。这些试验的主要目标通过变迁土地制度提高生产效益和预期收益。

1978—1987年，以包产到户为目标的改革基本完成，新的土地制度正在试验区试验，因此，1988—1990年土地制度创新的力度不是特别大。但是1985年以后农业生产的比较效益不断下降，又没有后续的政策利好，有不少人开始怀疑家庭承包责任制能否适应市场经济的要求，家庭经营能否承载现代化，要求改变家庭承包责任制，回复集体经营的声音开始大起来。为了回答这种质疑和要求，1991年中共十三届八中全会通过了《关于进一步加强农业和农村工作的决定》，决定总结了过去十三年的改革成立，肯定了家庭承包责任制的作用和贡献，重申坚持土地家庭承包责任制不动摇，"把以家庭联产承包为主的责任制、统分结合的双层经营体制，作为我国乡村集体经济组织的一项基本制度长期稳定下来，并不断充实完善"。决定认为家庭经营与集体经营"层次相互依存、相互补充、相互促进，忽视任何一个方面，都不利于农村经济的健康发展"，强调要稳定承包责任制，"稳定和完善家庭承包经营，要认真完善土地和其他各业的承包合同管理，明确双方的权利、责任和义务。已经形成的土地承包关系，一般不要变动"。

其实，中共十三届八中全会对土地制度而言，主要是巩固和强调，并没有实质性的新内容。但是也可以看出，决定也对要求回到集体经营的呼声做了回应，强调"统"和"分"两者的重要性，而且"统"比较弱者村庄还加大集体经济的力度。这个决定既有肯定和巩固的成分，也是适当妥协的意味。

（四）从"巩固"到"深化"

1991年的决定起到平息质疑和指责的声音，但是随着生产力的发展和经济的繁荣，既有土地制度面临着严峻的冲击，主要有三个问题：一是农民和村庄都不重视合同的问题，各个利益主体的权利得不到保护。二是土地流动的要求越来越多，侵犯农民权益的流动越来越多。三是第一轮承包期即将结束，承包制度何去何从再次浮上台面。为了解决这三个问题，随后几年中央及其农口部门出台了一系列的政策。

1992年国务院批转农业部《关于加强农业承包合同管理意见的通知》（国发52号文件），文件重申以家庭联产承包为主的责任制是党在农村的一项基本政策，要长期稳定，各地要把稳定和完善家庭联产承包责任制的工作纳入法制管理的轨道：要重视承包合同，将承包合同的管理纳入法制框架，依法管理承包合同。此文件的目的在于依法调整和规范村庄与农民、农民与国家之间的关系。这是中央政府第一次希望土地制度能够纳入法制的轨道，具有重大的意义，它是土地制度从政策规制变成法律规范的第一步。

1993年中央颁布了《关于当前农业和农村经济发展的若干政策措施》（即1993年中央11号文件），中央11号文件重申"稳定、完善以家庭联产承包为主的责任制和统分结合的双层经营体制"，在这个文件中五个改革开放试验区的试验内容被采纳，而且还有不少创

第十一章 农地改革的逻辑、路径与模式

新：一是承包地在原定的耕地承包期到期之后，再延长三十年不变。开垦荒地、营造林地、治沙改土等从事开发性生产的，承包期可以更长。二是提倡在承包期内实行"增人不增地、减人不减地"的办法。三是在坚持土地集体所有和不改变土地用途的前提下，经发包方同意，允许土地的使用权依法有偿转让。四是从实际出发，尊重农民的意愿，对承包土地作必要的调整，实行适度的规模经营。第一款明确了承包制的长期性；第二款强调承包制的稳定性；第三款意义最大，第一次以中央文件的名义，允许承包地有偿转让。

1995年国务院批转农业部《关于稳定和完善土地承包关系的意见》，文件重申并强调了维护承包合同的严肃性、做好土地的延包工作、坚持"增人不增地、减人不减地"的原则，最有创新意义的主要有两个方面：一是明确提出要完善土地流转机制，"允许承包方在承包期内，对承包标的依法转包、转让、互换、入股，其合法权益受法律保护，但严禁擅自将耕地转为非耕地"。二是明确承包地具有继承权，"承包人以个人名义承包的土地（包括耕地、荒地、果园、茶园、桑园等）、山岭、草原、滩涂、水面及集体所有的畜禽、水利设施、农机具等，如承包人在承包期内死亡，该承包人的继承人可以继续承包，承包合同由继承人继续履行，直至承包合同到期。"

1996年国务院颁布了国发23号文件——《关于治理开发农村"四荒"资源进一步加强水土保持工作的通知》，这个文件规范了"四荒地"开发的原则、政策、管理和领导。有创新意义的主要有三个：一是实行谁治理、谁管护、谁受益的政策。二是开发"四荒地"，本村村民享有优先权。也鼓励和支持有治理开发能力的企事业单位、社会团体及其他组织或个人采取不同方式治理开发"四荒"。三是承包、租赁、拍卖"四荒"使用权，最长不超过50年。在规定的使用期限内，对于实行承包、租赁和股份合作方式治理的，可以依法继承、转让或转租；对于购买使用权的，依法享有继承、转让、抵押、参股联营的权利。鼓励社会团体、事业单位开发、承包期五十年和具有抵押功能的政策尚属首次提出。

1997年中共中央和国务院共同颁布《关于进一步稳定和完善农

村土地承包关系的通知》(即1997年中央16号文件),16号文件是针对延包土地而颁布的一个文件,文件重申了要稳定家庭承包责任制,布置延包工作。比较有意义的有三个方面:一是提出了承包土地可以在农户之间进行适当调整,其原则是"大稳定、小调整","小调整"也必须以稳定为前提。二是对农民的承包权利予以确认,"延长土地承包期后,乡(镇)人民政府农业承包合同主管部门要及时向农户颁发由县或县级以上人民政府统一印制的土地承包经营权证书"。三是清理"两田制",不鼓励搞"两田制",已经实施"两田制"要按照稳定的要求改正过来。

土地制度第二个阶段的改革主要是从宏观上解决包产到户的制度约束和环境约束;从这个意义上讲,第二阶段主要是巩固和发展,巩固与发展不是一步到位,先是根据出现的问题逐一解决,后是主动出击,前瞻性的研究解决;土地制度第二阶段改革的目标主要是提高土地生产经营的效率和效益问题;第二阶段还有一个重要特点,集体经营经历了多重反复,虽然土地制度整体上不断重申统一经营,但是在实践中和政策内容中,统一经营已经被削弱和空洞化。

三 为权利而"立法"

从政策层面来看,包产到户或家庭承包责任制已经比较完善,经受住了历史与实践的检验,但是这些措施都还是停留在政策层面,而且随着生产力的发展和市场经济体制的完全建立,家庭承包责任制还会遇到不少新情况、新问题。前者需要将政策层面的内容上升到法律层面,以法的权威进行规范,后者需要不断根据新的实践进行新的调整。1998年以后,土地制度变迁呈现两条路径:一是法律建构路径;二是政策边际创新路径。但是不管是政策路径还是法律路径,注重的都农民权利和权益的保护。

(一)政策创新路径

1999年各地对"四荒地"的开发和治理比较混乱,耕地、林地

第十一章 农地改革的逻辑、路径与模式

与"四荒地"没有很好的界定,"四荒地"开发程序不透明,资金使用也不规范,针对这种情况,国务院再次颁布《关于进一步做好治理开发农村"四荒"资源工作的通知》,规范"四荒地"的开发和治理,主要特点有三个:一是明确了"四荒地"拍卖的程序,要求必须走公开、公平、民主的路子;二是出台了区分林地、耕地与"四荒地"的标准;三是规定"四荒地"拍卖收入必须用于"四荒地"的治理。

1997年以后,农产品价格下跌,农业比较效益下降,农民纷纷外出务工经商,耕地抛荒比较严重,为了应对土地抛荒和提高耕地的生产效益,县乡村三级都在推动土地流动,在流动过程中,存在不少违背农民意愿、损害农民利益的问题,有的强行流转、有的借流转敛财、有的将土地长时间大面积租给企业、有的借流转将农用地转为非农用地,针对这种情况,中央颁布了2001年第18号文件——《关于做好农户承包地使用权流转工作的通知》。18号文件有重大的作用,至少有四个方面:一是要求土地流转必须与家庭承包责任制相容,是在责任制的前提下流转。二是农户承包地使用权流转必须坚持依法、自愿、有偿的原则,不能搞强迫,也不能无偿剥夺,流转的主体是农户,不能以结构调整为名搞"反租倒包"。三是土地流转只能在农户之间进行,企事业单位和外商只能从事事前、产后服务和"四荒"资源开发、农业技术推广。18号文件具有重大的意义,首先它进一步保障了农民的承包权利,维护了农民的权益。其次它为建立土地二级市场提供了框架,有利农地市场的规范与发展。最后明确了承包土地的流转主体,为了企事业单位参与农业生产划下了一根红线。

2001年中央18号文件以后,2002年《农村土地承包法》颁布并实施,2003年至2007年国家既没有以政策的形式,也没有以法律的形式对农地制度和家庭承包责任制作出规定或者完善,也就是说2002年基本上以家庭承包责任制以核心的农地制度的确立时间,尽管2004年到2007年中央连续四年颁布四个一号文件也没有涉及这一制度,只是2008年的中央一号文件——《关于切实加强农业基础建设进一步促进农业发展农民增收的若干意见》,再次强调了家庭承包

责任制。这是意料中的事情,因为这个一号文件是加强农业基础建设,基础建设包括二个方面:基础制度建设和基础设施建设。2008年一号文件有两款内容涉及到农地制度:一是重申过去政策精神及法律的内容,"坚持和完善以家庭承包经营为基础、统分结合的双层经营体制。这是宪法规定的农村基本经营制度,必须毫不动摇地长期坚持,在实践中加以完善"。二是对过去几年出现的新情况新问题提供政策依据。主要是针对失地农民和城镇居民下乡建房问题,强调要保护农民的土地权益。"继续推进征地制度改革试点,规范征地程序,提高补偿标准,健全对被征地农民的社会保障制度,建立征地纠纷调处裁决机制","严格农村集体建设用地管理,严禁通过'以租代征'等方式提供建设用地。城镇居民不得到农村购买宅基地、农民住宅或'小产权房'"。这反映了两个问题:征地侵犯了农民的利益,土地依然有政府统一垄断,征用罢,征购也罢都是如此,农民始终无法跨出这一步,等到完整的产权。由于法律无法对新出现的问题进行有效的调整和规范,更重要的是法律修正的时间比较长,因此,以政策的形式规范新出现的问题就显得必要。

显然,1998年以后通过政策对农地制度进行规范和调整不是特别频繁,即使有也是对法律漏洞和空白进行补充式的调整,也就是说,1998年以后中央的土地政策是辅助性的,以法律调节为主,辅助性的政策也是注重比较深层次的问题——农户承包土地权益以及农地市场的建设和规范问题。这与1998年注重合法性、操作性、拓展性的政策目标完全不同。

(二) 法律建构路径

从法律建构来看,最早涉及包产到户或者说承包责任制是1986年通过、1987年实施的《民法通则》,"公民、集体依法对集体所有的或者国家所有集体使用的土地的承包经营权,受法律保护。承包双方的权利和义务,依照法律由承包合同规定。土地不得买卖、出租、抵押或者以其他形式非法转让"。《民法通则》只是原则性的规定,并没有具体的内容,要从法律上进行操作,困难重重,只能说从法律

第十一章 农地改革的逻辑、路径与模式

上明确了土地承包责任制的法律地位,这也算一个重大的进步。

1986年全国人大通过,1988年再次修订的《土地管理法》,也从法律上对农民承包责任制作出了法律方法的规定和解释。"集体所有的土地,全民所有制单位、集体所有制单位使用的国有土地,可以由集体或者个人承包经营,从事农、林、牧、渔业生产。承包经营土地的集体或者个人,有保护和按照承包合同规定的用途使用利用土地的义务。土地承包经营权受法律保护"。《土地管理法》也只是一个原则性的规定,没有可操作的内容。与《民法通则》一样,从法律上确认了承包责任制的合法性及土地承包经营权的私人性。

1993年全国人大通过了《农业法》,也涉及到农地承包责任制。与《土地管理法》《民法通则》相比,《农业法》对于承包地的权利规定得更加具体:一是明确了承包者经营权,承包者有权安排生产结构。二是明确了承包者的产品处分权和收益权,承包人可以自由处理承包土地的产品。三是承包者有一定的处置权。"在承包期内,经发包方同意,承包方可以转包所有承包的土地、山岭、草原、荒地、滩涂、水面,也可以将农业承包合同的权利的义务转让给第三者。"四是承包者对原有承包地有优先承包权。"承包期满,承包人对原承包的土地、山岭、草原、荒地、滩涂、水面享有优先承包权。"五是承包土地有继承权。"承包人在承包期内死亡的,该承包人的继承人可以继续承包。"可以说,1993年的《农业法》主要是分割产权,明确权利,对于规范管理,明确相关主体的权利与责任有重大的意义。

1998年全国人大修正了《土地管理法》,修正后的土地管理法主要对所有土地进行调整,但是也涉及到农地及其承包责任制的问题。修正后的土地管理法重申了1988年的相关内容,并针对土地延包期限问题、农村土地调整中的纠纷以及外部企业、组织和团体经营农业的矛盾进行规定。一是明确规定土地承包期为三十年。"土地承包经营期限为三十年。发包方和承包方应当订立承包合同,约定双方的权利和义务"。二是村庄内部土地调整的重新规定。"在土地承包经营期限内,对个别承包经营者之间承包的土地进行适当调整的,必须经村民会议三分之二以上成员或者三分之二以上村民代表的同意,并报

乡（镇）人民政府和县级人民政府农业行政主管部门批准"。三是村庄以外人或者单位承包的规定。"在土地承包经营期限内，对个别承包经营者之间承包的土地进行适当调整的，必须经村民会议三分之二以上成员或者三分之二以上村民代表的同意，并报乡（镇）人民政府和县级人民政府农业行政主管部门批准。"

  2002年全国人大重新修正的《农业法》，由于此时已有专门的《土地管理法》和即将实施的《农村承包法》，此次修订的《农业法》只是原则性重申过去有关承包责任制的内容，有关承包土地的具体内容建议适用《土地管理法》和《农村承包法》。可见从2002年起由《民法》《农业法》规范和调整承包土地关系的时代已经过去，农民、村庄与国家之间有关承包土地的关系已经有了专门的法律进行规范和调整。

  2002年九届全国人大通过了《农村土地承包法》，2003年1月开始实施。《农村土地承包法》是对过去二十多年土地承包改革实践的大总结，也集过去政策和法律规定之大成，而且在此基础也有不少创新，《农村土地承包法》是一部承前启后的法典。主要的创新体现在第二章的第四节——土地承包经营权的保护和第五节——土地承包经营权的流转。对于创新性而言有如下几个方面：一是明确规定和划分了承包土地的各类产权，承包土地具有经营决策权、产品的处分权、使用权的处置权、继承权，这些权利都受到法律保护，同时也规定特殊人员的承包权利。明确了进城人员的承包权利，"承包期内，承包方全家迁入小城镇落户的，应当按照承包方的意愿，保留其土地承包经营权或者允许其依法进行土地承包经营权流转"，如果已经是非农业户口的农户，必须交回承包地。明确了妇女的承包权利，"承包期内，妇女结婚，在新居住地未取得承包地的，发包方不得收回其原承包地；妇女离婚或者丧偶，仍在原居住地生活或者不在原居住地生活但在新居住地未取得承包地的，发包方不得收回其原承包地"。二是明确规定了土地增值收益的分配方式，"承包期内，承包方交回承包地或者发包方依法收回承包地时，承包方对其在承包地上投入而提高土地生产能力的，有权获得相应的补偿"，"承包方对其在承包地上投入而提高土地生产能力的，土地承包经营权依法流转时有权获得相应的补偿"。三是明确规定承包土地可以有偿流转，"通过家庭承包取得的土地承包经营权可以依法采取转包、出租、互换、转让或者其他方式流转。……土地承包经营权流转的转包费、租金、转让费等，应当由当事人双方协商确定。流转的收益归承包方所有，任何组织和个人不得擅自截留、扣缴"；明确规定承包者有出租承包土地的权利，"承包方可以在一定期限内将部分或者全部土地承包经营权转包或者出租给第三方，承包方与发包方的承包关系不变"。四是明确规定承包土地可以折价入股，"承包方之间为发展农业经济，可以自愿联合将土地承包经营权入股，从事农业合作生产。……荒山、荒沟、荒丘、荒滩等可以直接通过招标、拍卖、公开协商等方式实行承包经营，也可以将土地承包经营权折股分给本集体经济组织成员后，再实行承包经营或者股份合作经营"。五是明确了各类土地的承包期限，"耕地的承包期为三十年。草地的承包期为三十年至五十年。林地的承包期为三十年至七十年；特殊林木的林地承包期，经国务院林业行政主管部门批准可以延长"，其实林地承包期为七十年，已经接近永久使用的期限，也就是说林地经营使用权已经接近"永久使用"的界限。

从政策路径和法律路径可以发现，中国农地制度的安排先是以政策安排为主，再上升到法律层面，然后法律调整不了的新问题、新情况，辅之以政策安排。在 1998 年以前，政策安排为主，1998 年以后法律规范为主，特别是《农村承包法》的出台基本上结束了所有的制度安排争论，基本上完成了 20 多年的农地制度试验、实践过程。

四 讨论与反思

（一）改革逻辑：饥饿、效率与权利

中国农地制度改革的逻辑并非只是为了"吃饱饭"——饥饿逻辑，其实在不同的阶段，面临着不同的外部约束条件，农地制度改革的逻辑是不相同的。1984 年以前农地制度改革的逻辑动机是吃饱饭，

其逻辑是饥饿逻辑，1984年到1997年则是效率逻辑，即如何提高耕地及制度的效率问题。1998年至今则是权利逻辑，即如何保护农户的承包权利，维护老百姓的利益。

饥饿逻辑。综观1978年以来的农地制度变迁，可以发现不同的阶段有不同的逻辑，改革开放前三次包产到户实践都是源于吃饱饭的逻辑——饥饿逻辑。不管是偷偷"分地"，还是公开"借地"，其目标都只有一个——吃饱饭，即使当时面临着重大政权压力和违法惩罚，但是农民为了吃饱饭，还是不断冲击这根红线。1978年到1984年的制度变迁，只不过是将农民以饥饿逻辑推行的包产到户合法化而已，也就是有些人所说的给"包产到户""上户口"，即从政策上认可包产到户的合法性，确认农民"吃饱饭选择"的合法性而已。可以说，1984年以前农地制度改革的逻辑是相同的——吃饱饭。

效率逻辑。1979年至1984年的生产责任制——包产到组、包产到户的推行，加上这几年风调雨顺，粮食生产逐年增加，农民的温饱问题基本解决，但是粮食多后也带来麻烦：一是粮食价格下降，农民的收入增长幅度下降；二是国家负担加重——粮食收购量增大，成本增加，"包产到户"遇到了市场问题和国家政策问题。基本的判断是这些问题不是家庭承包责任制本身的问题，是市场的问题，是国家收购政策和城乡分配体制问题，决策者认为可以在家庭承包责任制的框架内解决。因此，下一阶段农地制度变迁的目标要从粮食增产转变为农业增收——如何提高耕地效率和农业效益。1985年至1997年的改革或者制度安排、制度修正都是围绕着农业增效、农民增收这一根红线，包括结构调整、规模经营、两田制、股份制、"四荒地"拍卖等等都是如此。

权利逻辑。总体上来看，改革开放以来的农地制度变迁都可以归结为农民对土地支配权利的增长，也就是说中国农地制度改革的过程本身就是农民对土地支配权利的增长过程。但是从制度变迁的逻辑来说，1978—1984年和1985—1997年这两个阶段，农地制度的创新，农民支配土地权利的增长并不是创新的目的，在第一个阶段农民支配土地权利的增长是饥饿逻辑的副产品，第二个阶段则是效率逻辑的副产品,用中国的一句古话说"无心插柳柳成荫"。1998年以后,农地制度变迁则倾向于农户承包权利的保护,权利本身成了农地制度创新的目的,国家认识到只有农民拥有更多地支配土地的权利,才能够提高农业的效率、提高耕地的配置效率。国家通过两个途径增强农民的权利:一个是通过政策重申家庭承包责任制的重要性以及对承包权进行产权分解;另一个是通过立法确保农户承包权。

从饥饿逻辑到效率逻辑、从效率逻辑到权利逻辑的转变,体现了从生存要求、到粮食和收入要求、再到经济政治权利要求的过程,这一转变过程是经济发展水平不断增长的结果,也是农民对制度成效的要求逐步提高的结果。

(二) 改革路径:微观至宏观、边缘至核心

先微观,再宏观。30年的农地制度变迁,从主体来看先是微观主体的主动创新,再是基层及地方政府的默认,最后中央政府的"追认",从主体来看是先是微观主体的创新行为,再是中观、宏观行为主体的被动认可行为,体现了从微观到宏观的顺序。从政策来看,先是解决微观的经营主体的积极性问题,再是解决微观经营主体与基层和地方政府的利益和权利关系,最后调整农民与国家的关系,这也体现了先微观,后宏观的改革顺序。

先边缘,再核心。30年的农地制度变迁,每一步都走得非常艰难,面临着非常多的反对意见和责难,改革的策略从总体上体现了先解决简单的、争议少的问题,再解决复杂的、困难的问题。如改革先是借地度荒、再是分田到组、分田到户,最后是包产单干,为了避免矛盾和攻击,改革初期很少提"单干"这个词,只是在大家都适应"包产"以后再从政策上突破。农地流转制度也是如此,开始不允许流动,然后是允许流动,但是不能有偿,最后是可以有偿流动,形成了农地流转的二级市场。对于承包期也是如此,开始是一年一包,最后是十五年的承包期,最后是三十年的承包期,后来林地和四荒地,可以达到60—70年。接近了"永久"。权利的变化更是体现了这种先边缘和核心的问题,最开始是农民有经营权,然后再有决策权,再后是有收益分配权，最后具有承包土地的转让权和继承权，一步一步接近核心。30年的改革是从边缘开始，逐渐向核心突破。

先政策，后立法。30年的农地改革并不是一步到位，而是一种中国式的变迁方式，首先对包产到户，采取默认的态度，不说好，也不说坏，不说不允许，也不说允许，允许各地试验。当各地的包产到户取得成效后，再通过文件确认，也就是通过会议的决定和中央文件予以确认，也就是说给"包产到户"上户口。过后不久，再通过相关法律——《农业法》予以从法律上规范。与此同时，通过政策的不断发展和完善家庭承包责任制，不久以后在专门法——《土地管理法》吸纳成熟的政策予以法制化，最终以《农村土地承包法》的形式完成农地制度变迁过程。简言之，30年以来的农地制度变迁就是采取"默认——口头承认——文件确认——法律规定"的先政策，后立法的改革路径。

总体来说，30年以来的农地制度是采取"小步慢跑、积少成多"的改革方式，或者说采取的是一种"切香肠"和"温水煮青蛙"的改革策略，先从容易的着手，再解决复杂的问题，先解决边缘性的问题，再向核心突破。中国农地制度改革是典型的"中国式的改革"——渐进、边际、增量改革。

（三）改革政治：边际产权与增量政治

中国学界特别农业经济学的学者对农地制度变迁基本上是用经济学的方式进行分析，至多用制度分析方法考察土地制度的变化。但是我们也必须看到，中国农地制度改革的政治效应也是非常大。总体上看，农地制度变迁是中国政治变化的结果，也是政治斗争和政治妥协的结果，是集体化的政治路线与市场化的政治路线斗争的结果。具体来看，农地制度变迁从两个方面影响中国乡村政治的变化。

边际产权——增量权利——渐进政治。农地制度变迁是从产权开始的，政策和法律的出台和调整就是农户承包权不断完善和充实的过程，农民获得的产权是边际式的，一点一点、一项一项逐渐获得的，随着边际产权的获取，农民逐渐获得社会权利——田地的保障权得和政治权利——农民参与社区政治的权利。因此，农户从边际产权，逐渐获得增量权利，最后获得政治权利，从经济产权到社会保障权利，再从社会保障权利到政治参与权利。农地制度的变迁过程，其实就是渐进的乡村政治改革过程。

财产权——自由权——公民权。从另外一条政治变迁路径来看，包产到户使农民获得了财产权利，农民获得财产权利的同时也获得了对家庭劳动力的自由支配权利，农民从集体的约束下解放出来，农民能够自由的配置家庭的劳动力，农民不仅可以自由的支配劳动力，而且农民也获得了参与村庄的政治事务的权利，农民可以自由的发表意见，农民也可以参与或者通过村民代表大会发表自己的意见，进而获得公民权利。

其实，农地制度变迁本身并没有政治改革的目标，渐进的政治改革和农民自由权、公民权利的获得是农地制度变迁的"副产品"，意想不到的结果，可以说"无心插柳柳成荫"。经济上的变化、市场取向的改革导致乡村政治的发展。

（四）改革经验：冲击—回应与侵扰—创新模型

1978年中国农地制度变迁可以归纳为两个模型：冲击——回应模型、侵扰（含创新）——保护模型。所谓冲击——回应模式是指农民对传统农地制度不断进行诋毁、破坏，或明或暗地以新的制度替代传统的农地制度，地方或者中央政府面对农民的冲击，采取方式予以回应，从实践来看，回应的方式有两种：反对、纠偏和默认、允许，最后反对、纠偏的政府或者官员也逐渐被农民和其他官员所说服，认可农民的冲击和创新。1984年以前农地制度创新属于这种模型，农民是冲击的主体，政府及其官员是回应的主体，农民主动，政府及其官员被动。冲击——回应模式表明农民是制度创新的发起者，并非所有的农民都能够成为制度创新的发起者，农民面临着生存危机时往往能够促使农民铤而走险。"一个巴掌拍不响"，农民冲击能够产生效应，与开明的中央政府及其领导人有密切的联系，中央政府及其领导开明又与其面临的国内外的经济条件有关系。

所谓侵扰——保护模型是指基层包括村庄在内的基层组织，面临着承包责任制的权利分割以及上级的工作压力，财政收入冲动迫使基层"以地生财"。基层以地生财带来了两个方面的效应：一是农民的权利受到侵扰、伤害，二是能够带来农地制度的创新。也就是说，基层政府的"生财之道"并非都是歪点子，有些能够带来农地制度的创新，如农地流转、四荒地的拍卖、股份经营等都是基层政府生财所带来的制度创新。1985年以后，农民创新主体退居幕后，村庄及基层政府成为创新的主体，后者创新面临的是财政压力，财政压力也是村庄及基层政府"以地生财"动力。地方政府"以地生财"必然涉及到农户的承包权利，因此中央政府根据基层"生财之道"及时出台政策，保护农户的承包权利成为中央政府制度安排的动机。

按照蒂利对集体行动的研究，集体行动可以分为三类：竞争性的、反应性的、先发性的。中国农地制度变迁的模式应该是先发——创新型农地制度变迁模型，即中央政府根据经济社会发展的需要及农民与学界的反应，前瞻性的进行制度安排和调整。其实这种先发——创新型农地制度变迁模式也是基层或者农民暗地创新的总结和确认而已，只不中央政府的主动性增强。

五 结论

通过对30年中国农地制度变迁的描述与讨论，我们可以对中国农地制度变迁及其制度作出如下结论：

制度创新的动力来源于基层。30年农地制度变迁，其动力来源于基层，包括农民以及基层政府和干部。1984年以农地制度变迁主要是来自于农民，1985年以后则主要来源于基层政府及其干部。农民反而"退居二线"。农地制度创新的动力与马克思、恩格斯、列宁对农民革命和运动的判断大体一致，农民获取的土地，将会失去革命斗志，农民将会安于土地以生存。1984年农民虽然获得的仅仅是承包地，但是就是这些小块的承包地，解决了农民的生存问题，农民从拼死改革到安于土地，即使需要钱，也不会从土地上想办法，而是求

第十一章　农地改革的逻辑、路径与模式

之于劳动力的社会化配置,即外出打工。第二阶段以后,基层干部成为改革的主体,也就是杨瑞龙等制度经济学家所说的次级团队,但是我得出的结论是"次级团队""前台化""二级团队""一级化"。但是总体而言,农地制度创新的动力源于基层的观点是站得住脚的。

经济制度变迁孕育政治改革。国内学者都认为,中国的市场化改革是经济制度先行,政治制度后行,其实中国农地制度改革中包含着政治体制改革的内容,推动着乡村政治的发展,更重要的是农地制度的变迁改变中国村庄的政治生态。首先农地制度否定了农村人民公社制度。其次农地制度变迁赋予农民的财产权的同进,农民个人获得了解放,有了自由权,在此基础上形成了公民权。再次农地制度变迁改变了乡村的政治生态,村庄与农民的关系因为承包权的确立而平等化,农民与国家的关系也因为承包权的确立,权利与义务关系明确化,加上围绕着农地而派生出的水利建设、公共服务以及村庄事务,农民都能够参与其中,承包农户的村庄政治参与能力和意愿大大增强,权利也大大增加。农地制度的变迁带来了一个意想不到的结果:改变了乡村政治生态,推进了乡村政治发展。

制度变迁的逻辑是经济发展程度的函数。农地制度变迁有三个逻辑,1984 年以前的饥饿逻辑,1985 年至 1997 年的效率逻辑,1998 年以来的权利逻辑。徐勇老师认为,制度变迁主要是饥饿逻辑,其实中国农地制度变迁在不同的阶段却有不同的制度逻辑,主要是经济发展条件发生了变化,或者说农地制度变迁的外部条件发生了变化。1984 年以前生存问题没有解决,农地制度创新主要目标是为了多生产粮食、为了填饱肚子。1984 年以后大部分的农民基本解决了吃饭问题,农民面临的问题是增收问题,如何通过制度变迁提高承包地的效率和效益成为改革的主要目标。1997 年以后,随着外部就业机会增多以及非农产业的增多,承包权所带来的收入所占农户收入比重大为下降,另外村庄和外部组织、企业,甚至政府侵犯农户承包地的事情越来越多,保护农民的权益成为农地制度安排的重中之重,农民权利的法制化成为这个阶段的主要目标。显然,农地制度变迁逻辑的转换是经济发展和外部条件变化的函数。

渐进的制度变迁中稳定与效率是反向关系。中国的改革开放采取的是渐进方式，农地制度变迁也不例外，也是采取的渐进方式，中国渐进式的改革得到了不少学者的推崇，如复旦大学的张军。渐进制度变迁在决策者的可控范围之内，政府能够收放自如，特别是1987年还采取试验的方式，先实验再推广，渐进改革方式用到了极点。渐进改革具有可控性、稳定性、平和性，但是它是以牺牲效率为代价的。当然稳定与效率并不必然是反向关系，但是中国农地制度变迁的稳定导向，牺牲了效率：土地分配上的公平性、土地调整上的稳定性、土地开发对象的限定性、承包权的边际扩展性，等等，都保证了稳定，但是牺牲了效率。

农地制度变迁速度取决于基层与政府的冲突程度。农地制度变迁速度并不是取决于中央政府的决心，也不取决于农民的需求，而是取决于农民与政府，基层政府与中央政府的冲突。1985年以前，农地制度变迁的速度取决于农民与政府的冲突程度，即农民破坏传统农地制度的程度，或者说农民摧毁传统制度的程度决定着农地制度的速度。在这一阶段，不管是基层政府，只有当农民与政府、农民与制度冲突已经无法回避时，才考虑承认农民已经实施的创新。1985年以后，农民已经获得的土地，也有生存的保障，此时农地制度的创新速度取决于基层与政府的冲突程度，基层为了收入或者政绩工程，不断的围绕着土地想办法，基层的这些行为，必然侵犯农户的承包权利，冲击中央政府的底线，为了协调农民与基层的利益、基层与中央政府的利益，中央政府被迫围绕基层的"创新"而推进农地制度创新。所以，可以这么说，农地制度变迁中具有决策权、决定权的中央政府是被迫的，被农民和基层所推动，制度变迁的速度则取决于政府与农民、基层的冲突程度，只有冲突无法容忍时，制度变迁才会发生。

家庭承包责任制的修缮已经接近临界点。家庭承包责任制有三个"顶峰时刻"，这三个时刻形成的制度安排决定了家庭承包责任制的框架：一是中央召开十一届四中全会，通过了《中共中央关于加快农业发展若干问题的决定》，明确规定可以进行包产到户；二是1982年中央颁布了《全国农村工作会议纪要》，即改革初期的第一个中央一

第十一章 农地改革的逻辑、路径与模式

号文件,给包产到户确立了合法性;三是 2002 年九届全国人大通过、2003 年 1 月开始实施《农村土地承包法》,从法律上规范了农户的承包权及其各项产权。可以说,在家庭承包责任制的框架内,制度的完善已经接近临界值了,无论是权利,还是承包时间都已经接近框架的极限,如果农地制度要有新的突破,必须打破原有的框架,即只有在时间上的永久性,权利上的所有性有所突破,否则都是小修小补,小打小闹,无法从根本上解决目前农地制度面临的困境。①

---

① 当然本文所说的家庭承包责任制并不是指家庭经营,笔者认为家庭经营具有很强的生命力,与现代化、现代农业并不相悖。

结　　语

本书主要考察产权对政治的影响，提出了产权政治学的概念。通过研究可以得出如下几个基本结论、创新及限度。

一　基本结论

第一，产权结构的变化导致了权力结构的变化。如果说传统乡村社会，产权决定政权，产权决定政治。那么改革开放以后中国农村产权变迁的历史，就是产权及其结构变迁导致村庄权力及其治理结构，产权结构从一权、两权到三权的变化，基层及国家治理结构也发生了深刻的变化，多元的权利主体、多元的权力主体和代理人加入到权利结构和权力结构。中国农村产权多元化的过程也是中国基层权力多元化的过程。

第二，农民对产权的要求从利益走向权利、权力。1978年以来的农村产权改革，特别是土地改革，农民对产权的要求从追求利益，获得土地上的收获物品，转向对权利的追求，通过要求权利或者期待国家赋与权利，而拥有保护自己权益和自主经营、收获的权利。随着权利意识和权利本身的增长，农民开始从要求权利、强化权利，转向将权利转化为权力，通过权利的正常行使对乡村干部进行约束和问责。改革开放以来，农民对产权的要求也就是对利益、权利和权力的逐步升级的要求过程。

第三，产权改革过程就是村庄逐渐走向自治的过程。1978年以来的中国农村产权改革使公社体制转变为村庄自治体制，促使国家对村民自治立法，颁布了《农村村民委员会组织法》，从理论上讲这是

结　语

农村治理的"宪法"。但是村组法所要求的村民自治在集体选择、操作规则层面并没有很好的运行。因此随着农村产权的"三权分置"、农村集体资产股份权能改革以及农村宅基地改革，在一些经济比较发达的村庄，产权改革过程在一定程度上实现了村民自治，建立了民主协商的程序平台，导致了相对较为公平的产权配置和分配。虽然中国农村产权改革过程存在诸多问题，但是在一定程度、一定范围促进了程序正义和分配正义。

二　可能的创新

本书这些研究是立足国内阅读的基础上，没有将产权的研究、产权与政治的研究放在国际主流政治学下进行研究，随着阅读的拓展以及对主流政治学的学习和认识的加深，虽然这些研究是"盲人骑瞎马"，但是误打误撞，在某些方面也有一定的创新。

第一，提出产权单元的概念。中国农村的产权与西方的产权有很大的不同，特别是1978年以来更是如此。中国农村产权的权利为不同的单元所有，那么这些单元之间有不同的权利关系和约束关系，从而构成了不同的产权单元。产权单元的差异又会影响治理成效，因此本著探讨了产权与治理单元之间的关系。虽然华尔德提出了"单位"的概念，但是"单位"是一个具有经济、政治、社会属性的单元，而单元则主要考察其规模、结构与政治、治理的关系，考察单元设置及其变化对政治、治理的影响。西方学者对单元的研究主要是从规模角度进行，考虑规模对政治和治理的影响。相比较而言，本著的创新就是提出了"产权单元"这个概念，并与"治理单元"进行政治关系、效应的考察。"产权单元"不仅仅是中国特有，从部落制走向现代国家，从集体所有走向个人所有的所有国家和地方都会存在产权的分割，从而存在着不同的产权单元及其治理成效问题。因此，这一概念具有普遍性的解释能力。

第二，提出了产权社会属性的概念。在西方主流理论中，产权清晰才会有产权效率，因此国家和学者更多关注的产权的经济属性。新自由主义提出了私有化、产权清晰、个人所有等观点进一步强化了产权的经济属性。本书认为，产权不仅具有经济属性，而且具有社会属性，两者随着国家能力而相互转化。当国家能力较弱时，产权的社会属性比较强，当国家能力较强时，产权的经济属性较强。这一特点不仅体现在传统中国乡村，而且为改革开放后产权结构的变化所证明。其实，产权的社会属性并不为中国独有，在当前的非洲、南美、中亚等欠发达国家，或者从传统社会走向现代文明的国家都存在。第二次世界大战后，世界性土地改革就是强调产权的社会属性，如粮食安全、反贫困、农民增收、就业等社会功能。本著最大的特点就是发现产权属性与国家能力之间的关系。

第三，再现了产权过程对政治过程、结果的塑造。在经典作家的研究中，产权对政治有着重要的作用，甚至起着决定性作用，但是经典作家都是使用的宏观分析或者制度分析。本著有若干研究是用微观实证来证明了产权与政治之间的关系，一是产权改革过程形塑村民自治过程、包容协商过程；二是产权改革过程决定分配过程。概括起来就是产权改革过程如何彰显程序正义、分配正义的过程。虽然中国农村产权改革存在诸多问题，很多村庄很难说实现了程序正义、分配正义，但是在一些村庄已经有了一定的程序正义和分配正义，而且改革过程形成程序、规则的制度化现在已经内化成为了村庄治理能力，内化成为了村民的政治知识和认同。

三 研究局限和未来研究方向

本书是我在学习政治学，探索中国政治实践过程中的一些成果，但是由于自己的知识局限、方法约束及对前沿理论把握，研究有很多不足，研究发现的解释力有待观察。

第一，知识局限。因为英文阅读的问题，我所能够掌握的产权与政治的知识均来源于中文阅读，而中文所传播的产权与政治的研究实在是沧海一粟。而且阅读得很杂、很广，不仅有政治学，还有历史学、社会学、经济学、法学、人类学。这些阅读固然可以拓展视野，但是带来一个最大的问题，就是我不清楚政治学的边界。虽然我尽力从政治学角度研究产权及其变化，研究产权与政治的关系，但是知识

结 语

决定眼光高度，阅读决定理论深度。因此，我的研究或者发现，不能完全找到前沿，但有增量贡献。

第二，方法局限。本书涉及的一些研究基本是传统的文献研究或者所谓的规范研究，一些是以案例为基础的实证研究。华中师范大学中国农村研究院是实证研究的重镇，我也是实证研究的坚持者和传播者，讲授了十多年的研究方法课，但是通过阅读政治学前沿著作，才发现我们的研究离真正科学的研究还有很大的差距。虽然我们有案例，但是我们也是一种主观的案例分析，没有真正使用扎根理论和质性分析软件，更没有使用产权与政治关系的量化分析。因此，本书得出的结论、建构的理论，是否具有科学性、因果性，是否具有普遍性解释能力，还值得进一步检验。

第三，前沿局限。因为国际前沿文献阅读几乎为零，因此对于产权与政治的前沿研究领域、研究内容及相关研究理论基本不清楚。其实在产权与政治研究方面，除了政治学者，还有大量的地理学者、城市规划学者、环境资源的学者在研究产权与政治的关系。虽然国内有比较政治学教材，但是对于在产权领域的比较政治学研究，我们国内很少有人知道，大量的学者对非洲、南美、印度、中亚地区的产权与政治关系进行了非常深入、细致的研究。因此本书的研究与这些研究的前沿差距是很大的，也许有些源于中国实践的研究可能有些创新，但是这也是一种偶然的发现，即使是这种偶然的发现也没有置于主流理论下进行研究。我经常对自己的学生说，我们不能在学术高楼大厦下建立一个小茅棚，只需要建立一根避雷针就可以了。但是没有掌握前沿，是不知如何建避雷针的，也不知在哪儿建避雷针。前沿的局限也会约束研究发现及其解释能力。

产权与政治的研究是一个很古老也很新颖的研究领域。中国农村产权改革的实践仍然是一座学术富矿，有挖不完的矿藏：一是政治、政策如何塑造地方产权；二是非正式制度如何塑造产权；三是产权结构变化对政治权力结构变化的因果性影响；四是产权改革对政治过程、政治结果的影响；五是产权如何如空间、时间、生态、文化等维度进行结合，依然有着广阔的、无限的研究空间。特别是西方学者一直在追寻的：中国并没有如西方一样有着清晰的产权，却有着持续的经济增长？中国没有完全的私人所有权，但是中国人对购房、建房的热情、热度一直不减，这是为什么呢？这些问题是学界的思考，也是我终身的学术思考。

附录　产权治理：破解农村基层困境的一把钥匙[*]

十九大报告提出，要"实施乡村振兴战略"。其中，治理有效既是乡村振兴的内容，又是乡村振兴的保障。近年来，为了实现治理有效，中央出台了很多与基层治理有关的文件与政策，如加强基层党的领导、以村民小组和自然村为单元进行村民自治试点、明确乡镇的服务职能并提升乡镇服务能力等等。这些政策都是为满足新时期经济社会发展需求，而对基层治理体系和治理结构进行的重大改革创新。但是，基层治理还没有抓住"牛鼻子"，因此导致改革缺乏整体性、框架性；改革对破解农村问题针对性不强，精准性不够，有效性不大。中国农村基层治理的"牛鼻子"是产权，中国农村基层治理要实施"产权治理"。

所谓"产权治理"，就是产权变动诱发的治理，以及围绕产权及利益相关者实施的治理。产权治理的内涵包括四个方面：一是产权变动，治理必然变动；二是根据产权体系和结构设计治理体系和结构；三是根据产权主体的需要配置治理资源；四是根据破解产权重大问题的难度提升治理能力。

一　产权改革的治理特点和趋势

近年来，承包土地的确权颁证和"三权"分置，搞活了土地经营

---

[*] 发表于《农民日报》2018年1月27日第3版。

权,各地产权交易市场开始出现;农村集体资产股份权能改革,唤醒了大量沉睡的集体资产,如荒山、荒地、水塘等;有些地方探索集体建设用地、宅基地的改革试点,盘活了大量闲置资产。这些产权改革使农村发生了很多新变化:一是一批新的经营方式和组织形式开始出现,如租赁经营、合作经营、委托经营、股份经营;二是出现了一大批新的经营主体,如现代农业企业、家庭农场、经营大户、合作社、股份公司等;三是产权改革涌现一批新的问题,如股权分配、抵押贷款、资本进村等。一些地方围绕产权改革出现的新的产权结构、新的经营方式、新的组织方式及新的产权问题在治理方面进行了新的探索。

自治单元的探索。湖北秭归、广东清远和蕉岭等地积极探索村民自治的单元,他们根据产权相关、利益相连、文化相近、地域相同等标准,确定了村民小组、自然村、家族为自治单元,使产权单元与治理单元更加一致和对称,从而确保了村民自治的有效实现。还有些地方以冲、湾、屯、寨等为单元进行自治单元的探索和治理尝试。

治理体系的探索。广东清远还从基层整体性、框架性进行了探索,提出了镇统筹、片服务、村行政、组自治的治理体系。主要理由是:统筹有责任要求,服务有规模要求,自治有产权要求,行政有范围要求。这就从纵向明确了各个层级的主体功能,以期实现"功能各异、整体互补"。

治理架构的探索。广东蕉岭在村支两委的基础上,根据权力制衡的原则,设置了监委,形成了支委、村委、监委"三位一体"的治理架构。四川成都温江区根据功能原则设置了党支部、村委会、股份社、社会组织的"多元治理"架构。经济发达地区多在探索政经分开、政社分离。这些改革导致治理架构在一定程度上实现了"专业分工、多元制衡"。

治理保障的探索。基层治理需要有制度保障,也需要经济保障。在保障治理制度化方面,安徽走在了全国前列,农村集体资产股份权能改革后,市政府提供治理保障,实施"五七九"财政资助办法,小村资助五万元、中等规模村资助七万元、大村资助九万元。在制度化方面，以人口规模确定治理规模，天长市以乡镇规模配备专业治理人员，按"每五万人一名"的标准，全县共配备11名，各乡镇按"每万人一名"，每乡镇配备4—6人，确保改革事项有人抓、有人管。

治理机制的探索。产权改革本身就是一个治理的过程，因此不少地方以产权为核心实施治理。如湖北京山集体股份权能改革在充分考虑历史因素和村民贡献后，进行精细化管理，这体现在"节点配股法"；山东东平纳入年龄因素，实施"年龄配股法"；天长和余江在产权改革后利用土地经营权和集体股权进行抵押贷款。

二 以产权为核心重构农村基层治理

从各地实践看，为了破解农村基层治理困境，推动乡村有效治理，需要在新时代形成以产权为核心的"产权治理"。

根据产权单元设置治理单元。在产权单元与治理单元不一致的地方，要尽量调整治理单元，以使产权单元与治理单元一致。如果无法调整，也要设置治理代理单元，以使产权单元与代理单元一致。

根据新的产权结构重构纵向治理体系。虽然中央已经发文明确乡镇的服务职能，也鼓励探索以村民小组和自然村为单元的村民自治，但是自治单元下移后的村庄究竟如何定位，需要进一步界定，特别是需要从整体上根据产权结构和新的经济社会发展需要，重新确定乡镇、片区、村、组、中心户之间的治理关系。

根据新的利益结构重构横向治理架构。鉴于很多地方已经实施了集体产权改革，农民拥有股权，而且这些股权也可以转让、继承、赠予、抵押、入股，因此单一的集体产权出现了多元化现象，同样分配给农户的承包地也可以"三权"分置。产权的多元化、分置化要求治理结构做出相应的改革。一是将相应的主体纳入治理结构，赋予治理权和参与权。二是根据经济社会发展的需要，在村支两委基础上设置股份社、社会组织、政务服务等多元治理主体。特别是在产权改革后的新型农村社区务必加速完善治理结构，提升治理能力。三是在村民小组或自然村可以设置经济社、理事会、党小组等多元治理主体。

四是厘清村支两委、股份社与社会组织、公共服务组织的治理关系。

根据产权性质建立精细化的产权治理机制。京山、东平集体股权设置的经验是，在股权设置时更加精细化，考虑多方面的因素。可以借鉴余江、天长的经验完善产权的金融制度。可以借鉴东平吸纳乡贤资本的经验，大力发展集体经济。可以借鉴东平将国家投资资产化、产权化、股权化的经验，确保国家财政投入可持续增效。还可以借鉴余江宅基地整治的"宅票制"经验。

完善产权治理改革的配套政策和制度保障。天长在集体资产改革后，对村庄给予公共财政的规范化补贴。股权量化后还要配套完善的股权流转制度，分家后股权分配制度，股权人去世的继承制度等。还要考虑妇女的权益保障制度，如女性可否继承的问题，有些地方实行"村内分配，户内解决"，但是"户内解决"主体是谁，用什么方法解决等，很多问题都有待于进一步完善和探索。

参考文献

一 经典著作

《马克思恩格斯选集》第 1 卷,人民出版社 2012 年版。
《马克思恩格斯选集》第 2 卷,人民出版社 2012 年版。
《马克思恩格斯选集》第 3 卷,人民出版社 2012 年版。
《马克思恩格斯选集》第 4 卷,人民出版社 2012 年版。
《马克思恩格斯全集》第 12 卷,人民出版社 1962 年版。
《马克思恩格斯全集》第 18 卷,人民出版社 1964 年版。
《马克思恩格斯全集》第 23 卷,人民出版社 1972 年版。
《马克思恩格斯全集》第 25 卷,人民出版社 1974 年版。
《马克思恩格斯全集》第 26 卷Ⅰ,人民出版社 1972 年版。
《马克思恩格斯全集》第 30 卷,人民出版社 1995 年版。
《马克思恩格斯全集》第 45 卷,人民出版社 1985 年版。
《马克思恩格斯全集》第 46 卷〈上〉,人民出版社 1975 年版。
《毛泽东选集》第 3 卷,人民出版社 1995 年版。
《中共中央国务院关于"三农"工作的一号文件汇编(1982—2014)》,人民出版社 2014 年版。
中共中央文献研究室:《改革开放三十年重要文献选编》(上),中央文献出版社 2008 年版。
中共中央文献研究室编:《建国以来重要文献选编》第 14 册,中央文献出版社 1997 年版。

中共中央文献研究室、国务院发展研究中心编：《新时期农业和农村工作重要文献选编》，中央文献出版社 1992 年版。

二 中文译著

［德］马克斯·韦伯：《儒教与道教》，江苏人民出版社 2003 年版。
［俄］米罗诺夫：《俄国社会史》下卷，山东大学出版社 2006 年版。
［法］孟德斯鸠：论法的精神，中国社会科学出版社 2007 年版。
［法］托克维尔：《论美国的民主（上）》，商务印书馆 2007 年版。
［古希腊］柏拉图：《理想国》，商务印书馆 1986 年版。
［古希腊］亚里士多德：《政治学》，商务印书馆 1965 年版。
［美］D. B. 杜鲁门：《政治过程：政治利益与公共舆论》，天津人民出版社 2005 年版。
［美］R. 科斯等：《财产权利与制度变迁——产权学派与新制度学派译文集》，上海三联书店 1991 年版。
［美］埃尔斯特等编：《宪政与民主——理性与社会变迁研究》，生活·读书·新知三联书店 1997 年版。
［美］巴菲尔德：《危险的边疆：游牧帝国占中国》，江苏人民出版社 2011 年版。
［美］汉密尔顿等：《联邦党人文集》，商务印书馆 1980 年版。
［美］道格拉斯·C. 诺思：《经济史中的结构与变迁》，三联书店上海分店 1991 年版。
［美］道格拉斯·诺思等：《西方世界的兴起》，华夏出版社 1999 年版。
［美］哈罗德·德姆塞茨：《关于产权的理论》，《经济社会体制比较》1990 年第 6 期。
［美］亨廷顿：《变化社会中的政治秩序》，生活·读书·新知三联书店 1989 年版。
［美］黄宗智：《华北的小农经济与社会变迁》，中华书局 2000 年版。
［美］拉铁摩尔：《中国的亚洲内陆边疆》，江苏人民出版社 2005 年版。

［美］李普塞特：《政治人：政治的社会基础》，上海人民出版社 1997 年版。

［美］理查德·派普斯：《财产论》，经济科学出版社 2003 年版。

［美］罗伯特·D. 帕特南：《使民主运转起来》，江西人民出版社 2001 年版。

［美］罗伯特·达尔：《多头政体：参与和反对》，商务印书馆 2003 年版。

［美］罗伯特·达尔、塔夫特：《规模与民主》，上海人民出版社 2013 年版。

［美］马若孟：《中国农民经济》，江苏人民出版社 1999 年版。

［美］米尔顿·弗里德曼：《资本主义与自由》，商务印书馆 2006 年版。

［美］汤普逊：《中世纪经济社会史（300—1300 年）》下册，商务印书馆 1963 年版。

［美］万德威尔德：《十九世纪的新财产：现代财产的发展》，《经济社会体制比较》1995 年第 1 期。

［美］约拉姆·巴泽尔：《国家理论：经济权利、法律权利与国家范围》，上海财经大学出版社 2006 年版。

［英］M. M. 波斯坦等主编：《剑桥欧洲经济史》第 1 卷，经济科学出版社 2002 年版。

［英］大卫·休谟：《人性论》（下），商务印书馆 1980 年版。

［英］哈林顿：《大洋国》，商务印书馆 1963 年版。

［英］哈耶克：《致命的自负》，中国社会科学出版社 2000 年版。

［英］哈耶克：《自由宪章》，中国社会科学出版社 1999 年版。

［英］霍布斯：《利维坦》，商务印书馆 1985 年版。

［英］洛克：《政府论》下篇，商务印书馆 1964 年版。

［英］密尔：《代议制政府》，商务印书馆 1982 年版。

三　国内学术著作

白钢、赵寿星：《选举与治理：中国村民自治研究》，中国社会科学出版社 2001 年版。

陈锡文等：《中国农村改革 30 年回顾与展望》，人民出版社 2008 年版。

陈锡文等：《中国农村制度变迁 60 年》，人民出版社 2009 年版。

邓大才：《土地政治：地主、佃农与国家》，中国社会科学出版社 2010 年版。

杜润生：《杜润生自述：中国农村体制变革重大决策纪实》，人民出版社 2005 年版。

费孝通：《乡土中国》，上海人民出版社 2006 年版。

费孝通：《中国绅士》，中国社会科学出版社 2006 年版。

黄少安：《产权经济学导论》，经济科学出版社 2004 年版。

蒋永甫：《西方宪政视野中的财产权研究》，中国社会科学出版社 2008 年版。

金雁、秦晖：《农村公社、改革革命——村社传统与俄国现代化之路》，东方出版社 2013 年版。

瞿同祖：《清代地方政府》，法律出版社 2003 年版。

瞿同祖：《中国法律与中国社会》，中华书局 2003 年版。

李怀印：《华北村治——晚清和民国时期的国家与乡村》，中华书局 2008 年版。

李强：《自由主义》，中国社会科学出版社 1998 年版。

林耀华：《义序的宗族研究》，生活·读书·新知三联书店 2000 年版。

刘承韪：《产权与政治：中国农村土地制度变迁研究》，法律出版社 2012 年版。

刘创楚、杨庆堃：《中国社会：从不变到巨变》，香港中文大学出版社 1989 年版。

刘军宁：《自由与社群》，生活·读书·新知三联书店 1998 年版。

马克垚：《西欧封建经济形态研究》，中国大百科全书出版社 2009 年版。

秦晖、苏文：《田园诗与狂想曲》，中央编译出版社 1996 年版。

沈汉：《英国土地制度史》，学林出版社 2005 年版。

盛洪主编：《现代制度经济学》上卷，北京大学出版社 2003 年版。

孙翊刚、陈光焱主编：《中国赋税史》，中国税务出版社 2003 年版。

孙中山：《三民主义》，九州出版社 2012 年版。

唐清利、何真：《财产权与宪法的演进》，法律出版社 2010 年版。

唐贤兴：《产权、国家与民主》，复旦大学出版社 2001 年版。

项继权：《集体经济背景下的乡村治理》，华中师范大学出版社 2002 年版。

萧公权：《中国乡村——论 19 世纪的帝国控制》，联经出版事业股份有限公司 2014 年版。

徐勇、邓大才主编：《满铁农村调查》第 1 卷，中国社会科学出版社 2016 年版。

徐勇、邓大才主编：《中国农村调查》村庄类第 2 卷，中国社会科学出版社 2017 年版。

徐勇、邓大才主编：《中国农村调查》村庄类第 4 卷，中国社会科学出版社 2017 年版。

叶振鹏主编：《中国农民负担史》第 2 卷，中国财政经济出版社 1994 年版。

俞可平主编：《治理与善治》，社会科学文献出版社 2000 年版。

赵俪生：《中国土地制度史》，齐鲁书社 1984 年版。

赵文洪：《私人财产权利体系的发展》，中国社会科学出版社 1998 年版。

郑学檬主编：《中国赋役制度史》，上海人民出版社 2000 年版。

四 论文

党国英：《农村产权改革：认知冲突与操作难题》，《学术月刊》2014 年第 8 期。

邓大才：《村民自治有效实现的条件研究》，《政治学研究》2014 年第 6 期。

邓大才：《积极公民何以形成：中国乡村建设行动中的国家与农民》，

《东南学术》2021 年第 1 期。
邓大才：《利益相关：村民自治有效实现形式的产权基础》，《华中师范大学学报》2015 年第 4 期。
何峰：《从〈格萨尔王传〉看古代藏族游牧部落》，《青海社会科学》1993 年第 2 期。
唐贤兴：《财产权与民主政治：西方社会尚未结束的争论》，《东方论坛》1991 年第 1 期。
唐贤兴：《产权与民主的演进：当代中国农村政治调控的变化》，《政治学研究》1997 年第 3 期。
唐贤兴：《西方社会私人财产权的起源、发展及其政治后果》，《政治学研究》2000 年第 2 期。
吴晓燕：《农村土地制度产权变革与基层社会治理转型》，《华中师大学报人文社科版》2013 年第 11 期。
肖盼晴：《从总有到共有：集体产权权能重构及治理效应》，《财经问题研究》2020 年第 2 期。
徐勇：《中国家户制传统专农村发展道路——以俄国、印度的村社传统为参照》，《中国社会科学》2013 年第 8 期。
杨明：《试论川西北藏族游牧部落次生牧区公社形态——纪念恩格斯〈家庭、私有制和国家的起源〉发表一百周年》，《西南民族学院学报（哲学社会科学版）》1984 年第 2 期。
张长东：《国家治理能力现代化研究》，《法学评论》2014 年第 3 期。
［美］巴泽尔：《产权与国家的演进》，《经济社会体制比较》1994 年第 1 期。